1921 穿越福爾摩沙

一位英國作家的臺灣旅行

獻給 艾文（G. C. Irving）

敬祝 健康長壽（Dengan Salamat umor panjang）

福爾摩沙山地的原住民

目次

寫在出版之前

林志明（臺北教育大學藝設系教授）

「旅行即是擁有世界。」美國 Burton Holmes（1870-1953）曾被譽為二十世紀偉大旅行者，他認為經由旅行，可以更完整、更令人滿意地擁有世界，更甚於透過購買或征服。

Holmes 這樣的觀念在今天是受到挑戰的。他認為旅行者的擁有並不自私，他不會奪取任何事物，也不會有人因為他的旅行變得更窮困。今天的旅行研究談論「帝國之眼」，也就是說談旅行者如何以他們既有的意識型態來觀察和評價眼前事物；而觀光的盛行，也使人警覺於它的資源掠奪性——觀光客所需取用的資源，往往數倍於當地人士。

螳螂捕蟬，黃雀在後。觀看者在今天也是被觀看者。和遠足文化龍傑娣總編輯共同規畫「見聞‧影像」書系，基本的信念既不在推動旅行文學，也不在提供臥遊觀覽的樂趣。雖然並不排除以上的文類和可能效果，但書系提供更多的是史料、文獻、考察和發現。

書系首先著重的一個特點是個人親身的踏查和經歷，雖然在實際的情況中，一位認真的旅行者總是閱讀著其他人的書寫或是歷史上累積下來的資料。而且，它們大多具有壯遊或踏查性質，而不是一般性質的旅遊。這種親歷現場的特質，使得書系中的作品，往往是具有和大歷史對抗意味的「小歷史」或是個人歷史。

　　書系的另一個特點是我們會偏好出版富於影像的書籍。這是因為，如果親歷現場者寫出了他們的小歷史，影像又是另一種不同的記載和表達媒材。我們相信，它們不只是文字的插圖，而是自有其意義深度的事物。基於這樣的信念，書系中甚至希望多包括具有拍攝目的旅行、物件收集和地誌探查。

　　比如作為系列第一本出版作品的歐文·魯特《1921穿越福爾摩沙》，作者為英國皇家地理學會及皇家人類學會會員，並曾具有軍人、殖民地官員、學者和作家等多種身分，也曾在南洋地區長期居住和經營農園。魯特曾在1921年4月3日到11日之間訪問臺灣，他由高雄上岸，一路北上經臺中、臺北由基隆搭船前往日本。在臺灣，這部著作過去只有翻印的英文版通行，《1921穿越福爾摩沙》是首度翻譯的中文版。他對於當時已受日本殖民經營二十五年以上的臺灣所做觀察和評論，帶有一老牌歐洲殖民帝國觀看一新興殖民帝國之經營櫥窗的意味，在近百年後的今天讀來反而像是一被觀察的觀察者。由他著作中，也可看到他如何引用過去許多與臺灣相關的英文著作及由荷、日文譯為英文的資料和書籍。魯特這本著作配圖不多，但其中仍有不少具有歷史興味之處：比如在訪問臺南時書中配有鹽田製鹽的照片，是臺灣產業史中的一頁，而同一頁留下的「雙體船」影像，則和1871年蘇格蘭攝影家約翰·湯姆生來臺所乘坐藉以靠岸的型制一樣，前後五十年並未改變。魯特來臺參訪時間不長，

但對日本殖民中期的原住民（理蕃）政策，或是對漢人政治地位訴求問題皆提出不同於日本統治者的見解，作為個人踏察及見聞的小歷史，已足供後世參考。

書系預計出版的第二部著作是臺灣當代藝術家高俊宏的《橫斷記：臺灣山林戰爭、帝國與影像》。高俊宏來自視覺藝術創作背景，2017年甫自臺南藝術大學藝術創作理論研究所取得博士學位。他的作品以錄像、身體實踐與書寫為媒介，主要關注歷史與生命政治、社群與諸眾、冷戰與東亞和新自由主義在臺灣等議題。2013年他開始展出「廢墟影像晶體計畫」，是透過身體勞動進行歷史踏查，投射出新自由主義在臺灣的相關議題。高俊宏2015年完成「群島藝術三面鏡」套書《小說》、《諸眾》、《陀螺》榮獲文化部金鼎獎獎勵，是臺灣當代藝術家展開大量書寫及運用出版的傑出範例。在《橫斷記》這本書中，他以進入田野及實地踏查為方法，越「大豹」、「眠腦」、「龜崙」、「大雪」四個山區，探尋泰雅原住民大豹社與日本殖民政府隘勇線的淹沒歷史、宜蘭眠腦山區（舊太平山）日本時期建立的檜木砍伐及森林鐵路運輸系統、樹林區旁古「龜崙嶺」白色恐怖受難者躲藏山區但最後遭捕殺的故事、及臺中東勢大雪山美式林場背後的龐大系統。這些往往不為大歷史所記載的小歷史，其所承載的意識型態詮釋潛質，高俊宏以口述回憶、文獻檔案、影像紀錄加上實地踏查，一層一層地將其辯證性地揭開。

「見聞‧影像」這個書系出版規劃雖以臺灣為主，但並不侷限於此，未來計劃出版的還有與海南島和滿洲國等主題相關的書籍。在邀請大家期待的同時，也歡迎相關提案。

閱讀魯特臺灣遊記的五種方法

許雪姬（中央研究院臺灣史研究所所長）

英領北ボルネオ（北婆羅洲）政廳理民官魯特（Edward Owen Rutter, 1889-1944），於1921年4月3日至11日在臺灣做由南到北的旅行，前後九天，寫出當時對臺灣的觀察，雖然主觀又片面，但卻能道出日本殖民統治臺灣後的優缺點，且有其獨到的觀點，無非拜其有北婆羅洲的經驗所賜。Through Formosa這本書，1990年由南天書局翻印出版，當時利用的人不多，到2005年呂紹理、2009年汪小平引用為研究素材時，該書仍未廣為各界所知，時至今年（2017年）出版中文翻譯本，仍在賞味期內。這本書寫於作者三十三歲時，書中穿了二十三張照片、四個附表，大致上一半是當時的見聞，另一半則採自前人的著作。究竟要如何閱讀這本書？首先要了解1921年初的臺灣，其次是魯特的書寫手法，第三是總督府的接待策略，第四是這本書描寫的臺灣樣貌，最後談我如何觀看本書。

一、1921年初的臺灣

　　由日本在1895年6月開始殖民統治臺灣，到作者來臺前夕的1921年3月，已經治臺二十五年，等於是一半的時間。1920年10月，在田健治郎總督的主導下，地方行政區劃成為五州二廳，有了大改變。按田總督於1919年被原敬內閣任命為首任臺灣文官總督，到1921年正面臨「法31號」到期，日本對臺灣的統治，是否仍走內地延長主義的路，必須得到日本的眾議院、貴族院通過。而這時臺灣人鑒於「法31號」快要到期，積極爭取自治的機會，因此在林獻堂的領導下得到187人連署，而在1月30日向日本第44議會眾議院、貴族院提出「臺灣議會設置請願書」，而在2月18日、3月21日排入兩院議程。田總督為參加議會，於1月13日回到日本。經田總督的努力答詢，眾議院在2月17日、貴族院在3月5日通過總督委任立法案，即「法3號」，繼續推行內地延長主義。該案一過，下村總務長官乃在3月8日趕回臺灣，田總督則遲至4月22日才回到臺灣，因此魯特在臺期間見不到田總督。當時在臺灣的外國領事有，英國駐淡水領事G. H. Phipps（菲普斯，1920-1925）、美國駐淡水臺北領事H. B. Hitchcock（1919.9-1922.9），這兩人魯特在這次旅行都見過面。這一年也是總督府的理「蕃」政策漸有成效，角板山已成為重要的參觀「樣板」之時。3月15日英國駐日本特命全權大使Sir C. N. E. Eliot（1920.4-1926）來臺參觀時，也在旅程的最後到了角板山。這時總督府在糖業、專賣事業上獲益不少，嘉義的製材事業也蒸蒸日上，臺灣在所謂「大正民主」時期，相對於日本治臺初期，早已有了顯著的變化。不僅如此，日本方面對臺灣的風俗民情也有更多的了解，長期擔任法院通譯的片岡巖，其鉅著《臺灣風俗誌》（一

千多頁）在這年二月正式出版，即為一例。

二、魯特的遊記中的書寫手法

據譯者蔡耀緯的研究，本書作者魯特曾寫過詩歌、旅行記、傳記、科幻小說、童書，尤其出了兩本關於英屬北婆羅洲的專書，是個著作等身的作家。大凡遊記的書寫會受到過去經驗的影響，也會受到同地點遊記的「纏繞」，想要先由別人的經驗中去補足自己的欠缺，或就遊記描寫的內容加以印證，增加自己的見解，並加上評論，以超越過去，增加時代感。如他對臺灣早期以來的歷史和日本統治的情形十分陌生，必須大量參考、引用達飛聲（又譯成戴維生、禮密臣）的大著《福爾摩沙島的過去與現在》、竹越與三郎的《臺灣統治志》、甘為霖的《荷蘭統治下的臺灣》，甚至英國駐淡水領事菲普斯的看法。

更值得一提的是，魯特常用文明的眼光來批評他認為不太文明的一切，做為吸引讀者的手法，因而遊記有寫實也有寫虛的部分。比如他在描寫九天中安排行程、緊跟在旁的總督府外事課通譯越村長次，不許他逸出行程去參觀專賣局鴉片製造廠、軍營，且要幫臺南的燈籠繪畫師、在嘉義市街上的米販拍照時，所提出的理由分別是：「福爾摩沙人討厭被拍攝，他們相信若你拍下了他們的相貌，會害他們早死。」「這時越村再次展露他的偏見，警告我們此人會因迷信的顧忌而不願停下腳步。」越村真的如此說嗎？不無可疑之處。因當時臺灣社會早就知道照片的拍攝和用處，如自1897年申請護照時就需要照片，公學校的孩童至少有畢業照。無疑地，魯特將越村當成書中的第二主角，來增加書的可看性；由此也可以彰顯這

兩張照片的珍貴性，這也是書中絕無僅有的三個福爾摩沙人的照片。

　　較一般的遊記包括行程、每日的旅遊點、食物、臨時的家——旅館、交通工具的描寫外，本書加上許多感想，甚至是批評，其中有臺灣過去和現在的比較，有本地和北婆羅洲的比較（包括語言、人種、習慣、統治手法）。在書中，作者對原住民寄予深厚的同情，批評日本對原住民的統治手法，希望能效法英國統治北婆羅洲和馬來西亞、美國統治菲律賓，充分流露出作者的西方優越感。不僅如此，對日式的飲食、吃出聲音、脫鞋、洗浴、日式旅社、混搭的打扮都特別不喜歡，亦呈現出作者依據習慣論斷，沒有做為遊人的隨遇而安，但讀者反能由他的批評，來了解與他格格不入的日式生活文化。總之，作者的書寫策略是亦虛亦實、夾議夾敘，因而引人入勝。

三、總督府的接待策略

　　為了展現日本對她所獲得的第一個殖民地——臺灣，在各項建設的成果，以及殖產興業上的業績，自然歡迎外國參觀者的到來。魯特的來臺，是他環遊世界中的一站，他何以選擇臺灣，和英屬北婆羅洲政府的高階官員艾文（G. C. Irving）有關。艾文因協助移民當地的日本人，而在1919年4月兩夫婦請假回英國時，就受邀造訪臺灣，魯特被艾文有關臺灣的記述所吸引，故想來臺親眼目睹而向艾文求助，艾文乃寫一封介紹信給田總督，以確保能順利成行。魯特之能有越村代排行程、隨行翻譯和處理雜務，乃拜此推薦信所賜。越村安排的行程，必是能見到總督府刻意想展示的櫥窗，以及見識到地方官員的熱忱歡迎，交換名片、接受晚宴的排場。總督府展現

的現代櫥窗是哪些？如由本書所見，為臺灣製糖會社阿緱製糖廠、臺南製鹽廠、嘉義製材廠、阿里山鐵道、臺中水源地、物產陳列館、帝國製糖會社、臺中公園、臺灣總督府、臺灣總督府博物館、《臺灣日日新報》印刷廠、中央研究所、專賣局樟腦工廠、臺北監獄、苗圃、臺北公園、角板山。當然還包括日治以前荷、西、清代留下的各種史蹟。由於魯特是英國人，因此英國領事館也是必訪的對象，這也是不需越村隨行的自由行。

誠如呂紹理研究所謂觀覽的前台、後台，也考慮到個人的喜好，因此不是每個人的行程安排都相同，但在1930年代前後，除了總督府外，專賣局樟腦廠、角板山、臺中水源地、嘉義製材廠、臺南的史蹟、阿緱製糖場，都是總督府的重要櫥窗。其中值得一提的是角板山。角板山是日本展示理「蕃」成果的樣板，尤其是日本來的觀光客以及像魯特這樣的外國訪客。角板山既非山也非高地，而是在山下臨川的台地，海拔1,441公尺，東西狹、南北長，據說是清代臺灣巡撫劉銘傳來此討「番」，因見附近山勢層巒疊嶂，而遠望本台地獨平坦如角形的板，因而命名。大凡要到角板山，先要坐火車到桃園，再坐汽車到大溪，再由大溪搭臺車前往，原來臺車路穿過翁鬱的山林，相當傾斜又多急轉彎，隨着總督府逐步開發，不但臺車路漸趨平緩，且已開墾成茶園，大部分由三井合名會社來進行，後來也蓋了製茶所。對原住民則逐漸改變其馘首、紋面的舊俗，並設「蕃」童教育所（學生寄宿在學校），由教育下一代著手。

魯特參考許多理「蕃」方面的出版品，加上他的親身見聞，用兩章的篇幅來描述角板山，批評日本施之於泰雅族的統治，只是討伐、封鎖、教育，缺少對原住民施展個人影響力的地方官員，是理「蕃」不成功的原因。他以他過去面對北婆羅洲的原住民的經驗，

親近原住民，很快地能和他們交流，發現臺灣與婆羅洲原住民兩者語言間數詞相近似的現象，並做表附於書後。

總督府的用意本在讓參觀者看他們如何馴服原住民、如何帶入文明，但在老牌殖民國家英國的殖民官員的觀察下，卻完全破功。不過魯特批評臺灣總督府作為之餘，未能反思其母國在世界各地殖民所犯下的過錯，也不過是五十步笑百步罷了。

四、魯特筆下的臺灣

魯特來台，主要來見證臺灣歷經多次政權更迭，由日本人接手統治二十多年後，已達成世界文明史上絕無僅有的成就。他的書出版於1923年，即他在1921年4月離開臺灣後還蒐集不少資料，做成其書寫時重要的背景敘述，以突出他的見聞。如提到1922年國際聯盟諮詢委員會，在1922年8月8日發表針對臺灣鴉片的報告、附錄三「1923-1924日本經營臺灣歲入歲出預算對照表」，因此這本書描寫的臺灣，止於1923年。

他於4月3日抵達高雄，當天就到柴山上眺望高雄市，而後到阿緱，再經高雄轉宿臺南。（第一、二章）

4月4日在臺南飽覽史蹟。（第三、四章）

4月5日由臺南到嘉義，夜宿臺中。（第五章）

4月6日參觀臺中後，夜宿臺北鐵道飯店（第六、七章）

4月7日至4月8日，參觀臺北後，於4月8日午後到淡水拜訪英國領事。（第七、八、九章）

4月9日到角板山參觀，夜宿招待所（第十章）

4月10日在同地接見歸順的原住民並參觀部落，夜宿臺北鐵道

飯店。（第十、十一章）

4月11日在臺北參觀後，搭亞美利加丸號離開基隆，轉往神戶。（第十二章）

由如上的行程可知來去匆匆，重點有三，一是原臺灣政治中心、擁有許多史蹟的臺南；二是新政治中心臺北；三是教化原住民的樣板地角板山，其他地方說是走馬看花也不為過。

魯特的書寫中談總督府的官員、角板山的原住民，對居住臺灣大多數的漢人幾未接觸也無從描述，除了他欣賞的反清將領鄭成功、對原住民有影響力的吳鳳外。同時他也接受日本人的史觀，不太客觀地批評清朝在臺的統治。不過他也看出漢人農民對種米、茶都有獨到之處。

在介紹臺灣以及臺灣過去的歷史、物產也占了一些篇幅，如介紹臺灣的地理、人種，自荷蘭人以下歷朝的統治，還介紹了撒瑪納札其人，以及所著的《福爾摩沙變形記》一書、鄭成功和荷蘭的戰、和；對總督府最希望他看到的殖產興業的成果也多所描述，即製糖業如何取代舊糖廍，以及日本設立在橋仔頭、阿緱、臺中的製糖會社。在普及教育方面除介紹總督府當局的教育令之演變外，還包括英國長老教會設立的長老教中學、臺南神學院以及北部的淡江中學校和臺北神學院。森林保育、製材所，也是總督府經營事業中頗有成就的。鹽、鴉片、樟腦的專賣事業，也是重點敘述的對象，由制度演變及參觀鹽田、樟腦工廠的情形，這是日本獲益不少的事業。

還有他對日式旅館的批評，就是不能穿脫鞋走上榻榻米，用紙門的隔間沒有隱私可言，提供公共牙刷，無法盡情洗澡等，對臺南州廳（今國立台灣文學館）的品味也有意見，直接說它很難看；但對臺灣總督府、總督官邸卻說它們都富麗堂皇，臺北可說是殖民地

城市應有風貌的楷模。對臺南高等女子中學（今國立臺南女中）的學生一起洗澡、英文教法都有意見。在參觀完《臺灣日日新報》的印刷廠後，表示日本的文字體系使其在推廣現代教育上不太容易。

　　對魯特而言十分新奇的交通工具是他所要描述的，如他稱之為「雙體船」的「船」，若由他所附的照片來看，其實是「竹筏」。他在去見嘉義知事時坐的是人力車，但要上阿里山去看製材所，卻不聽越村建議搭1912年完工的阿里山森林火車上山，因而在事後後悔。自大溪到角板山所搭的「臺車」，對其做為在城市郊區到山區的重要交通工具，讚譽有加，認為使用臺車是在沒有馬車通行之下，所能想到最好的方法，而且客、貨兩用，十分方便。當遇到對面同軌的臺車駛近，必須下車，由苦力將臺車推到路邊，等車過後再上。當自大溪要到角板山時，增加一名苦力，而且將轎子置放臺車上，用繩子綁緊，以應付逐漸上坡的路段。此一描述和杉本良於1926年出版的《臺北十二個月》中提到他乘坐臺車上角板山的描述類似。

　　除了批評總督府的原住民政策外，他對臺灣人當時向日本議院請願設立臺灣議會亦有述及，他指出參加請願者在總督府壓力下被免職或逼迫辭職，並對仕紳施予財務上的壓力、取消特權，這樣的做法對英國人而言，總督府的處置令人十分反感；但又不忘說英國某些人物，對印度煽動人士、愛爾蘭武裝暴徒過度寬容，形成強烈對比，再次露出魯特的狐狸尾巴。他也發現在臺灣的新聞不自由，很受限制，即使在地方報刊上，被統治者仍無法暢所欲言，故要了解臺灣的實際情形，只能訂閱日本發行的報紙。即便如此，日本在臺的統治仍算成功。

　　魯特在各方面肯定日本在臺的殖民統治，最具體的描述就在第七章，舉凡、交通建設、引進法治、設立醫院、改善衛生環境、殖

產興業、礦產開採、設立銀行、推進工業化⋯⋯使得人民的收入是前清統治時的三倍。因此，他懷疑世上還有沒有其他大小相仿的殖民地能在如此短時間內脫胎換骨。這是極度的肯定，不枉總督府招待他一場。

五、《1921 穿越福爾摩沙》一書之我見

魯特的書就當時而言，保留了1921年他所看到的臺灣樣貌，比起我們經由閱讀史料而得的，具有時代意義。不過由於臺灣史的研究成果日增，對當時的了解愈多，今昔觀點也不同，使本書在內容上較不具吸引力，但他寫下當下他對日本統治的相關批評，至今讀來仍有一擊中的、有血有肉的感覺。他除寫下他對臺灣的觀察外，也寫出他和他太太在過臺南街頭時，成為被盯著看的對象，太太回旅館整理行李時，被旅館女服務生圍觀，直到蓋上行李，她們才喧鬧著鞠躬離開的情形，讓我們了解，旅人的行程就是在觀看別人，也被他人觀看，差別在距離的遠近和時間的長短而已。

在他寫實的描述中，我看到了當時的體育活動，如在高雄看到由高雄跑到臺南的「驛傳」（接力路跑）；臺北有摔角比賽；桃園公園有人打網球；有穿著得體的棒球選手，正要去鄰鎮比賽；淡水有九洞的高爾夫球場，在臺中參加音樂會，對當時都市常民的活動有所了解，可惜的是，他所看到的從事這些活動的，可能都是日本人。

由於本書大量參閱他人著作，因此難免引用錯誤，或自己在描述時發生錯誤；還有過去言之鑿鑿的歷史「事實」，如今已有所訂正，故必須說明以免以訛傳訛。

如第一章西班牙向荷蘭人投降是在1642年，卻誤為1641年。（編按：第九章所述時間正確）稱劉永福為著名盜匪頭目，當時他是南澳總兵；又說他扮成苦力帶了八隻狗搭英國船逃回中國，亦屬道聽途說，臺灣民間紛傳的說法是阿婆踉港（A-pô-làng-káng），即扮成老婦人搭船逃亡；亦有一說是躲在煤炭間，因而未被追上英輪的日艦人員上船找到。

第三章有關臺南州知事枝德二的兒子，如參考〈枝德二恩給證書下付〉（《臺灣總督府公文類纂》，1921年2月1日，第3,142冊第13號），即可知枝德二無子，乃收養枝備子為養女，再以間宮貢為養嗣子，1915年1月枝貢與枝備子結婚，枝貢成為枝德二的婿養子，並非兒子。

第五章稱日本人未在臺灣建鐵路前，島上只有清朝建的長六十二英里的破爛鐵路，亦非公平的說法。

第六章，高雄的棕櫚並未能生出椰棗，而臺灣並不產大豆，中南部亦無年可收成兩到三次大豆的事實。

總之，作者在翻譯導覽樣板路線供觀賞之餘，也能站在被統治者漢人的角度報導臺灣人的議會請願運動者所遭到的打壓，以及為改善臺灣原住民的統治提出建議，本書算是一本有良心的著作。

最後，這本書的出版，當時曾引起什麼回響？譯者寫了一篇很好的「序」，已有交代，就不多贅述。

交會時互放的光亮

歐文・魯特與他的《1921穿越福爾摩沙》

你我相逢在黑夜的海上，

你有你的，我有我的，方向；

你記得也好，

最好你忘掉，

在這交會時互放的光亮！

——徐志摩，《偶然》（1926）

　　將近一世紀之後，重探一位西方旅人在日本殖民地臺灣的行蹤與見聞，心中浮現的竟是這首情詩。脈絡看似不太相干，情境卻是十分切合：途經臺灣的旅人與這個東亞島嶼的連結正如偶然投影、短暫交會之後即已各走各路，就連相逢的地點也一樣是在海上，縱然時間不一定是黑夜。

　　儘管如此，旅人與島嶼交會時互放的光亮，卻不容易輕易兩兩

相忘。旅人對於島嶼的美麗富饒、原住民的淳樸熱情、外來殖民者的治理有方讚譽有加且印象深刻；但歷史學與人類學的訓練，以及身為日不落帝國的殖民地官員，在風土近似的地區累積的行政經驗，卻也讓他的凝視得以穿透官方行程的美輪美奐，洞察近代東亞民族西化的矛盾糾結、新興強權在既定世界秩序中的格格不入，以及日本殖民治理的弱點與不可告人之處，並援引自身經驗提出改進之道。

也正因如此，當這位旅人的足跡與見聞在六十多年後再次為島嶼所知，它的意義就不再僅止於一部走馬看花、歌功頌德的遊記，而是在世界大戰方歇，全球與亞洲局勢重組，日本對臺灣殖民統治也進入新階段的時空下，更增添了一層對時局與所經之地的觀照與反思，因此既是日本殖民時代臺灣歷史與社會研究的一份精彩史料，也是一部幽默風趣、引人入勝的文學作品。

以下將從前行研究的基礎出發，對這位兼具多重身分的旅人，以及這次意外的旅程，為今日的讀者做簡單介紹。

軍人、官員、作家、學者及其他

愛德華‧歐文‧魯特（Edward Owen Rutter, 1889-1944）的人生歷程不算漫長，其名聲或許也未足以在《大英百科全書》留下傳記，但他在二十世紀初卻同時具備了幾種身分，並且在這些身分上都獲得了一定的成就，可謂多采多姿。[1]

他是一位皇家海軍預備役工程師的兒子，倫敦聖保祿公學（St. Paul School）畢業後，於1910年來到亞洲，加入英屬北婆羅洲特許公司，從見習生做起，逐步成為地方行政官、理民官；第一次世界大戰爆發，他在1915年從軍，隨著威爾特郡團（Wiltshire Regiment）

前往法國，而後在希臘薩羅尼加（Salonika）前線與保加利亞人作戰，1918年再回到法國，參與西線戰場最後幾場戰役。正是在薩羅尼加前線，官拜上尉的他開始運用史詩形式，以詼諧逗趣又帶著感傷的溫暖筆調，將自己和同袍在戰場上的生活體驗、見聞與思考，經由志願入伍，在法國和希臘作戰，最後負傷返國休假的上流社會青年蒂亞達塔（Tiadatha）[2]這位主人翁所受到的歷練敘述出來，連載於部隊官兵發行的報紙《巴爾幹新聞》上而大受歡迎；這些詩歌在戰後結集成書，1920年在倫敦由湯瑪斯・費雪・昂溫（T. Fisher Unwin）出版《蒂亞達塔之歌》（*The Song of Tiadatha*），隨即成為暢銷書，它與續集《蒂亞達塔的旅程》（*The Travel of Tiadatha*）都在1935年再版。即使在相隔將近一世紀的今天，仍有文學研究者留意到這部暢銷一時、卻被戰爭文學的正典所忽視的作品，並呼籲重新正視、肯定其價值。

　　大戰結束後，魯特以少校官階復員，在北婆羅洲踏查一年半後返國，同時在行遍世界各地的豐富旅遊經驗中，逐漸展現自己在歷史學、人類學方面的才華。他先後成為皇家地理學會、皇家人類學會會員，對英屬北婆羅洲的歷史、民間傳說、自然資源與原住民族都留下極具參考價值的著述，例如《英屬北婆羅洲》（*British North Borneo: an Account of Its History, Resources and Native Tribes*, 1922）、《北婆羅洲的異教徒》（*The Pagans of North Borneo*, 1929），以及將砂勞越（Sarawak）發展成殖民地，由自己出任白人邦主的英國探險家布魯克（James Brooke, 1803-1868）及其資助者的傳記[3]，此外還寫過馬來亞海盜、以及「首航艦隊」（The First Fleet）的英國流刑犯開發澳洲的歷史，並先後編寫過七部關於1789年邦蒂號（*HMS Bounty*）水兵叛變事件的著作。[4]除了走訪臺灣（福爾摩沙）的遊記，他也留下

了波羅的海三國與西印度群島的旅行記，[5] 並為曾任砂勞越邦主私人秘書，一度改宗伊斯蘭教的政治冒險家麥布萊恩（Gerard MacBryan, 1902-1953）寫下朝覲麥加的旅行記。[6] 此外他還為大戰期間的英國軍需總監考文斯爵士（Sir John Cowans, 1862-1921）、當時的匈牙利攝政霍爾蒂元帥（Miklós Horthy, 1868-1957），以及專為英國王公貴族畫肖像的匈牙利裔畫家德·拉茲洛（Philip de László, 1869-1937）等當代名流寫作傳記，[7] 甚至也寫過科幻小說和童書，可謂著作等身。

　　魯特的多重身分還不只軍人、殖民地官員、學者和作家這幾種。一戰結束後，回到北婆羅洲踏查的原殖民地官員魯特，也當過一年半的種植園主人，[8] 殖民地官員和種植園主人的雙重身分，使得他在《英屬北婆羅洲》一書中對於公司開發土地取得營收的責任，與其照顧原住民習俗與權益的義務之間的矛盾有所描述，而他從這種雙重身分出發，將歐洲種植園主焚燒雨林種植經濟作物的行為讚譽為「將不可馴服的事物馴服」，對原住民燒林游耕的評價卻未必正面。[9] 其後，他在1933年與書籍設計師桑福德（Christopher Sandford, 1902-1983）等人合資買下金雞出版社（Golden Cockerel Press），成為共同發行人之一，負責新書行銷和編輯；金雞的書籍以精美的裝幀設計和木刻插畫聞名，但此時的銷售狀況其實並不理想，多半虧本甚至滯銷，不過隨著第二次世界大戰爆發所帶來的大眾閱讀需求，出版社反倒得以出清存貨，轉危為安。

　　二戰期間，重返現役的魯特少校在軍方的新聞部門工作，宣傳英軍在大戰中的表現，寫作對象則以海軍為主，撰寫過護航船團和海軍航空隊的官方戰史。[10] 但他未能親眼看見戰爭結束，1944年8月1日在海軍部工作時死於心力衰竭，得年54歲。[11]

行過福爾摩沙

筆者感到有些疑惑的是，關於魯特這次福爾摩沙之行，目前所見的中文論著推定的時間和實際發生的時間，似乎有一到兩年的落差。呂紹理教授的《展示臺灣：權力、空間與殖民統治的形象表述》探討旅遊活動、觀看文化與臺灣意象變遷的第五章，以魯特的旅遊行程和同一時期日本皇族及政界名流規格化、制式化的旅行兩相對照，論述窺探「後台」日常生活的需求，如何穿透殖民統治成就的表象模擬與官方制式行程的「前台」，成為另一股重新思考、詮釋臺灣地景的力量，至今仍是探討展示活動建構而成的殖民地形象對於被殖民者，以及在地空間、社會文化影響的重要成果，也是筆者與這部遊記初次結緣之處；[12] 但魯特造訪臺灣的時間卻被推定在遊記發行的 1923 年，其他探討殖民現代性的論著引用魯特的遊記，也不約而同將來訪時間推定在這一年。[13] 中國社會科學院近代史研究所助理研究員汪小平在 2009 年專文分析魯特及其臺灣遊記，討論日本殖民者經由旅遊建構的殖民地形象，以及來自老牌殖民帝國的殖民者對於新興強國的殖民地經營和風土人情的種族主義式想像，但文中同時出現 1922、1923 兩個年份，皆與實情不符。[14]

事實上，魯特在《1921 穿越福爾摩沙》造訪阿緱製糖所的章節中，即已清楚告知讀者，他們是在 1921 年 4 月造訪臺灣的。[15] 從魯特的紀錄之中還有至少兩處敘述，搭配《臺灣日日新報》的相關報導作為旁證，可以明確推定他行經臺灣的時間，是 1921 年 4 月 3 日到 11 日之間：

（一）魯特夫婦抵達高雄當天，登上壽山眺望高雄市街風光，同時看到一場馬拉松賽跑開始，選手和護送的車輛向臺南蜂擁而去。[16]根據《臺灣日日新報》4月5日的報導〈臺灣新聞廿年祝〉，這場「驛傳競走」是《臺灣新聞》成立二十週年，在全島各地舉行的紀念活動之一：「臺灣新聞以去三日皇祖祭之日，適當二十週年紀念日，既刊行紀念號，且以表其祝意，自是日起，三日間，於臺中開高雄、臺南、嘉義、新竹、基隆、臺北各小公學校生竝蕃童之自由畫展覽會。三日又於臺中公園為投彈比試，竝高雄臺南間驛傳競走……。」[17]

（二）到達臺中當晚，魯特應邀參加一場《臺灣新聞》成立二十週年的音樂會，但觀賞經驗卻不甚愉快。[18]《臺灣日日新報》對於《臺灣新聞》二十週年紀念活動的報導，同樣提到了這場音樂會：「……五日乃於基隆港內大放煙火，于臺中為子弟音樂會。」[19]

（三）魯特在臺中公園湖心小島用餐的敘述中提到，英國駐日大使儀禮爵士（Sir Charles Eliot, 1862-1931）不久前才來訪過，包廂裡還留著一些用於迎接他的裝潢擺設。[20]儀禮爵士是在3月15日抵達臺灣視察的，他先乘船到東海岸各地，再由高雄登陸，北上視察西部各地，3月30日抵達臺中並遊覽公園山島，隨後繼續北行，4月4日自臺北啟程返回日本。《臺灣日日新報》自三月中起有一系列報導，由此亦可進一步確認魯特造訪臺灣的時間。[21]

不僅如此，魯特在訪臺行程尾聲登上角板山，與原住民見面並探訪部落一事，《臺灣日日新報》也有以下的報導[22]：

30

英領北ボルネオ政廳附民官ルフター陸軍少佐は豫て來臺中の所，九日夫人同伴にて大溪管內角板山に入山，一泊の上，十日下山歸北の豫定なりと。

　　經由以上這些定位點，搭配《1921穿越福爾摩沙》的敘事，我們也就可以將魯特夫婦在臺灣的逐日行程排列如下：

日期	行程	交通工具
1921/4/3	自香港抵達高雄（州廳拜會，登山眺望市街、看見馬拉松起跑）→阿緱（參觀製糖所）→高雄→臺南（下榻四春園旅館）	泗水丸號輪船、火車、人力車
1921/4/4	臺南（州廳拜會知事，參觀開山神社、高等女學校、孔廟、普羅民遮城遺址、市場、臺南神社，為燈籠繪師拍照，走訪安平、舊英國領事館、熱蘭遮城遺址，觀看製鹽，購買紀念品，遊覽臺南公園，晚餐後漫步市街）	知事座車、雙體船、步行
1921/4/5	臺南→嘉義（參觀製材所，營林俱樂部午餐，在市街上為米販拍照）→臺中（晚餐後出席日本音樂會）	鐵道、步行
1921/4/6	臺中（官邸拜會知事，參觀水源地、物產陳列館、製糖所，臺中公園湖心小島午餐）→臺北（下榻鐵道飯店）	鐵道
1921/4/7	臺北（拜會官員，參觀總督府、總督府博物館、《臺灣日日新報》印刷廠、中央研究所、總督府醫院，出席民政長官歡迎晚宴）	
1921/4/8	臺北（向臺灣銀行提款不成，參觀專賣局樟腦工場，要求參觀鴉片工場被拒，參訪臺北監獄、植物園、臺北公園）→淡水（自由行動、拜訪英國領事）→臺北	總督府公務車、鐵道

日期	行程	交通工具
1921/4/9	臺北→桃園→大料崁→角板山（下榻招待所，遊覽角板山據點，參訪蕃童教育所）	鐵道、臺車
1921/4/10	角板山（接見「歸順蕃」，前往交易所、向原住民購買土產，下山途中參訪部落）→大料崁→桃園→臺北（鐵道飯店休息）	臺車、鐵道
1921/4/11	臺北（參訪臺灣軍、檢閱部隊，辦理簽證，向三美路商會取款）→基隆登船，前往神戶	公務車、鐵道、亞美利加丸號

　　前文提及在一戰結束後，魯特一度返回北婆羅洲旅行踏查及經營種植園，為時一年半；1921年這次途經臺灣、日本、美國，橫跨太平洋和大西洋的返國行程，按照時間推算，應當正是在這一年半的事務告一段落之後，他的重要研究著作《英屬北婆羅洲》也在隔年出版。魯特也明確表示，他之所以能得到機會，受邀在返國途中參訪風聞進步發達、卻不太向外國人開放的日本殖民地福爾摩沙，是由於北婆羅洲公司的同仁艾文（G. C. Irving）對於日本人移民北婆羅洲拓殖出力相助，[23]日本當局因此在艾文返國時邀請他前往福爾摩沙參觀，隨後魯特表示有意參訪，艾文則幫忙向臺灣總督府寫介紹信，為他取得邀請。艾文在兩年前的1919年4月訪問臺灣，《臺灣日日新報》上也有記載。[24]

　　對於這片初來乍到之地，除了在總督府外事課安排的緊湊行程中用心觀察和體驗，魯特也參照了許多前人的記載。關於臺灣的歷史與物產，魯特大量引用曾在日本接收臺灣時以戰地記者的身分來臺採訪，後來成為美國駐臺灣領事的達飛聲（James W. Davidson, 1872-1933）1903年問世的著作《福爾摩沙島的過去與現在》（*The*

Island of Formosa, Past and Present）；荷蘭統治時期與國姓爺征臺之役，則參照甘為霖牧師（Rev. William Campbell, 1841-1921）譯介荷文史料而成的《荷據下的福爾摩莎》（*Formosa Under the Dutch*）；日本領臺後的統治策略與發展，他主要是參考譯成英文的日文論著及臺灣總督府出版品，其中最重要的是政治家、史學評論家竹越與三郎（1865-1950）在1905年出版，運用大量文獻及數據頌揚日本殖民統治成就的《臺灣統治志》，[25] 此外還有總督府對外說明鴉片政策、理蕃政策的報告書；至於臺灣原住民的習俗與傳說，他的資料來源則包括十九世紀中葉的外交官和探險家郇和（Robert Swinhoe, 1836-1877）、必麒麟（William A. Pickering, 1840-1907）等人的紀錄，以及1916到1918年間受聘來臺，在總督府中學校擔任英文教師的人類學家麥高文夫人（Janet B. Montgomery McGovern, 1874-1938）親自走訪原住民部落，紀錄語言、傳說和風俗而成的《福爾摩沙的獵頭原住民》（*Among the Headhunters of Formosa*）一書。他還參考了當時著名的「中國通」濮蘭德（J. O. P. Bland, 1863-1945）的著作，將日本對臺灣與朝鮮的殖民統治平行比較。

今日討論魯特這部福爾摩沙遊記的研究者都留意到了應總督府邀約「路過」臺灣的魯特夫婦，他們的行程是由日本殖民當局決定的，自高雄到基隆幾乎皆由外事課通譯越村長次全程隨從（只有前往淡水拜訪英國領事算自由活動），所見盡是日本殖民統治繁榮先進、教化成功的「前台」風光；但在感激日本官員殷勤招待之餘，英國人魯特也很清楚，自己最不喜歡的就是按部就班的觀光行程，他想要的是每天留下一兩個小時讓自己到處遊歷。即使這樣的機會難得，他仍從自身的文化脈絡出發，對東道主精心準備的櫥窗做出自身的評價，並試圖深入「後台」，窺探臺灣人的日常生活，以及

主人未提供觀賞的事物。因此他在赤崁樓和嘉義兩度不顧嚮導越村「照片會奪取靈魂害人早死」的制止，堅持拍攝臺灣人燈籠繪師和賣米小販的照片；從高雄到臺北都找不到值得購買的商品，甚至買不到巧克力，嚮導也只說「等到了東京再說」；隨後在參觀專賣局樟腦工場時要求參觀鴉片工場，遭到隨行的專賣局官員斷然拒絕，前往角板山時也被越村警告擅入蕃地可能會被砍下腦袋。

又由於魯特是來自先進殖民強權——大英帝國的前殖民地官員，曾在與臺灣環境近似的北婆羅洲服務，他對日本殖民臺灣成效的評價，也就不只是來自繁榮先進的表面印象，同時也從殖民地行政的實務面出發，與北婆羅洲乃至其他英國殖民地的經驗一再對照。魯特在安平觀看製鹽，以及在臺北要求參觀鴉片工場卻不得其門而入時，對於專賣制度及鴉片管制政策都有一番討論，在他看來，儘管專賣制度違背市場自由原則，但在福爾摩沙卻行之有效，為殖民政府帶來建設所需的大筆資金（不過私人經營投資能否促進效率並減少政府損失，仍然值得討論），鴉片專賣制度更能在漸禁和管制吸食的同時為當局賺取盈利，臺灣的鴉片漸禁政策值得有多數華人居民的殖民地和保護國取法。他也看出了日本竭盡全力經營臺灣的根本原因：這是日本第一個殖民地，能否成功經營動見觀瞻，當然要不惜成本予以開發，他以房東整修公寓比喻，認為只要資本充裕，一次性全面翻修當然比逐一修繕效益更大。他對臺北鐵道飯店親切周到的服務和經營方法，以及臺灣鐵道便利的行李託運機制也十分讚賞，以為值得英國效法。

他認為日本統治福爾摩沙唯一失敗之處，是無法有效統治原住民，從而無法運用「蕃地」的豐富資源，癥結在於日本人缺乏同理心，只將原住民視為障礙，試圖以武力壓制或強制教化（當越村在

角板山部落以鏡頭讓人早死的迷信，暗示魯特多給合照的原住民金錢補償，魯特認為這種敲竹槓手法是在糟蹋原住民，讓他們淪為乞丐）；他反對竹越與三郎提議的由政府授權特許公司開發蕃地，而是以自身作為殖民地官員與原住民互動的經驗，主張培訓幹練的地方行政官員，汲取英美各國殖民地的成功之道，以公正仁慈和權利保障贏得原住民信任，並且讓原住民保存語言和文化傳統、自行管理內部事務，認為如此統治才能收事半功倍之效。他強烈感受到英屬北婆羅洲經營四十年的規模，仍遠遠不及臺灣不到三十年的成效，因此發言歡迎日本人前往北婆羅洲墾殖，這在第一次世界大戰後看似躋身一等強國，其發展空間卻受限於既定的世界秩序格局、連移民都不受歐美各國歡迎的日本人看來，是很令人感動的（即使在日本與殖民亞洲的歐美強國地緣利益衝突逐漸表面化、從戰時的盟友關係逐漸分化之際，他也得將英日一旦開戰的前景納入歡迎日本移民前來的考慮）；但在原住民治理的經驗上，他則主張日本向英屬北婆羅洲或馬來亞、美屬菲律賓取經。

魯特認為每個人「在內心深處都是文化保守主義者」，他對屬於日本傳統文化的事物──和服、房屋和旅館，或是（福爾摩沙人的）紙燈籠──都有著充滿異國情調的讚美與喜愛，即使他吃不慣日本食物；但對日本人穿西服、吃洋食、建造西洋式公共建築等等師法西方的舉動，卻批判得毫不留情，認為俗惡至極、完全缺乏美感。[26]他從迎接的官員和旅館主人、經理、侍者感受到日本人的殷勤有禮，同時又帶著圓滑與複雜，福爾摩沙原住民則近似於他在北婆羅洲曾朝夕相處的原住民，即使語言不盡相通，也能用心交流、相處愉快，在他看來他們有如孩童，至於漢人，除了拍下照片的燈籠繪師和賣米小販，他在臺灣並未與他們直接接觸，其印象主要是來

自歷史上的固守傳統又講究實用，以及從北婆羅洲和其他地方所知的清喉嚨和打飽嗝聲音，他最推崇的漢人是把荷蘭人逐出臺灣的國姓爺，清朝統治則充滿失序和落後。對於當時殖民地人民正如火如荼進行的議會設置請願運動，魯特一方面同情福爾摩沙人與日本人地位不平等，在任官及政治權利上備受限制，甚至缺乏媒體發聲管道的處境，另一方面仍不免思及英國在一戰後面臨愛爾蘭以武裝鬥爭獨立成功、印度人民也開始以非暴力抗爭尋求獨立的挫折，儘管不同意日本對請願設置議會的福爾摩沙人在政治、經濟上施加報復，但又認為這勝過英國對待「愛爾蘭暴徒和印度煽動者」的缺乏作為。

以上這些歐洲旅人眼中對於殖民地印象、開發與統治政策，以及不同族群性格的見聞歸納，在今日去殖民的時空之下，當然有不少值得分析和批判之處。不論是從旅遊型態、觀看文化與形象塑造的角度，或是從歐美人士的東方主義如何凝視與理解異國，如何為「他者」設定階序以展現自身文明的角度，目前都已累積了一些研究成果；自今而後，對於統治方針逐漸走向內地延長主義、地方行政改制為五州二廳，被殖民者的民族自決也漸露頭角的1920年代殖民地臺灣眾生相，乃至於日本統治下的臺灣與周邊其他殖民地、與世界局勢的互動關係，這部遊記想必仍有不少可供參考之處。

餘論：旅人步伐的殘響

《1921穿越福爾摩沙》在1923年出版，隔年四月在皇家地理學會的刊物《地學雜誌》（*The Geographical Journal*）上就有一篇書評。[27]署名W.W.的讀者讚揚這本書既有價值，又兼具娛樂性，即使作者在官方安排的行程裡遊覽，也能以敏銳的觀察力孜孜不倦地蒐集事

實，寫成一部「實用資訊加上一些常識，還有大量幽默與娛樂」的著作，對日本殖民地治理的批評，也因自身行政經驗而具備不少價值和權威，而這部既實用又引人入勝的書籍值得廣為流傳。同時，書評作者也以自身對於日本歷史、文化和民族性的認知，對魯特的敘述提出指正：他以日本對朝鮮的統治作為對照，認為日本人對所有的屬民都嚴厲統治，甚至嚴酷到殘暴的地步，不只對待臺灣原住民如此，但這是從戰國至德川幕府以來嚴厲的封建統治延續下來，必須回歸這個「對待本國人民同樣嚴酷」的歷史脈絡才能說明；同理，魯特所見的日本人殷勤友善之中總不免帶著遲疑和猜忌，這種心態同樣也衍生自戰國大名的殘酷內鬥。此外，日本人並非盤坐，而是跪坐；日本人也並不如魯特所認為的「一有機會就排斥洋食」，東洋軒（Toyoken）等洋食館在東京大受歡迎，大多數日本人都吃得起洋食，皆可作為反證。[28]

又過了三年，在1927年5月16日，皇家地理學會當年會期的第十三次晚會上，魯特再次獲得了介紹福爾摩沙見聞的機會。當天是由曾在前一年代理英國駐淡水領事的德・本森（E. H. de Bunsen），發表以〈福爾摩沙〉為主題的論文，主要內容是他在1925年12月和1926年初，先後兩次由屏東三地門和宜蘭羅東進入蕃地，造訪排灣族澤利先群（其後日本學者定名為魯凱族）和泰雅族所見的原住民日常生活、風俗習慣，以及日本在原住民地區的統治與教化情形。[29]會長霍加斯（David George Hogarth, 1862-1927）在開場致詞時提到，英國人對於福爾摩沙的認知多半極為缺乏，學會已有將近一個世代的時間未曾發表關於福爾摩沙的記載（可對照魯特在《1921穿越福爾摩沙》提供的參考書目）；即使今日不太可能像十八世紀的撒馬納札（George Psalmanazaar）那樣虛構出一個福爾摩沙，但也還是有

不少編造故事的空間，因此第一手見聞十分珍貴。論文宣讀完畢，霍加斯首先邀請在座的日本大使館武官回應，但武官無意發言，於是轉而邀請「熟悉世界的這個角落，並且寫過一本書」的魯特少校發言評論。[30]

　　魯特的發言一如他在《1921穿越福爾摩沙》的前言所述，除了再次強調自己對福爾摩沙的認識僅止於過路人的見聞，完全無意自稱內行，這次旅程純粹出於偶然獲邀，也不斷稱道日本人對他們邀請的賓客殷勤而周到的款待，「不只以政府的方式，讓我們看到他們想要我們看見的一切，也允許我們看見幾乎每一件我們想自己去尋訪的事物」，即使日本人並不鼓勵一般外國人前往福爾摩沙；當然，他仍再次肯定日本在二十五年內投入大量資金建設福爾摩沙的成就，認為臺北的道路比日本的大城市更平坦。德·本森走訪蕃地的見聞，不只印證了魯特在有限的接觸裡對臺灣原住民留下的美好印象，也展現出日本終於對原住民展現出成功治理所需的「耐心、老練、自制、先見，加上公正，偶爾再帶點堅決」，從今以後，「蕃地將不再野蠻而能安居樂業」。魯特再次以吳鳳傳說為例，向聽眾說明稱職的行政官員對於治理「原始民族」的意義所在，不過他在此時並未預見福爾摩沙的原住民三年後將對日本政府發動大規模反抗。[31]德·本森則表示十分樂見魯特與自己所見相同，並肯定魯特雖然只到過福爾摩沙十天，他所敘述的島上日常生活至今仍真實可信；但他也對魯特所見的蕃童教育所提出指正，認為蕃童教育所並非魯特所敘述的強制同化機構，而是以引導原住民兒童認識及喜愛日本為宗旨，也可以固定放寒暑假。霍加斯在結語中期許今後能有更多對福爾摩沙的研究踏查和影像紀錄，尤其是大片未經探勘和開發的東部山地，以及高達五千至六千英呎的沿海斷崖；英國聖公會傳教

士莫瑞‧華頓牧師（Rev. W. H. Murray Walton）在1933年為皇家地理學會進行的專題報告，以及隔年出版的著作《日本與福爾摩沙跋涉》（*Scrambles in Japan and Formosa*），則似乎回應了這個要求。[32]

只是在此之後，魯特和他的福爾摩沙旅行記似乎就為人們所淡忘，直到臺灣解除長年戒嚴，政局走向民主開放的1990年，才由臺北的南天書局重新影印出版，得到研究臺灣歷史與文化的學人注意，成為可資運用的史料。

此次《1921穿越福爾摩沙》的中譯，正是以南天書局的影印本為底本，內文及引文必要之處另以譯註補充說明；內文及引文部分詞語在今日看來具有歧視或貶抑的負面意涵，如「生蕃」、「支那人」之類，但為尊重史料，呈現時代氣氛而不加改動，絕無歧視與貶抑任何群體之意，敬請讀者諒察。一切疏漏及錯誤皆應由譯者負起全責。

註釋

1. 關於魯特的生平資料，以下主要參考：Andrew Scaggs, "Reconsidering a 'Neglected Classic' and Widening the Canon of World War I Poetry: The Song of Tiadatha," *English Literature in Translation 1880-1920* 57:4 (2014.01), pp.463-479.

2. 蒂亞達塔即「疲憊的亞瑟」（Tired Arthur）之意，人名是從魯特在薩羅尼加一處通信兵戰壕裡拾獲的朗費羅（Henry Wordsworth Longfellow, 1807-1882）史詩《海華沙之歌》（*Song of Hiawatha*）諧擬而來。

3. Owen Rutter, ed., *Rajah Brooke & Baroness Burdett Coutts. Consisting of the letters from Sir James Brooke to Miss Angela, afterwards Baroness, Burdett Coutts* (London: Hutchinson & Co., 1935); Owen Rutter, *White Rajah* (London: Hutchinson & Co., 1939).

4. 此即三度重拍的電影《叛艦喋血記》（*Mutiny on the Bounty*）本事。七部著作分別為Owen Rutter, ed., *The Court Martial of the Bounty Mutineers* (William Hodge, 1931); Owen Rutter, ed., *The Voyage of the Bounty's Launch* (Golden Cockerel Press, 1935); Owen Rutter, ed.,

The Journal of James Morrison, Boatswain's Mate of The Bounty, describing the Mutiny and subsequent misfortunes of the Mutineers, together with an account of the Island of Tahiti (Golden Cockerel Press, 1935); *The True Story of the Mutiny on the Bounty* (London: Newnes, 1936); *Turbulent Journey: a Life of William Bligh Vice-Admiral of the Blue* (London: Ivor & Nicholson, 1936); *Bligh's Voyage in the Resource* (Golden Cockerel Press, 1937); Owen Rutter, ed., *John Fryer of the Bounty* (Golden Cockerel Press, 1939).

5. Owen Rutter, *The New Baltic States and Their Future: an Account of Lithuania, Latvia and Estonia* (London: Methuen, 1925); Owen Rutter, *If Crab no Walk: A Traveller in the West Indies* (London: Hutchinson & Co., 1934).

6. Owen Rutter, *Triumphant Pilgrimage: An English Muslim's journey from Sarawak to Mecca* (London: George G. Harrap& Co., 1937). 但這次朝覲之行的許多細節其實一直受到質疑。關於麥布萊恩這位一生極具爭議性，二戰後對汶萊、砂勞越和英國的互動產生一定影響的政治冒險家，較為持平的敘述可參見Rob Reese, "'The Little Sultan': Ahmad Tajuddin II of Brunei, Gerard MacBryan and Malcolm MacDonald," *Borneo Research Bulletin* 40 (2009): 81-108.

7. Owen Rutter & Maj. Desmond Chapman-Huston, *General Sir John Cowans G.C.B., G.C.M.G. The Quartermaster-General of the Great War*, 2 vols. (London: Hutchinson and Co., 1924); Owen Rutter, *Regent of Hungary: The Authorized Life of Admiral Nicholas Horthy* (London: Cowan and Rich, 1938); Owen Rutter &FülöpElekLászló, *Portrait of a Painter. The Authorized Life of Philip de László* (London: Hodder & Stoughton, 1939).

8. 參見Danny Wong, "Sabah's Men of History," Malaysia History, Nov. 13, 2011. 2016/12/13取自：http://www.malaysiahistory.net/index.php?option=com_content&view=article&id=142:sabahs-men-of-history&catid=41:borneo-sabah-sarawak&Itemid=116。

9. 參見Amity Doolittle, "Colliding Discourses: Western Land Laws and Native Customary Rights in North Borneo, 1881-1918," *Journal of South Asian Studies* 34:1 (2003.02), 101, 119-120.

10. Owen Rutter, *Red Ensign: A History Of Convoy* (London: Robert Hale, 1943); Owen Rutter, *The British Navy's Air Arm: The Official Story of the British Navy's Air Operations* (London: Infantry Journal, 1944).

11. Gwyn Jones, "The Golden Cockerel Mabinogion, 1944-1948," *Transactions of the Honorable Society of Cymmodorion* (1989), 182.

12. 呂紹理，《展示臺灣：權力、空間與殖民統治的形象表述》（臺北：麥田，2005初版），356-357、368-371。本書2011年修訂再版，提及魯特旅行經驗的頁碼相同，內容亦未更動。

13. 例如陳其澎，〈「框架」臺灣：日治時期殖民現代性的研究〉，文化研究學會2003年年會「靠文化‧By Culture」學術研討會論文（2003/1/3-4），頁25。2016/12/14取自：http://www.scu.edu.tw/society/acade_act/cultural%20studies/papers/cpChen.pdf。

14. 汪小平，〈1920年代臺灣遊記展現的殖民地面向：以《穿越臺灣：日本的島嶼殖民地報導》為例〉，收入《中國社會科學院近代史研究所青年學術論壇》2009年卷（北京：社會科學文獻出版社，2010），頁175-191。此外，汪文對於此次旅行緣起與途中見聞的許多敘述，與書中記載亦有出入，例如魯特一行人被在地人圍觀是在臺南，而非汪文所說的高雄。

15. Owen Rutter, *Through Formosa: an Account of Japan's Island Colony*（臺北：南天書局影印本，1990），pp.49, 56。

16. Owen Rutter, *Through Formosa: an Account of Japan's Island Colony*, pp.49-50.

17. 〈臺灣新聞廿年祝〉，《臺灣日日新報》，1921年（大正十年）4月5日。

18. Owen Rutter, *Through Formosa: an Account of Japan's Island Colony*, pp.128-129.

19. 〈臺灣新聞廿年祝〉，《臺灣日日新報》，1921年（大正十年）4月5日。

20. Owen Rutter, *Through Formosa: an Account of Japan's Island Colony*, pp.131.

21. 參見〈英大使日程〉，《臺灣日日新報》，1921年3月13日；〈英大使北上〉，《臺灣日日新報》，1921年4月1日；〈英大使歸北〉，《臺灣日日新報》，1921年4月1日；〈英使啟節歸京日〉，《臺灣日日新報》，1921年4月4日；〈英使歸京續報〉，《臺灣日日新報》，1921年4月6日等相關報導。當時報刊以音譯稱大使為「衛利奧特氏」。

22. 〈地方近事　新竹　外國武官入山〉，《臺灣日日新報》，1921年4月10日。

23. 關於臺灣總督府組織移民前往北婆羅洲拓殖的經過，以及英國當局提供的協助，可參見鍾淑敏，〈戰前臺灣人英屬北婆羅洲移民史〉，《臺灣史研究》，22:1 (2015.03)，25-80。

24. 參見〈ア氏出發〉，《臺灣日日新報》，1919年（大正八年）4月16日。報導全文如下：「滯北中なりし英領北ボルネオの理事官アーウィング氏は，昨十五日正午內地觀光め，基隆出帆のバタビア丸にて橫濱に向け出發セリ。」有論者以為「艾文自己不想去，就推薦過去的同事魯特去臺灣」，此說不確，見汪小平，〈1920年代臺灣遊記展現的殖民地面向：以《穿越臺灣：日本的島嶼殖民地報導》為例〉，178。

25. 研究者發現，魯特所參照的《臺灣統治志》英譯本與日文原本之間並非逐字對譯，而是有所刪減和差異。關於竹越與三郎及其《臺灣統治志》，參見邱雅芳，〈南方的光與熱：竹越與三郎《臺灣統治志》、《南國志》的臺灣書寫和南進論述〉，《台灣文學研究學報》，6 (2008.04)，193-223。

26. 有趣的是，這些在1920年代的英國旅人看來俗惡醜陋的西洋式公共建築，其中有許多在相隔將近一世紀的今天，卻成了許多臺灣人緬懷的經典建築。由此所展現的，或許不只是東方與西方在不同時空的審美觀差異，還包括了後續入主臺灣的政權長期輕忽文化保存與美感教育，甚至一度刻意抹消「殖民遺緒」，使得後世臺灣人在重新認識土地與歷史、追求理想家園時，也同樣對於不同政權統治下的建築風貌，以及政權對待在地歷史文化的方式予以對照和評價。參見凌宗魁著、鄭培哲繪，《紙上明治村：消失的臺灣經典建築》（新北市：遠足，2016）。

27. W.W., "Review: Through Formosa: An Account of Japan's Island Colony by Owen Rutter," *The Geograhical Journal* 63:4 (1924.04), pp.354-355.

28. 關於近代日本吸收西方飲食文化的歷程，以及照搬歐洲原汁原味的「西洋料理」與日本人接納西方飲食文化並加以改良的「洋食」之間的差異，可參見胡川安，《和食古早味：你不知道的日本料理故事》（臺北：時報，2016）。

29. 會議訊息參見"Meetings: Royal Geographical Society: Session 1926-1927," *The Geographical Journal* 70:1 (1927.07), p.96。德·本森論文全文，見 E. H. de Bunsen, "Formosa," *The Geographical Journal* 70:3 (1927.09), pp.266-285.

30. 開場致詞與討論過程，參見 Dr. Hogarth, Owen Rutter & E. H. de Bunsen, "Discussion," *The Geographical Journal* 70:3 (1927.09), pp.285-287.

31. 1933年4月3日皇家地理學會的晚會上，英國聖公會傳教士莫瑞·華頓專題報告〈在福爾摩沙山林與獵頭族之中〉（Among the Mountains and Headhunters of Formosa），由前任英國駐淡水代理領事德·本森回應。報告與回應都提到了1930年臺灣原住民的大反抗（即霧社事件），但他們所列舉的蕃漢通婚糾紛、原住民與漢人同工不同酬等起因，與目前所知有所出入，且完全未提及日本統治者的角色。參見 William Goodenough & E.H. de Bunsen, "Discussion," *The Geographical Journal* 81:6 (1933.06), pp.497-500。

32. 參見 W. H. Murray Walton, "Among the Mountains and Head-Hunters of Formosa," *The Geographical Journal* 81:6 (1933.06), pp.481-497; William Goodenough & E.H. de Bunsen, "Discussion," *The Geographical Journal* 81:6 (1933.06), pp.497-500; 以及 Rev. W. H. Murray Walton, *Scrambles in Japan and Formosa* (London: Edward Arnold, 1934).

　　首先，且讓我聲明，本書無意自詡為一部驚心歷險或虎口逃生的紀錄，亦不願妄稱為研究福爾摩沙的權威著作。這是一位過客的作品，他並無定居於此多年後所累積直接而透徹的知識；而是在遊歷這座美麗迷人卻罕為人知、通常不鼓勵外國人前來的島嶼後留下的紀錄，也可視為對島嶼的浪漫歷史、豐富的自然資源，以及定居叢林山間的褐色人種的不幸遭遇及命運所做的介紹。

　　承蒙臺灣總督府的關照，在造訪福爾摩沙期間，我有幸遊覽許多通常不對旅人開放的地點；藉由對其他東方殖民地的認知，我試圖呈現這三十年來，日本人如何從領有之初一片荒煙蔓草開始，逐步將這裡的經濟發展起來，其成就令人嘆為觀止；我同時也呈現他們在良善的用意下，力圖安置和管理歷經幾個世紀暴政壓迫而變得難以治理的原住民族時所遭遇的挫敗。

　　我深深感激英國駐福爾摩沙領事菲普斯先生（G. R. Phipps），他為我查核了本書所提及的事實與數據，也提出許多寶貴的建議，令我受益匪淺。本書所述皆為個人意見，一切文責由我承擔。

　　本書照片主要由我太太拍攝，第220、270、272頁的照片則分別由拉雅德先生（R. de B. Layard）和麥高文夫人（J. B. Montgomery McGovern）授權翻印。

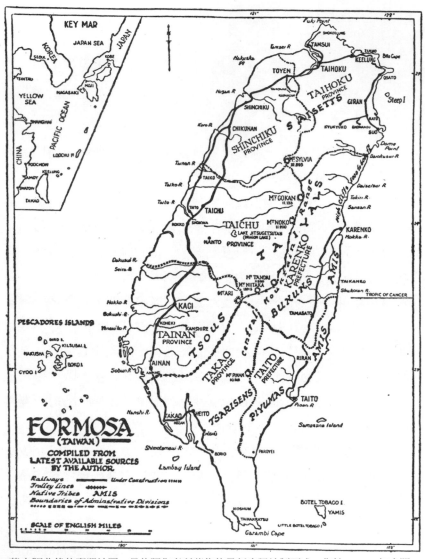

英文版收錄的臺灣地圖，是依照作者所蒐集的最新資訊繪製而成，作於 1921-23 年之間。

第一章
接近福爾摩沙

艾文先生的介紹信

「我奉總督之命，前來擔任您的隨員。」

一位身著黑色文官服、戴著眼鏡的官員，向我們鞠躬致意，他在我們穿越福爾摩沙南方港口高雄的狹窄入口時，以這句話迎接我們。

那時，我們正從北婆羅洲經由日本和美國返回英國的旅途上。即使在遠東，對福爾摩沙略知一二的人也寥寥無幾，它是位在中國

海上的日本島嶼殖民地，西南距離香港的輪船航程是兩天，東北距離長崎的航程是三天。這塊土地少有觀光客造訪，庫克先生（Thomas Cook）[1]的跟班也尚未涉足其間。這裡不鼓勵路過的旅人駐足，除非是在日本政府的安排下造訪這個島，或者能說日語，否則外國人恐怕寸步難行。

這次見識福爾摩沙的機會，是來自我的朋友艾文先生（G.C. Irving），他是英屬北婆羅洲政府的一位高階官員。北婆羅洲的日本拓殖地日益增加，前往開墾的移民多半是社會的中上階層，對日本勞工來說，儘管他們已經夠努力，但仍無法在熱帶發展。大批日本移民聚集在北婆羅洲東岸的斗湖（Tawau），栽種椰子和橡膠，久原農園（Kohara Estate）擁有整個北婆羅洲保護國最大片的橡膠園。[2]艾文先生曾任斗湖參政司（Resident），那時他不僅在職權範圍內多方協助日本種植者，也和其中的許多人成為朋友。這個世界上再也沒有比日本人更懂得知恩圖報的人了；於是，在艾文夫婦請假回國時，他們受邀造訪福爾摩沙，成為日本政府的座上賓。[3]艾文先生對這個罕為人知之地的記述，燃起了我們親眼一睹的渴望；當他提議寫封介紹信給總督田健治郎[4]，以確保我們順利成行，我們當然欣然接受，即使那時我們還不知道這趟旅行將會帶來多少神奇的力量。

泗水丸號

雖然我們的返國行程有許多更動，但我們以為不妨好好運用大阪商船會社[5]的日本—爪哇航線輪船，它預定停泊於北婆羅洲首府山打根（Sandakan）和福爾摩沙港口，在前往福爾摩沙的途中在香港停靠。於是，我們不顧朋友的勸阻，訂了泗水丸號的船票。船隻遲到

了幾天，但它仍適時在山打根港下錨停泊。可是，當我們在一個晴朗的早晨，透過雙筒望遠鏡從東道主小屋的涼台打量它時，我們的心微微一沉。在那片青翠山林環抱的紫藍色美麗海灣中，它似乎是唯一不討喜的存在。它看來沒有載貨，鉛垂線以下的舷側有一大片鏽色紅，如同一件法蘭絨襯裙吊掛在暗黑色的洋裝下方。它憔悴得像一隻東方野雞。人們開始議論：

「就跟你說了吧。你不可能帶著太太搭這種船的。」

但我太太對這件事自有主張，我們（一臉無辜地）回答：

「不管怎麼說，也才四天而已……我們窩個四天還行。」

那時，北婆羅洲的華工發起抵制日本船隻的運動，因此船上的載貨必須由本地原住民搬運。據說在泗水丸號前一趟航程裡，一位中國苦力的行為激怒了船長，於是他採取了簡單明確的懲罰，把鬧事者丟下海；為避免遭受報復或其他不快，這次泗水丸號僅在港灣下錨，而不靠泊碼頭。

我們預定晚上八點出航，在七點時登船。輪船高聳於水面之上，我們從小艇登上鐵甲板的每一步，都像是雅各夢見的天梯踏階那樣漫無止境；[6]看著我們沉重的行李被苦力拖上船，我們隨時都感到他們下一刻就要翻落到梯子外，一頭栽進波光粼粼的港灣中。我們發現船艙大小適中，即使舷窗顯然已經好幾個星期沒打開過，但小小的吧台看上去倒還愜意。我們的心情開始好轉。我找來一名服務員，為前來送別的友人點杯威士忌蘇打。然而，我們卻因此遭受了第一次打擊：船上不供應威士忌。原因不是出在船長或輪船會社支持反酒聯盟（Anti-Saloon League）[7]，單純只是乘務長壓根兒沒想到要訂購。不過船上有供應日本啤酒，我們也只好接受。

和友人道別，目送他們躊躇地走下舷梯後，我問了晚餐的事。

第二次打擊隨之來臨：沒有晚餐。晚餐已在下午五點半供應完畢。在一陣有禮的勸說之後，服務員為我們帶來一些麵包和冷盤肉；只是，輪船要等到午夜才啟航，我們不由得悔恨自己沒先在岸上和東道主聚餐。

我們走進船艙前上了甲板，望了山打根最後一眼。山腰上萬家燈火明滅閃爍，港灣的彼端隱約傳來留聲機播放的中國樂曲，刺耳如鷗群鳴叫；在我們下方，粼光閃閃的波浪輕拍著泗水丸號的舷側，綠色的火星跳動閃爍著。當我們探身欄杆外時，對即將離開這個逐漸愛上的叢林之地不免有些遺憾，但心裡的雀躍又讓這股情緒顯得微不足道。我們就要回到祖國了，那海外遊子魂牽夢縈的避風港，但還遠在天邊。祖國特有的荒原在離鄉背井的人心中，有著可望不可即的魅惑；儘管在熱帶因思念英格蘭而感嘆的同一群人，卻往往在返國三個月後無法理解怎能有人在英格蘭生活。

除了鐵甲板，艦橋是泗水丸號上唯一一處能夠坐下的位置，隔天早上，我們用隨身帶來的古達椅（Kudat chair）讓自己舒服地坐在艦橋上。古達椅是一種超大型躺椅，前段有腳踏板，木製扶手上有安放眼鏡的實用圓孔，展開它是很好的運動，一旦調整就緒，世上就再也沒有更好的躺椅了。這是由北婆羅洲舊都古達一位中國木工所發明的，如今已外銷到遠東各地。我們本想把它們帶回英格蘭，還想像著在花園的樹蔭下，躺在椅子上度過許多快樂時光的畫面；然而，我們最遠只能帶著它們到舊金山，當我們得知要把它們從美國西岸運到東岸得花二十美元金幣、遠遠超過它們的售價時，我們只好將它們棄置海關，讓它們加入其他旅客留下的、價值不如它們卻同樣落難的物品之列。

泗水丸號的浴室是個古怪的裝置，總是裝滿了水，既不需打開

水龍頭，也不必放掉水。[8]我太太第一次洗澡的時候，服務員似乎無法判斷裡面有沒有人（浴室門上沒有鎖），他的解決方式是從鑰匙孔向內窺探；在那之後，或許我們對這類問題的想法比日本人更拘謹些，只要我們在浴室裡，都會把浴袍掛在門上。

很快地，我倆發現自己是船上僅有的歐洲旅客。每一個日本人都很有禮貌，有些人會講不道地的英語，其他人則不會講。對所謂歐洲食物抱有遐想的人會跟我們一起用餐，他們每個人吃喝時都發出很大的聲響，大多數人使用刀叉的能力和我使用筷子的能力不相上下。偏好日式食物的人則在我們之後享用日式餐點，除了下午五點半的晚餐是日式與歐式兩者的調和。我們發現在五點半用餐實在有些折騰人，但在就寢前會吃點餅乾補充營養，盡可能讓彼此相信，偶爾跳脫八點吃晚餐的習慣有益於我們。畢竟我們的曾祖父輩大約也是在同一時間吃晚餐，儘管他們每餐都會理所當然地喝掉一瓶波爾多葡萄酒聊以慰藉，這可是比朝日啤酒更刺激的飲料。

我留意到乘務長是個好玩的人，他熱愛小泉八雲（Lafcadio Hearn）[9]的作品，而我每餐都會和他聊上很久。航程第二晚，我看見菜單上的「漢堡牛排」，於是說了個冷笑話，提出可用「橫濱牛排」完美地取代。乘務長顯然也覺得好玩而大笑不止，連說了好幾次「真有趣，真有趣」。隔天晚上，餐桌上就出現了「勝利牛排」，這個替換十分機伶，對於大英帝國和日本兩方都沒有偏袒。[10]

船長是個健壯的小個子，有著出奇厚實的胸膛和細長的雙眼，他的殷勤有禮彌補了不諳英語的缺憾。他和屬下在艦橋上東奔西跑，他看起來就像隻和藹可親又活力充沛的大熊，尤其在他們每天中午進行測定太陽方位的儀式時，會讓人以為這艘船快撞上珊瑚礁了。還有，他厲行節約燃煤政策，因為我從來沒搭過比泗水丸號還要慢

的船。她就像隻大海龜，但又不如海龜平穩，反倒像是海中的瓶子那樣搖搖晃晃。當我們在一個風大浪高的日子離開菲律賓群島的避風港，它的航行速度每小時只有4.9節；結果我們整整花了七天才抵達香港，而非一般的四天。

香港大酒店

船長承諾我們會在中午時分抵達，這意味著我們有一整個下午的時間辦事，還能上岸過一夜。但實際上，泗水丸號進入近海的綠水區就慢了下來，直到下午五點，才在這個雄偉的港口停泊；陡峭的太平山俯瞰港灣，總令我想起直布羅陀（Gibraltar），而這個海港的朝氣蓬勃一如特拉法加廣場（Trafalgar Square）。

我發了電報，向香港大酒店（Hong Kong Hotel）詢問訂房事宜，也打包好一只手提箱準備上岸，而後將身體探出欄杆外，為即將重見文明而興奮無比。唯有在叢林之地度過幾個月的人才能明白，與商店、人車及舒適的旅館重逢是何等意義重大。我們做了種種打算。這天可是我們盼了好幾個星期，終於等到的一天。我們已經太久沒有機會花錢了，非得大肆揮霍不可。我先前只在單身時來過香港，但我可以向太太保證，那兒有帽子店。香港還有各式各樣的店鋪可讓人們買到賞心悅目的東西。我立刻想起一家販賣領帶、衣領、襯衫和襪子的商店，這些都是我迫切需要的。那是一家好店，或許比不上伯靈頓拱廊街（Burlington Arcade）的店家，但足夠讓人在啟程返國前添購衣裝改頭換面。除此之外，護照上還要加蓋日本領事館的簽證，在北婆羅洲可沒有日本領事館；我們還要購買前往美國及繼續前行的船票和車票；最重要的是，還得從銀行領錢，因為北婆

羅洲的紙幣無法在任何境外的國家使用。我們滿心雀躍地思索著這一切。此刻，空氣中瀰漫著涼意與甜香，著實讓人振奮。我們甚至開始覺得自己已離家不遠了。

接著，我們看見一艘懸掛著大阪商船會社旗幟的汽艇，穿越擁擠的船舶駛向我們。它停在我們的船邊，一位日籍職員走了上來。另一艘大驚小怪的小型警艇也隨之而來，之後上來了一些警方人員，而我們的美夢也就此破滅。

午夜就要出航。

「我們把垃圾收一收，離開這艘破船吧。」我苦悶地說道，突然覺得自己彷彿是個被人從派對裡騙出來的小男孩。「過幾天，還可以搭別艘船前往福爾摩沙。」

可是我們竟連這點都辦不到，因為那位職員遞給我一份香港大酒店傳來的電報，上頭寫說，所有房間已預訂一空。我們還從那位快活地檢查我們護照的督察口中得知，這殖民地上的每一家旅館全部客滿。於是，我向那位職員提議，既然泗水丸號這麼晚進港，或許可以等到明天中午再出發。而我的努力也一如與納爾遜紀念柱（Nelson Column）爭吵般白費工夫。他仍堅持奉命行事，職員總是這樣。在別無他法的情況下，我們只好把手提箱放回客艙，搭上汽艇登陸，一心想著如何好好運用僅有的幾小時。

情況也正如我們所擔憂的，我們登岸的時候，想要去的每一家店都已經打烊；船公司打烊了，銀行打烊了，領事也早就下班了。這實在很難熬。我們的採買可以延後，但身上的錢卻所剩無幾，而我清楚知道，日本官員是世界上最不可能通融外國遊客的證件有任何不符規定之處的人。那位職員盡力幫助我們，他打電話到領事官邸和日本人會（Japanese Club）找領事，但一無所獲。最後，由於我

的急切請求，加上他急著下班、吃晚餐，他給了我們一份日文文件，說明我們目前的處境；我希望這紙文件能夠平息日本官員的怒火。

我們的精神萎靡得像是一場熱帶晚宴上被漿熟的衣領，但在職員的辦公室外，喧囂的人車、燈光明亮的街道，以及文明的氣息卻又讓我們振作起來。我們找到一位藥劑師，他正巧也賣巧克力，於是我們大舉採購儲備，以抵擋總是在五點半晚餐和八點半早餐間襲來的飢餓之苦。一包馬勒西爾暈船藥（Mothersill's seasick cure）也是十分明智的投資。我曾兩度環遊世界，對自己不曾生病感到自豪（儘管我希望自己不致太過放肆），話雖如此，我還是隨身攜帶一包馬勒西爾的粉紅色和棕色膠囊。如同人們提到惡魔時總會露臉的那位老太太常說的：「很難說哦。」但我總是很好奇，若是你摸黑吞下兩顆同顏色的膠囊，而不是一顆粉紅、一顆棕色的話，會發生什麼事？我認真地尋思。我猜，最好的辦法或許是發封電報，問問馬勒西爾先生該怎麼辦。

在藥劑師那兒盡可能花掉所有我們敢花的錢之後（他真是上天賜給我們的禮物，值得拼成chymist）[11]，我們想辦法去了香港大酒店。我們在那兒收到一封不具名的電報，似乎是出自某位權威人士之手，因為措辭相當別出心裁：「艾文來信已閱，歡迎你們造訪。到港時請惠賜一電。」到了福爾摩沙還能否如此從容地對話，看來似乎堪慮；但電報的語氣看起來非常友好，因此我們也立刻回覆。

吵雜的食客

我們似乎更振作了，到香港大酒店的燒烤餐廳用晚餐。恐怕得召喚美食家紐南－戴維斯（Nathaniel Newnham-Davis）[12]，才能準確

評價這頓飯。在我的記憶中，香港大酒店是整個遠東最好的旅館，不管怎麼說，一個人走出荒野後的第一頓晚餐都非常值得紀念。這餐的象徵意義如此重大，它代表了人之所以為人的一切，以及人受了教養而成為的一切。不管一個人從文明社會逃進叢林時有多快樂，他總是很高興能重返文明，就像一大早嚎叫著衝出狗屋的狗兒，到了晚上都會快樂地回到狗屋。一段時間吃不到的食物嚐起來更加美味，身體或心理上皆然；我想，大多數人不是不明白這句老生常談，就是不願承認自己其實也是習慣的生物。昏黃燈光下閃耀著的桌面有如積雪的海島，玻璃與銀器閃閃發亮；輕柔的音樂、交頭接耳的嗡鳴、偶爾穿插的笑語，還有身穿漿過的襯衫和白領帶的愉快男士，和一身漂亮洋裝的女士：在一個剛重返文明的第一夜，所有這一切看來都比每晚都能享有這種日子的人所看到的還要誘人。至少那晚對我來說是如此，即使在帳單送來時，我的心情就像亞瑟王般「籠罩著一絲疑慮」，根本不確定自己究竟有沒有足夠的錢付帳。

對我來說，只有一件事比吃完晚餐卻發現沒錢付帳更慘，那就是還沒吃晚餐就發現自己沒錢付帳，而這件事又是這麼容易發生在每個人身上。很久以前研讀普通法的時候，瓊斯牧師（R.v. William Jones）的那個引導判例始終令我難忘：長話短說，瓊斯先生到餐館裡點了一桌豐盛的晚餐，享用完畢後發現自己身無分文。他隨即被無情的餐館老闆告上法庭，結果以詐欺取財定罪。我一直很同情瓊斯牧師，若他走下被告席的那一刻我也在場，我一定會喃喃自語：「上帝垂憐，那就是我啊。」事實上，就在這個夜晚，造成瓊斯牧師的小麻煩這件往事，多少讓飯後的凍布丁走了味。好在當帳單送來時，我十分欣慰地發現，金額不如我所擔憂得那樣驚人；出於無需向當鋪抵押精美菸盒的喜悅，我給了領班一大筆不必要的小費，

作為對命運的謝禮。

晚餐後我們走在皇后大道上，像過去一樣，看著中文路名而感到忐忑不安，整個人被燈火通明的商店染成金色，店裡陳列著各種感覺不會有人想買的奇特商品。接著，我們遺憾地搭上返回泗水丸號的汽艇。雖然人到了香港，卻有那麼多事情來不及體驗和觀賞：例如，以幾乎垂直的坡度載你登上太平山頂的纜車（Funicular Railway），以及登上山頂所見的景色，無論是白天的港灣和船舶從你腳下往遠方伸展，有如玩具漂浮在泳池裡，或者夜晚此起彼落閃爍著的萬家燈火，好似東方披巾上的亮片；另外，還有堪稱激烈運動賽事大本營的跑馬地（Happy Valley）；穿越丘陵、走向深水灣（Deepwater Bay）的健行；神祕的中國巷弄等待著旅人探索——當然，還有購物。

這些事我們都來不及做。儘管我們懷著一線希望，期盼明天中午前泗水丸號不會出航，然而，午夜鐘聲才剛響起，泗水丸號就啟航了。這是自我們登船以來頭一次準時出發。

我們從舷窗一面望著香港漸漸消失，散布於太平山上的萬家燈火，高懸在夜色中一如星斗，一面漫不經心地想著，為何老天要匆匆帶我們離開。此時我們想到，在舊金山大火前及時逃生的人數，還由此斷定這類災禍恐將降臨。香港即將發生一場「大地震」——肯定錯不了。我們幾乎覺得必須回去警告他們，或者至少請船長發封電報給香港總督。也許我們最好別這麼做，因為我們不曾聽聞香港何時發生了重大災害。那麼，我們必定是躲過個人命運的劫數。我們由此斷定，若還留在那兒，我恐怕會遭電車撞上。但我們寧可相信，倉卒地被帶離這片殖民地，是出於某種良善的安排。

接下來風平浪靜、安然無事的兩天，我們緩緩地跨越橫互香港

與高雄之間、距離360海里的中國海。隨著時間流逝,餐點的新鮮感完全耗盡,成為一場噩夢。你或許有充足的幽默感,可以對一天中的不如意一笑置之,但要連續九天對逆境一笑置之,那你非得是哲學家不可。更慘的是,連朝日啤酒都賣完了,而乘務長顯然壓根兒沒想到,在香港補貨會是一個多棒的主意。至於同船的乘客有何變化,那就是他們吃喝的聲音更吵了。我一直認為人類分成兩個階級:吃喝會發出聲響的,以及吃喝不發出聲音的,而我常常想搞清楚,為何一般上層階級的日本人能學會歐洲、美國的智慧,卻不願拋棄自己的飲食習慣,學習吃喝時別模仿汙水沉入排水管的最後呻吟。我從來不知道,人類吸吮湯汁的聲音竟是如此殘害心靈,以至於連狗兒舔水的聲音都成了悅耳的音樂,這個比喻聽來怪異,但確實如此。

我們的航程終究告一段落。即使泗水丸號緩如無風藍天裡悠悠一朵雲朵,我們仍越過海洋。但我們也惱怒地發現,在香港多停留一晚根本沒有任何差別,隔天晚上泗水丸號抵達高雄時,因為時間太晚而進不了港,得在港外停留一夜,好像一位尋歡客返回旅館時卻發現自己被鎖在門外。不用懷疑,省吃儉用的船長一想到他怎麼為公司省下在香港停泊一夜的費用,就會眉開眼笑;然而,他熱愛節約的程度不只如此,因為事情變得很好笑,當我們正想上床睡覺時,全船竟無預警地熄燈,我們還得去糾纏客艙服務員,才弄得到一盞氣味難聞的石蠟燈。不過隔天一早,當我從舷窗看出去,望見福爾摩沙的海岸線伴隨著旭日,像一座金色山丘般緩緩升起時,所有這些無關緊要的煩惱也隨之煙消雲散了。

遊龍嬉戲中誕生的福爾摩沙

高雄位於福爾摩沙的西南部。福爾摩沙大體上是一座李子形的島嶼，最南方是尖細的半島，長三十英里，寬十二英里，形狀如葉莖。福爾摩沙島本身的面積略小於14,000平方英里，約莫是威爾斯的兩倍大。由北到南的直線距離約250英里，最寬處為九十英里。這座島嶼是日本和菲律賓之間的重要跳板，位於中國海與太平洋匯流處，由北往南連成一線的大小島嶼鏈中的一顆串珠。日本國土最南端的島嶼在其北方650海里處，菲律賓群島最北端的島嶼在其南方250海里處，向西一百海里則為廈門和中國大陸；在其東方最近一塊大小不拘的陸地是夏威夷群島，兩者之間相隔五千海里遼闊的太平洋。

達飛聲先生（James Wheeler Davidson）[13]在他詳盡而宏偉、堪稱同類型著作典範的《福爾摩沙島的過去與現在》（The Island of Formosa Past and Present）一書中，[14]如此記述中國人對於福爾摩沙誕生的傳說：「幾條居住在福州口五虎門的蛟龍，某天靜極思動，擺動龍尾，潛游出海，嬉戲於深不可測的海洋。來到福爾摩沙島附近，遊性大發，鑽入海中地底層，然後竄起，將雞籠頭拱成斷崖；緊接著朝南蠕動，猛烈的扭力築成一連串的山脈，最後，在島尾猛拍龍尾，豎立島嶼最南端的三座峭壁。」[15]

在遊龍嬉戲之中產生的地形地貌具有某些特質，對島嶼的歷史也產生巨大影響。它被分割成東西兩半，彷彿有人從中央劃下一條線。

東半部主要由山地構成，其中一條覆蓋著森林的高聳山脈，自北而南形成島嶼的脊梁，最高峰包括北段的雪山（海拔12,895英

尺）、合歡山（海拔11,133英尺），以及南段的摩里遜山（新高山，海拔13,015英尺）、卑南主山（海拔10,818英尺）。摩里遜山是郇和（Robert Swinhoe）[16]副領事以第一艘駛入安平港的英國輪船船長命名的，日後由已故的明治天皇更名為新高山，它是日本帝國境內最高峰，主峰比高貴的富士山頂更接近天國625英尺。

從主要的山脈向東西兩側延伸出較小的山脊和支脈。向東伸出的山脊筆直地墜入海岸，在某些地方形成距離海平面垂直高度超過八千英尺，也是全世界最高的懸崖。在大自然的鬼斧神工下，東半部既沒有可行船的河川，也沒有任何重要的天然港灣。居住在這片山嶺蜿蜒、溪流凌空而降之地的是原住民，也就是日本人口中的「蕃人」，他們在很久以前被逐出平原，來到這裡躲避外來者的侵擾，從此支配東部直到今天；他們的土地多半仍未經探勘，仍實行父祖流傳下來的獵首習俗。

若島嶼西半部的地貌也像東半部那樣，那麼福爾摩沙的歷史或許就不至於這麼不平靜了。如此一來，就不會有人看上這座島嶼，也沒有人會為奪取它而戰，它會被拋諸腦後。然而，福爾摩沙的東西半部卻呈現不可思議的對比，山脈向西緩緩落下成了平緩的丘陵，最終成為廣達五千平方英里的平原，在許多河川的滋潤之下，沉降為諸多肥沃的谷地；這片美好的土地先後引來了荷蘭人、中國人及日本人的爭奪。

海盜、荷蘭人與國姓爺

中國人似乎很早以前就知道福爾摩沙，但是中國官方過去並不怎麼關注這座島。當它在七世紀後半葉被一群來自南方未開化的馬

來人入侵，並將島上原有的住民趕上山時，其他遠航而來的人發現這群占領者如此凶猛且不可理喻，就任其自生自滅。中國人造訪他們的唯一目的，很可能只是為了索取貢品，並要求他們向皇帝宣誓效忠，這種心態倒不難理解：這是一種「動物兇猛，被侵犯就會還擊」（Cet animal esttrèsméchant. Quand on l'attaqueil se défend.）的原理。

儘管如此，在往後七百年間，中國商人和島民之間的貿易往來似乎十分密切。北海岸與西海岸的淺灣與港口，也為鄰近海域肆虐的日本及中國海盜提供了方便的據點。事實上，福爾摩沙島是海盜絕佳的庇護所，它的位置十分接近重要的貿易航線，順路去劫掠中國沿海的城鎮也不遠，同時島上還提供許多不易接近、難以摧毀的避難所。單就福爾摩沙是個無主之地、不具備任何固定的政權組織這件事來說，[17]它因此成為各式各樣逃避法律制裁的罪犯和亡命之徒所喜愛的聚集地，也為受到中日兩國暴政壓迫的人民提供一處避難所在。這些人在福爾摩沙發現了取之不盡的肥沃土地，在十五、十六世紀間，愈來愈多這樣的人定居在此，隨著他們逐步蠶食平原，島上的原住民族也就被驅趕到更內陸的地區。

中國人將注意力集中在臺灣西南部，日本人則聚焦於北部。多年來，中日兩國的海盜可謂附近海域貿易的先驅，這段航程既漫長又遼闊，南向最遠可達婆羅洲、麻六甲和暹羅。這群海盜總是洗劫無力自保的船舶和村莊，隨後又以商人身分將手中的戰利品交易出去，這行真可謂一成不變的商人生涯與刺激的海盜生活兩者愉快的折衷。直到1592年，一隊日本商人取得政府的海外貿易特許，在西海岸的臺南建立據點，從此開始與鄰近國家展開定期、合法的貿易。其後，日本政府兩度出兵企圖征服福爾摩沙島，卻都無功而返，[18]不過日本人和中國人仍持續貿易，並未公開衝突，而此時以客家人居

多的中國移民持續從人口過剩的原鄉湧入福爾摩沙;他們是天生的園丁,更是世界各國所能企求最吃苦耐勞的移民。

不過,像福爾摩沙這樣誘人的島嶼,是不可能被歐洲列強長期忽視的,尤其他們那時正決心在東亞海域擴大征服與勢力。葡萄牙人是向東擴張的先驅,儘管在歷史記載上,葡萄牙人不曾在臺灣定居,但正是他們在航行經過島嶼西岸時,因驚豔於島嶼之美而為它取了「福爾摩沙」(美麗之島,Ilha Formosa)這個恰如其分、至今最為人熟知的名字,儘管後來日本人將這座島嶼正式命名為臺灣。[19]

1557年,葡萄牙人在珠江口對岸的小島澳門落腳。荷蘭東印度公司始終覬覦這塊殖民地,因而一再地從爪哇島根據地派兵試圖奪取。最後在1622年,一支由六艘戰艦、兩千兵力組成的荷蘭遠征軍仍無法將葡萄牙人趕出澳門,於是他們轉而在福爾摩沙西海岸三十海里外的澎湖群島取得立足點,作為與對手競爭對中國和日本貿易的便捷基地。他們在澎湖主島上修築了一座堡壘,開始奴役島上居民,甚至殘酷虐待。東印度公司還派出代表與中國談判,要求准許他們和中國貿易。1623年,他們與中國官方達成協議,荷蘭人承諾將基地遷到福爾摩沙,以換取通商的自由。[20]事實上,中國官僚只希望荷蘭人的基地離自己的國土愈遠愈好,從而自鳴得意地割讓整個福爾摩沙;正如達飛聲先生所言[21]:「從中國人對該島從未宣稱、也未行使主權的角度來看,他們對這種結局可能毫不在意。」

荷蘭人在西海岸的臺南興建城堡,持續占有,直到1662年被中國反抗軍領袖國姓爺(鄭成功)逐出福爾摩沙島。同時,西班牙人也在北部的雞籠(基隆)和淡水建立了兩處據點,並修築堡壘,直到1641年才向荷蘭人投降。[22]國姓爺之子鄭經繼位成為福爾摩沙國王後,可敬的英國東印度公司代表於1670年造訪這個島嶼,獲准以

每年繳納租金的方式接管舊有的荷蘭商館，並升起公司旗幟；公司方面則承諾派出兩名砲手為國王效勞，另派一位鐵匠監造國王的槍砲。[23]

鄭經似乎迫不及待想看到英國商館在福爾摩沙設立，然而，英國東印度公司雖也體認到福爾摩沙的有利地位，卻發現貿易帶來的機會不如預期；到了1682年，公司認為商館的支出未能獲得合理收益，於是將它裁撤。隔年，由國姓爺及其後裔統治二十一年的福爾摩沙遭滿清韃子攻打，國姓爺的孫子，一位十三歲的男童，向滿清無條件投降，並獻出福爾摩沙。年幼的福爾摩沙國王及全體臣民被迫依照可憎的滿洲習俗薙髮留辮，福爾摩沙島自此成為中國皇帝版圖的一部分。

撒瑪納札的詐騙

在這段時間裡，英國對福爾摩沙幾乎一無所知，於是一名自稱喬治‧撒瑪納札（George Psalmanassar）的騙子才得以趁機幹下史上最放肆無恥的文學詐欺。日後坦言自己其實出生在法國亞維儂（Avignon）的撒瑪納札，假冒自己是一名福爾摩沙原住民，自稱1694年被一位耶穌會士帶來歐洲。他出版了一本拉丁文著作，對於福爾摩沙島（他說這座島臣屬於日本天皇）和島上的模範政府、繁華市鎮、國王、富有的居民及其宗教信仰完全憑空編造。他甚至發明了一套福爾摩沙語，並用這套語言翻譯主禱文、十誡和使徒信經。[24]

他將這本書題獻給倫敦大主教，並譯成英文出版，隨後又出了法文版和德文版。現存的本數很少，但皇家地理學會的圖書館仍保存一本英文版，我最近也有幸在哈查茲書店（Hatchard's）找到一本。

他在談到島上居民時這麼說：「除了長途航海的船隻之外，福爾摩沙另有兩種水上運輸工具：樓船（Balcones）和『浮行村』（Floating Villages），又名『阿爾卡西西歐』Arcacasseos，都是貴族階級才有的，用於旅行或水上娛樂……陸上交通沒有馬車，但有一種更便利的轎籠，是由兩隻大象或駱駝、馬匹拉的，叫作『諾里摩哪』（Norimonnos），最大的一次可運三、四十人。」[25]書中也附上插畫，描繪這些便利的運輸工具。

撒瑪納札說，轎子是由莫里安大奴（Meryaandanoo）傳入福爾摩沙，他是作者虛構出來的日本軍司令官。根據天賦異稟的作者所言，這位大人物以沾染劇毒的匕首暗殺了日本天皇和皇后，篡奪了日本政權，而後準備入侵福爾摩沙。他首先宣稱想向島民的神獻祭。「（日皇）於是下令備戰，將士兵載入由大象駄的轎籠裡，每籠裝三十至四十人；為提防福爾摩沙人起疑，在轎籠窗口安置牛或羊隻，再利用『浮行村』運轎籠。」轎子被運到福爾摩沙，轎門一打開，士兵蜂擁而出制伏了島民。[26]

人們或許會想像，撒瑪納札就算不是什麼特別人物，至少也是荷馬的門徒。可是一直要等到很久以後，這些鬼扯才終於被拆穿（即使不得不承認這是很生動的鬼扯）。撒瑪納札成了一時寵兒，他在皇家學會發表演說，並和許多同時代最傑出的人物稱兄道弟；但他的名聲到頭來還是一敗塗地，最後終於痛改前非，重新做人。他在人生最後五十年裡過著品行端正的生活，並寫下自己一生的故事，這本書也遵照他的指示，在他去世後才出版。他和詹森博士（Dr. Samuel Johnson）[27]成了朋友，博士曾和他一起到「倫敦城內的一家酒館」同桌共飲。包斯威爾（James Boswell）[28]提到，詹森十分尊崇撒瑪納札的虔敬，並曾經這麼形容他：「（質疑撒瑪納札）無異於

要我質疑主教。」能夠得到這樣的稱許，或許是這位投機人士一生至高無上的成就。[29]

福爾摩沙的暴行與牡丹社事件

滿清攻取福爾摩沙之後，將它編為福建省的一個府，當時府城的名字「臺灣」[30]則成了整個島嶼的名稱，並由日本人沿用至今。其後兩百年間，這座島嶼受到中國的野蠻統治：官員貪汙腐敗，高官無力維持治安，強者欺凌弱者，富人剝削窮人，動亂因此而生。大規模的叛亂和暴動至少發生過二十二次，外來移民的暴行和壓迫，又讓他們自作自受地和原住民結下不解之仇。但這個島嶼實在太富庶、太豐饒了，即使在這樣無能又混亂的政權統治下，貿易仍然興盛開展，每年都能送出大量米糧紓困中國沿海各省的糧荒。移民持續湧入福爾摩沙，但政府統治無方，也無力維持秩序或秉公執法，導致人人自行其是，其後果是幾乎回到蠻荒狀態。長期缺乏社會規範，也導致文明開化的表象迅速耗盡（人們可以想見在此情況下，這裡的文明開化程度本來就不高），人類也重新成了原始動物。

不久，福爾摩沙居民背信棄義和野蠻殘忍的惡名便在水手之間傳開來，絕非空穴來風。直到十九世紀中葉，已有數艘歐洲國家和美國的船隻在暴風雨侵襲時，於福爾摩沙的海岸觸礁，漂流上岸的生還者常被洗劫一空，然後不是被殺害、被販賣為奴，就是被關進骯髒的監獄而死於疫病。1842年，英國輪船安號（Ann）在淡水沿海遇難，五十七名船員——包括十四名歐美人士及三十四名英屬印度人——被中國士兵俘虜；他們被剝光衣服押送到府城囚禁，其中一些人在獄中被凌虐致死，剩下的船員則連同前次船難的150多名

生還的印度人一起被戴上鐐銬，押到府城外的平原逐一斬首，留下十人則押解到北京問斬。死難者的頭顱被裝進籠子裡，擺在海邊示眾，他們的屍體則被扔進萬人坑中。[31]

　　各國對於這些暴行始終無法獲得北京朝廷的適當補償；除了在1867年美國三桅船羅發號（Rover）遭難，包括船長夫婦在內的多位船員被福爾摩沙島民殺害後，美國海軍陸戰隊曾派出一支分遣隊進行小規模討伐之外，各國不曾試圖懲凶或報復。就連美軍也無法有效地懲治原住民，他們看到陸戰隊接近就躲進叢林裡，陸戰隊則在一位高階軍官身先士卒率隊衝鋒，卻當場陣亡後被迫撤退。但在幾個月後，美國駐廈門領事李仙得（General Le Gendre）[32]親自深入原住民的領土，成功會見頭目卓杞篤（Tokitok）和幾名同族的酋長，因為正是他們的族人屠殺羅發號船員；隨後李仙得也得到他們的承諾，今後不再擾害落難船員並予以救援。

　　至少這地區的原住民部族確實履行這項承諾；這也說明了，只要中國官方有心去做，以深思熟慮的行為舉止博得尊重、贏取信任，他們就能對原住民產生巨大的影響力。然而，官府卻選擇袖手旁觀，而中國人和原住民對外國人施加的暴行在福爾摩沙沿海也未曾間斷。

　　然後日本人做了一件值得大大讚揚的事：在原住民虐殺多名日本臣民、中國官方拒不負責之後，他們決心自力救濟，1874年，他們派出一支3,500人的遠征軍，討伐福爾摩沙島南部的牡丹社原住民。他們無法以和平手段與原住民達成協議，於是發動攻擊。在激烈抵抗下，遠征軍強行通過牡丹社入口處以狹窄多石聞名的「石門」峽谷，並焚毀凶手的部落；在給了原住民應得的懲罰後，遠征軍在東海岸紮營，派遣探險隊進入內地踏查。隨後，中國官方——幾個

月前才公開宣稱原住民領地是「化外之地」不受管轄——突然開始叫嚷整個福爾摩沙島都屬於中國，日本人無權干涉。

但日本人的行動並未就此中止，中國人擔憂日本人即將對他們發動全面攻擊，於是提議參加遠征，並派一位欽差大臣向駐紮在福爾摩沙的日本軍司令官西鄉從道[33]提出要求。由於遠征軍實質上已經達成目標，而回絕了中國的請求；但在曠日廢時、偶爾劍拔弩張的交涉後，雙方終於達成基本協議，並由兩國政府正式認可。

此時不只在福爾摩沙，中國本土也對日本的企圖充滿疑慮：除了增援福爾摩沙駐軍一萬名，也強化既有的防禦工事。兩國劍拔弩張，衝突一觸即發；後來在日本全權大使宣布談判破裂後，多虧英國駐北京公使威妥瑪爵士（Sir Thomas Wade）[34]介入調停，才解決爭端，避免戰爭。在他的斡旋下，雙方和睦地達成協議，中國同意付給日本十萬兩白銀，撫卹因船難上岸而慘遭虐殺的日本人家屬，並以四十萬兩白銀的代價接收日本在福爾摩沙修築的道路和房舍，從而免去「賠償」一詞帶來的羞辱；即使付出不少銀兩，但中國也認可日本此次派兵遠征是「保民義舉」，日本則在得知中國將對化外之地伸張主權、保護及救援遭難水手後同意撤軍。雙方因此避免戰爭，或者應該說延遲了，但日本無疑在這場交易中占了便宜，中國無疑是自食惡果。

臺灣民主國與劉永福的逃亡

日本為死難臣民復仇的行動，其結果大大有益於整個福爾摩沙島的福祉。官方終於積極作為，不僅引進較完善的行政體系，還將距離北部港口基隆幾英里遠的臺北（今天的名稱來自日文發音

Taihoku）定為全島的新首府。但在1884年，中國卻遭受了更強烈的衝擊，在中法戰爭的最後階段，一支法國艦隊封鎖了全島，占領基隆長達九個月，直到中國支付法方索討的賠款為止。

清帝國隨即強化福爾摩沙島的防護，因為他們體認到，若福爾摩沙仍缺乏更有效的防禦體系，島內將騷亂不止，甚至成為帝國國防的弱點。福爾摩沙也被升格為獨立的一省，並實施行政改革，朝廷也批准了一系列改善港口、擴展島內通信、興建南北縱貫鐵道的開發計畫。

這些改革與建設的成就不斐，但1894年中日甲午戰爭爆發，日本人企圖攻取福爾摩沙的謠言傳來，島民立刻陷入恐慌。1895年3月，日本開始進攻福爾摩沙，首先攻占澎湖群島，並且沒有受到太大損失。三週後的4月17日，在《馬關條約》中正式將福爾摩沙割讓給日本，島上的駐軍陷入絕境。《馬關條約》拆了他們的台，清帝國在日軍未登陸前就獻出了整座島。他們不願拱手將土地讓給「倭人」，決心抗戰到底，並且孤注一擲地倉卒成立臺灣民主國，宣布福爾摩沙獨立，由巡撫（唐景崧）出任大總統。

然而，日本人卻迫不及待地前來接收戰利品。6月3日，他們以二死二十六傷的代價攻下基隆。幾天後首都臺北失守，所謂的民主國在福爾摩沙北部的短促統治也戛然而止。

日本在占領福爾摩沙中部和南部時遭遇更強大的阻礙。鄉村充斥著大量非正規軍，他們的游擊戰術讓日軍吃足苦頭，再者，民主國的成員又重新集結於臺南，選出著名的盜匪頭目劉永福接任大總統和大將軍。這號大人物是中國稱作「黑旗軍」的一群盜匪的首領，1894年中日開戰後，他和許多部將被中國官方派往福爾摩沙；官方的力量不足以鎮壓他們，因此想出這個將他逐出中國的一石二鳥之

計。[35] 然而，劉永福軍隊的表現卻遠不及他們在中國的虎狼之師、勇猛善戰的名號，他們和民主國的正規軍一樣，每次與日本步兵交戰都節節敗退，使得日軍一路穩紮穩打，最後兵臨臺南城下。

10月18日，劉永福得知日軍兵分三路逼近臺南，他請求有條件投降但被拒絕了；他明白自己在福爾摩沙的任務已告一段落，於是扮成苦力，帶著八隻狗登上英國輪船塞里斯號（Thales）逃亡中國。他的遠遁也讓福爾摩沙有組織的武裝抗爭劃下句點。10月21日臺南無條件投降，日軍入城，無力回天的臺灣民主國也魂斷氣絕。

事實上，我們很難不對劉永福產生某種欽佩甚至敬重之心。他也許是個海盜，但他肯定十分珍惜、愛護自己最好的朋友：我懷疑歷史上還有哪個人在逃出一個天翻地覆的國家時，還認真地考慮搶救自己的狗，更別說是八隻了。儘管塞里斯號被一艘日本軍艦追上，並登船搜索，但劉永福還是平安回到中國，然後前往廣州，受到官方的禮敬與款待。[36] 由於臺北那位民主國前總統也在返抵上海時受到官方禮遇，可見中國認可——否則她不會默許——所謂民主國的成立，以及民主國抗拒履行中國所締結的和約。[37] 連達飛聲先生也做出以下斷言：「*毋須更多證據即可證實，福爾摩沙的抵抗、超過12,000名日本人、漢人傷亡，以及數百萬美元的財產損失，皆應直接歸咎於清國的兩面手法。這一近代史上無出其右的欺詐行為，不但使得清國直接面臨日本的進一步懲罰，更可能被日本求償鎮壓民主國的全部軍費。若有哪個國家膽敢玩弄這種背信行徑，這會是立刻重啟戰端的信號。*」[38]

不過日本人也很清楚，對中國報復得不到任何好處。他們已經如願以償了。臺南的投降使他們完全掌控島上已踏查的地區，而他們在福爾摩沙戰役期間的損失只有164死、515傷。不過，疾病造成

的傷亡人數卻更多，共有4,642人病死，包括死於瘧疾的近衛師團指揮官北白川宮親王。

　　儘管臺灣民主國投降了，但日本軍方仍有大量的「善後」工作，因為各地還有不可勝數的盜匪和亡命之徒與一切公權力作對，並且頑抗拒捕。然而，鄉間還是被逐步地平定，因為福爾摩沙人也體認到，與其跟隨土匪頭子冒險犯難，還不如在一個安定的政府統治下和平過日子。

　　一如大多數美麗的事物，福爾摩沙有過許多主人，但這塊瑰寶一直要等到垂涎已久的日本人接手，才被精雕細琢。此時在領有福爾摩沙的二十多年裡，日本開發這座島嶼不遺餘力，達成世界文明史近乎絕無僅有的成就。我對福爾摩沙的發展早有耳聞，也讀了許多記載，多虧我的「隨員」鼎力相助，以及日本臺灣總督府的接待，我才終於親眼見證這些成果。

註釋

1. 譯註：庫克（1808-1892），英國商人，1845年創立世界第一家商業旅行社，是近代團體旅遊和旅遊業的開拓者。

2. 譯註：關於日本人移殖北婆羅洲，乃至日本殖民政府召募臺灣人前往北婆羅洲發展的歷史，請參見鍾淑敏，〈戰前臺灣人英屬北婆羅洲殖民史〉，《臺灣史研究》，22:1 (2015)，頁25-80。日本久原礦業株式會社在1916年設立久原農園經營橡膠園的發展過程，見於該論文頁33-40。

3. 譯註：艾文受邀訪臺時間是1919年4月。參見〈ア氏出發〉，《臺灣日日新報》，1919年（大正八年）4月16日：「滯北中なりし英領北ボルネオの理事官アーウィング氏は，昨十五日正午內地觀光め，基隆出帆のバタビア丸にて橫濱に向け出發セリ。」

4. 譯註：時任臺灣總督為第八任的田健治郎（1855-1930，任期1919-1923），是日本在臺灣首任文官總督。

5. 譯註：大阪商船株式會社成立於1884年，原屬住友財團，起初以瀨戶內海航運為主，日後逐漸發展遠洋航線；1964年由於當時日本海外航運嚴重不景氣，遂與三井財團旗下的三井船舶合併，成為「大阪商船三井船舶株式會社」，1999年更名為「株式會社商船三井」，英文名稱則仍保留大阪商船的原名（M.O.L., Mitsui O.S.K. Lines）。大阪商船會社臺北支店興建於1937年，現址為臺北市忠孝西路一段70號。中華民國接收臺灣之後，長期由交通部公路總局使用，目前文化部正進行修復工程，未來將做為國家攝影文化中心。

6. 譯註：典出舊約聖經《創世紀》第28章，雅各夢見梯子立於地上、梯頂通天，耶和華則站在梯上的故事。

7. 譯註：反酒聯盟在1893年成立於美國俄亥俄州，此後迅速成為強大的全國性倡議團體，與教會力量聯手，促成美國憲法第十八修正案在1919年通過，從此開始了禁酒時期（Prohibition）。但由於禁酒反而造成私酒、假酒盛行，黑社會勢力猖獗等問題，政府也因此損失稅收，1933年小羅斯福總統（Franklin D. Roosevelt, 1882-1945）上任後，便通過憲法第二十一修正案廢止禁酒法令，正式結束禁酒時期，反酒聯盟自此喪失影響力，但仍延續至今，現名為美國酒精中毒問題委員會（The American Council on Alcohol Problems, ACAP）。

8. 譯註：這與日本人泡澡的習性有關，亦可參見本書第四章作者夫妻在臺南的親身體驗。

9. 譯註：小泉八雲（1850-1904），出生於希臘的記者、小說家、翻譯家，年輕時漂泊於歐美各地，四十歲時前往日本採訪，娶日本女子為妻，因深愛日本風土與文化而歸化日本籍，並改名小泉八雲，任教於東京帝國大學，後半生致力於東西方文化的交流。他以英文撰寫的多部介紹日本文化的著作，成為十九世紀末到二十世紀初西方世界認識日本文化的重要橋梁，改寫日本民間妖怪故事而成的《怪談》更是日本靈異文學開山之作。

10. 譯註：此時正值第一次世界大戰剛結束不久。日本加入協約國陣營，與英國同屬戰勝國。

11. 譯註：化學家的古英文拼法是chymist。

12. 譯註：紐南─戴維斯（1854-1917），英國美食評論家，以1890到1900年代對倫敦大小餐廳的評鑑寫作而知名。

13. 譯註：達飛聲（1872-1933），美國記者、外交官及商人。1895年以記者之身來到臺灣，採訪日本接收臺灣的戰事，並協助日軍和平占領臺北城，隨後成為美國第一任駐臺領事；曾在淡水從事貿易，日後也前往中國擔任多項外交職務。他的《福爾摩沙島的過去與現在》是英文介紹臺灣歷史的經典名著。

14. 參見該書頁1。

15. 譯註：本段引文見達飛聲著，陳政三譯，《福爾摩沙島的過去與現在》（臺北：國立臺灣歷史博物館，2014），上冊，頁3。

16. 譯註：郇和（1836-1877），英國外交官、博物學家。1860年出任英國駐打狗首任副領事，日後升任為領事。對臺灣與中國自然生態的考察留下豐碩成果，開啟歐洲學者研究中國生物的大門，是最早以科學方法記錄及研究臺灣鳥類、哺乳類及昆蟲的學者。

17. 譯註：關於荷蘭人統治臺灣之前臺灣原住民族的生活方式和社會型態，可參見邵式柏（John R. Shepherd）著，林偉盛等譯，《臺灣邊疆的治理與政治經濟》（臺北：臺大出版中心，2016），上冊，頁35-62。但此時已有部族聯盟組成的政治實體存在，例如臺灣中部平埔族群的「大肚王國」，或南部排灣族的「大龜文王國」，參見康培德，〈環境、空間與區域：地理學觀點下十七世紀中葉「大肚王」統治的消長〉，《臺大文史哲學報》，59（2003.11），57-116；蔡宜靜，〈荷據時期大龜文（Tjaquvuquvulj）王國發展之研究〉，《臺灣原住民研究論叢》，6（2009.12），頁157-192。

18. 譯註：1593年，統治日本的關白豐臣秀吉派遣原田孫左衛門攜帶招諭書前往臺灣，信中稱臺灣為「高山國」，但並未成行，不過已引起中國明朝和菲律賓西班牙殖民當局的恐慌。1609年，有馬晴信奉幕府將軍德川家康之命派員來臺視察，相關文件則將臺灣稱為「高砂」，但調查目的未達成。1616年，長崎代官村山等安奉幕府之命率艦隊攻略臺灣，但遭遇風暴而失敗。此時前往臺灣的日本船隻皆領取航渡「高砂」的朱印狀，以「高砂國」為渡航目的地。由於日本商船無法直接和中國貿易，多半是在臺灣沿海與中國商船進行轉運貿易，因此逐漸有日本人定居於臺灣北部和南部，參見岩生成一著，許賢瑤譯，〈在臺灣的日本人〉，《國立中央圖書館臺灣分館館刊》，5:2（1997.12），頁77-92。

19. 譯註：實際上，葡萄牙人起初是在地圖上畫出一個變形蟲般的島嶼，稱作Fremosa，隨後西班牙人航行經過臺灣，首次將臺灣形容為As Ilhas Fremosa（美麗諸島）；日後西班牙人繪製的地圖將臺灣稱作Hermosa，直到1624年之後，荷蘭人才稱臺灣為Formosa。漢人最初的稱呼是大員、大灣，指臺江內海一帶，1620年代之後，明人開始使用「臺灣」一詞，1650年代開始逐漸代稱全島；清朝攻取臺灣之後，正式定名為福建省臺灣府。參見翁佳音、黃驗，《解碼臺灣史1550-1720》（臺北：遠流，2017），頁30-47。

20. 譯註：荷蘭人於1622年占領澎湖，1624年被明軍擊敗而撤退，轉進臺灣。參見包樂史（Leonard Blussè），〈中國夢魘：一次撤退，兩次戰敗〉，收入劉序楓主編，《中國海洋發展史論文集》（臺北:中央研究院人文社會科學研究中心海洋史研究專題中心，

2005），第九輯，頁 139-167。

21. 前引書，頁 12。譯註：引文參見達飛聲著，陳政三譯，《福爾摩沙島的過去與現在》
上冊，頁 13。

22. 譯註：作者此處敘述有誤，荷蘭是在 1642 年 8 月攻取雞籠和淡水。第九章所記則正確。

23. *Formosa Under the Dutch*, p.498.

24. 拉克伯里博士（Terrien de Lacouperie）傾向於認為，撒瑪納札從某位在旅程中學會幾
個字的葡萄牙水手那兒偶然得知福爾摩沙方言的一些資訊；但他以為主禱文部分是
偽造的。Vide, *Formosan Notes*, pp.52-56.

25. *An Historical and Geographical Description of Formosa*, pp.276-277. 譯註：引文見撒瑪納札著，
薛絢譯，《福爾摩沙變形記》（臺北：大塊文化，2004），頁 157。

26. 前引書，頁 150 及其後。譯註：引文見撒瑪納札著，薛絢譯，《福爾摩沙變形記》，
頁 52-55。

27. 譯註：詹森（1709-1784），英國著名文人，集詩人、文學評論家、散文家、傳記作家
於一身，以九年時間獨力編纂的《詹森字典》是英語歷史中最重要的成就之一。

28. 譯註：包斯威爾（1740-1795），英國傳記作家，現代傳記文學的開拓者，他執筆的《詹
森傳》記錄詹森後半生言行，使詹森成為家喻戶曉的人物，為他的代表作。

29. 比隆爵士（Sir Chartres Biron）在他的近作《敬虔意見》（*Pious Opinion*）中，為這位
奇特的人物寫了篇有趣的文章。

30. 即今日的臺南市。

31. *The Island of Formosa*, p.105. 譯註：參見達飛聲著，陳政三譯，《福爾摩沙島的過去與
現在》，頁 124。

32. 譯註：李仙得（1830-1899），美國軍人、外交官，在美國駐廈門領事任內深入臺灣生
番地界，與琅嶠（恆春）十八社總頭目卓杞篤達成協議，解決羅發號事件。他在辭
去廈門領事後成為日本外務省顧問，勸說日本對臺灣用兵並協助策劃，進而促成 1874
年的牡丹社事件。

33. 譯註：西鄉從道（1843-1902），日本軍人、政治家，與其兄西鄉隆盛活躍於推翻德川
幕府的維新運動。明治維新後社會結構劇變，眾多士族（舊武士）生活陷入困境，
日本政府為安撫國內士族不滿而以西鄉為都督，派兵進攻臺灣生蕃地，西鄉不顧英
美各國反對與政府下令暫緩而強行出征。日後成為日本政壇薩摩閥領袖，歷任要職。

34. 譯註：威妥瑪（1818-1895），英國外交官、漢學家。曾在中國生活四十多年，1869 到
1882 年間出任英國駐華全權公使，返國後成為劍橋大學首任漢學教授。依據漢語特點
並以拉丁字母創造出一套漢語拼讀法，即威妥瑪拼音（Wade-Giles system）。

35. 譯註：劉永福（1837-1917）出身廣西天地會勢力，1860 年代末期進入越南，隨後協助

越南阮朝抵抗法國，率領「黑旗軍」接連擊敗法軍而揚名中外。中法戰爭後歸順清廷，撤離越南，被任命為廣東南澳鎮總兵，甲午戰爭時奉調協防臺灣，「臺灣民主國」建立後成為大將軍，並在身為總統的原任巡撫唐景崧逃亡後自立為領袖，繼續抵抗日軍接收臺灣。

36. 譯註：關於日本海軍搜索塞里斯號輪船事件，以及由此引發的英日外交糾紛，參見外務省編纂，《日本外交文書・明治期》（東京：日本國際連合協會，1936-1963），第二十八卷第二冊（明治二十八年一至十二月），「事項十八　軍艦八重山英船『スエレス』攔檢一件」，頁632-650；時任英國駐日公使薩道義（Ernest Mason Satow, 1843-1929，任期1895-1900）也在日記中記載交涉情形，參見 Ian Ruxton, ed., *The Diaries of Sir Ernest Satow, British Minister in Tokyo (1895-1900)*（Ian Ruxton, 2003）；E. サトワ著，長岡祥三譯，《アーネスト.サトウ公使日記》（東京：新人物往來社，1989），第一冊，頁62-65、74-78、82-85、95-96。事件相關研究可參考伊藤信哉，〈一九世紀後半の日本における近代国際法の適用事例：神戸税関事件とスエレス号事件〉，《東アジア近代史》第3號（2000.03），頁67-83，http://www.s-ito.jp/home/research/com/asiamodern.pdf（2017/9/6瀏覽）。

37. 臺灣民間則將劉永福出逃稱作「阿婆踉港」（A-pô-làng-káng），指其化裝為老婦棄軍潛逃，此說首先來自《臺灣教會公報》的前身《臺南府城教會報》。相關傳說的演化，可參見陳嘉琪，〈臺灣歷史傳說與讀物中的劉永福抗日形象〉，《臺灣文學研究學報》（2012.04），頁9-38。另外，近代中國史學者已經指出，包括劉永福、唐景崧在內的「臺灣民主國」官紳，內渡之後大多遭受排擠，不得任用。參見桑兵，《庚子勤王與晚清政局》（北京：北京大學出版社，2004），頁222-225。

38. 前引書，頁366。譯註：本段引文參見達飛聲著，陳政三譯，《福爾摩沙島的過去與現在》，上冊，頁434。

第二章
南方港都高雄

包打聽先生

抵達高雄外海的隔天，我們一大清早就起床，因為乘務長向我們保證，警察在早上六點就會登船檢查。但事實上，幾乎沒有一艘船的檢查按時開始，甚至到了八點仍不見他們的人影。船長不斷地鳴笛催促，就像敲打一間空屋的門。

對我們來說，這段時間頗為難熬。因為世界上沒有任何民族比日本人更繁文縟節和官僚了，他們的護照檢查尤其嚴苛。我也意識到，我們只能憑著香港船公司職員的說明字條，解釋為何護照上少了日本簽證。當我看著警察和海關人員終於乘著汽艇來到時，其實

我的心情憂喜參半。我明白警察很可能不讓我們上岸，但想到臺灣總督府發來的那封措辭別出心裁的歡迎電報，我的心情還是很振奮；因此我下到船艙，從公文包中撈出那封電報，以備不時之需。

但接下來發生的事完全超乎我們的期望。那位日本官員向我們鞠躬，自稱是這趟旅程的隨員，從他遞上的名片得知，他是臺灣總督府外事課的越村長次先生[1]。我也掏出一張名片回贈，他再次向我們深深一鞠躬；我們交談了一會兒，我發現憑著艾文先生的介紹信之力，一切已安排就緒，我們將在他親自導覽下，展開這趟穿越福爾摩沙的旅程。我向我太太介紹了越村先生，並把未完成簽證手續的護照及職員說明字條一併遞給他。

越村先生立刻著手處理，設法為我們服務，十分友善地充當我們的通譯。一陣日語的冗長討論，隨即在官員聚集的大廳裡展開。結果，警部在我們的護照上加蓋戳章，並在每件行李上標注神祕的記號，為我們省去與蜂擁上船的海關下屬打交道的麻煩。接著（有些躊躇地），我告訴越村先生，由於我們抵達香港時很不幸地發現銀行全都打烊，因此手頭缺少現金；他聽了便立刻堅持借我五十圓臺灣銀行券，讓我付清「賒帳」，並給服務員小費，因為他們似乎不太喜歡我身上僅有的那幾張港幣紙鈔。

我們是總督府邀請的客人，將在福爾摩沙受到款待，這個消息似乎在三分鐘內就傳遍全船，我們的身價因此提高不少。在這趟航程中，我確信有些人懷疑我們的意圖，船上每個能說點英語的人都曾費心探究我們的底細，不論是旁敲側擊或當面質問。我十分肯定，包打聽先生（Mr. Nosey Parker）的原型是日本人。我確實曾經隨口向船長提及自己收到了總督府官員發來的歡迎電報，而他聽到這個消息後發出的驚叫聲，也正是我的理髮師跟我說他和國王共進午餐

時我會有的反應，因此我沒再說下去。不過當一切真相大白，證明我們不是騙子，而是貴客，每個人都極盡禮貌與親切之能事；一位在望加錫（Macassar）[2]當商店經理的紳士硬把名片塞到我手裡，拜託我哪天路過時一定要去找他。

亞熱帶氣候

這時，泗水丸號緩緩駛入高雄港[3]，高雄港的海口只有350英尺寬，非常利於防禦。舊英國領事館座落於西側的山丘上，已閒置多年。福爾摩沙的一大劣勢便是島上天然良港極少，位於西南海岸的高雄是距離香港最近、也最便捷的港口，日本人在此挹注大筆資金加以改善與開發。改良前的高雄港原是一灣淺淺的潟湖，海底有流沙及一道沙洲；即使在滿潮時，水深也只有十五英尺。日本當局疏濬沙洲和港灣，並清除狹窄海口障礙物，如今高雄港可讓六艘八千噸級的輪船並排停泊，另外六艘同等噸位的輪船也可在港內下錨。此外，有六處繫船浮標可供噸位較小的船隻使用。大約再過一年，最後的改良工程告一段落後，將會築起一道防坡堤來保護入口，防止泥沙淤積。未來還計劃將海港入口拓寬到五百英尺。人們停泊在外海時，一定會對這個港灣留下深刻的印象，因為它的海岸看來就像被炸開一個洞，而產生一個內陸湖的缺口一般。

我們的船一靠岸，就有一大群苦力在越村的魔杖召喚下前來為我們提行李，我們就此上岸。人力車也被招來，拉著我們去見高雄州知事[4]。下車後，矗立於眼前的高雄州廳，是一幢現代式的紅磚建築。但裡面似乎空無一人，只有一個滿臉鬍渣、身穿和服的寒酸老頭。我以為他是門房，一看到越村向他鞠躬時嚇了一跳，原來他是

高雄港入口

書記官。在他和越村閒談許久之後，我被告知今天是國定假日，知事不在辦公室。儘管如此，我所剩不多的名片又被拿走了三張，一張給知事閣下，另兩張給他的部屬。

接著，越村帶領我們漫步登上一座山丘，那兒有座小茶館，色彩繽紛的旗幟迎風飛舞。從鑲嵌著岩石一如海中小島的花園望去，山下的市容盡收眼底。店面和房屋櫛比鱗次，而東方建築與十足西方建築的怪異雜燴，則成為我們司空見慣的福爾摩沙街景。灰白色山牆高聳的日式房屋，一如在日本帝國其他地方那般迷人，而與它們對照的則是公共建築炫目的磚牆，如同大紅色領帶那樣鮮豔，難看極了。在精心規劃的寬敞街道上，其中幾條道路種著成排的椰子樹，但由於北緯二十二度對椰子來說緯度太高，無法開花結果，因此不太可能長出椰子，也不會突然掉落砸到路人而驚嚇來往人車。

高雄位於北回歸線以南約一度多，屬亞熱帶氣候，有春天和暖冬，與南方數千里外全無四季之分、一成不變的炎熱可說是天差地遠；儘管越村告訴我們，此地夏天最熱可攀升到華氏85度。但我們抵達的時候是舒適的四月天。由於高雄和香港的緯度幾乎一樣，我們原先以為會有點冷，因此多穿了衣服；然而，此地豔陽高照。當我爬上山頂時很想小酌一杯，但由於越村才是東道主，因此沒提出這種要求。

我們從山丘上遠眺，可以看見一場馬拉松競賽起跑，目的是三十英里外的另一座大城市臺南，除了大批夾道歡迎的觀眾，還有兩輛高雄的自動車及一大群自行車尾隨跑者。[5]隊伍中最後一人消失在大街的轉角之後，越村查閱了他仍在編纂中的旅行日程表，通知我們該出發參訪阿緱製糖所[6]，所長正等候著我們。

我們來到火車站，高雄州內務部長[7]正等著為我們送行，他手持

名片，為了州廳裡竟無人接待我們而一再道歉。接著我們搭上火車，前往十五英里外的小鎮阿緱（屏東），途經一座長約五千英尺、據說是日本帝國最長的鐵橋——這座橋跨越一條寬闊多石的水道。一路上，鐵路兩旁方圓幾英里的土地密集種植著水稻、甘蔗和馬鈴薯。

從阿緱又坐了一小段人力車，才抵達製糖所的辦公室。我們被引進一間西式風格（但有些生硬）的接待室，越村向製糖會社的所長引見我們，雙方互換名片。接著以沒有手柄的小瓷杯盛裝的綠茶和一些糖粉威化餅、巧克力一起送了上來。經過一陣漫長的等待，終於到了越村所說的歐式午餐時間。五道菜同時上桌，儘管飲料仍只有綠茶，但由於早上七點我們就吃了早餐，因此在下午兩點享用午餐特別覺得美味。一開始，因為找不到可用的餐具吃魚，我們有些慌張，但打開餐巾紙時——就像加拿大人說的——一整套餐具匡噹一聲落在沒鋪桌布的餐桌上。

糖業與製糖所

很不巧地，我們來訪的這天，製糖所因為甘蔗收成季節已過而沒有開工。但我們還是被帶領參觀整座工廠；一位主任也在四處瀰漫著令人反胃的甜膩蔗糖味中向我們解說製糖機具的奧祕。

糖業是福爾摩沙極少數不由總督府專賣的重要產業，但無疑是最成功的一項。它以龐大的規模和科學方法迅速成長，而且獲利甚鉅。例如我們造訪的臺灣製糖株式會社，在過去六個月內就以三千萬圓的資本獲得五成利潤。我也從一張影印的收支表（以英文印行）中有趣地發現，該社退休金與救濟金總計超過一百萬圓，而員工的育樂費用則多達150萬圓。顯然這家會社認為照顧員工的福祉是他

們該做的事，而它所立下的榜樣可望獲得其他較不先進的日本雇主仿效；事實上，這類雇主對員工的福祉總是漠不關心，從日本棉紗廠的年輕女工遭受肺結核蹂躪的慘況可見一斑。

　　甘蔗種植是東方最古老的農業型態之一。據說甘蔗發源於孟買到阿薩姆的海岸地區，早在西元三世紀時，孟加拉人便向中國進貢蔗糖。之後，甘蔗從印度引進到中國，然後被早期移民帶到福爾摩沙。十七世紀初，荷蘭人來到福爾摩沙扎根，蔗糖是當時最重要的出口農產品──尤其在年降雨量約五十八英寸的南部地區大量栽種──輸往日本。福爾摩沙南部有著最適合栽種蔗糖的濕度，尤其這裡的降雨正如福爾摩沙其他地方一樣，多半集中在炎熱的暑季。自荷蘭人被國姓爺趕出福爾摩沙後，糖業因受到鼓勵而更顯重要，人們從中國引進新鮮的植株，採用栽種及製糖的新方法。島上的蔗糖產量在五十年內成長兩倍，但在福爾摩沙被中國統治數年後，中國官員開始把糖業看成是可輕易榨取利潤的對象。於是他們開始加重徵稅，結果導致收成遭棄置，糖業也隨著衰敗了。又因為甘蔗是最消耗地力的作物，在地力損耗不曾得到補救的情況下，土地自然日漸貧瘠，蔗糖的品質也隨之下降。但由於此地土壤出奇地肥沃，又具得天獨厚的氣候條件，臺灣糖業才不至於完全衰亡。

　　耐人尋味的是，為何日本政府在中國割讓福爾摩沙之後馬上振興糖業？事實上，日本很早就體認到糖業的重要性及發展潛力。他們招來專家，以科學方法從各種角度探討糖業的地位，為了落實專家的建議並產生效果，總督府更頒布法令，獎勵及保護甘蔗產業，小種植園主和製糖業者都得到扶助。官方不僅免費出借官有地給農民，而且只要農民順利收成一片甘蔗田，就可獲得土地所有權，還可申請撥款協助開闢及耕耘土地，並進一步獲得補助購置幼苗和肥

料；一旦灌溉與排水的花費超過一千圓，即可申請撥款，上限可達支出費用的一半。若粗糖的製造者裝設每日可處理75,000磅以上粗糖的機器，即可獲得補助；同理，精煉者的機器每日若可處理15,000磅以上的粗糖，也能得到補助。

除了提供低利率貸款，當局還從夏威夷、爪哇和澳大利亞取得插枝，並設立苗圃，對不同蔗種進行試驗，由此確認夏威夷的「拉海納」（Lahaina）和「玫瑰竹」品種最適合福爾摩沙的自然條件；該蔗種不僅每畝地的收成量比其他品種多，而且每磅甘蔗的糖產量也最多。此外，當局更不惜大舉貸款，引進七台最新式的壓榨機，供南部的製糖業者使用。總督府官員也奉命出訪爪哇、夏威夷兩大產糖地區，帶回科學生產、產品質量的提升之道，以及副產品的運用方法，尤其是提煉酒精等方面的最新資訊。我懷疑世界上還有哪個政府像日本這樣盡心盡力扶植一項產業，或許只有德國吧。

一開始，臺灣總督府的先進做法與提案在島內未獲應有的重視，因為世界上再也沒有比中國農民更墨守成規的人了。這些做法與提案也未立刻被那些加工製糖業者接受，他們認為上一代通行的老方法已夠他們用了，並以懷疑的眼光看待創新。後來，更開明的資本家在日本出現了，他們把握眼前致富的契機，成立了幾家大公司；我的東道主告訴我，第一家就是臺灣製糖株式會社。自1901年該會社成立起，臺灣總督府即承諾每年提供資本額百分之六的補助，許多日本政商名人都和它有關係，日本皇室也持有不少股份。會社的第一所工廠位於臺南和高雄之間的橋仔頭，起初這座糖廠受到當地人的強烈反彈，每個與技術落後的糖廍利益攸關的人當然會盡全力阻撓新會社取得甘蔗。但隨著總督府的法令和獎助辦法奏效，甘蔗的種植面積愈來愈廣，會社因而獲得取之不盡的甘蔗，業績蒸蒸日

上，日後更將生產線拓展到阿緱。

　　如今，中國某些地區和馬來亞仍十分常見的舊式糖廍，在福爾摩沙已銷聲匿跡。它的構造十分簡單，由兩頭水牛來回推動石車、將甘蔗輾碎。當甘蔗被石車壓榨，流出的汁液沿著竹管流進桶中，然後被舀進容器裡，並以火爐熬煮，在最骯髒的環境中熬煮出最粗糙的粗黑糖。福爾摩沙的糖廍通常為擁有蔗田的放貸人所有，他們將田租給小農，由收成中抽取一份做為地租。他們以14%到24%不等的高利率貸款借給農人開墾土地，並要求佃農獻上收成；此外，若佃農的甘蔗在他們的糖廍榨汁熬糖，還要多付7%的利息。在放貸人看來，這套體系再理想不過了。他們也從這門生意累積了不少利潤，但顯而易見，獲利微薄的農民因日積月累的欠債而淪為有實無名的奴隸。

　　幸好這邪惡的體系及落後的生產模式已被取代。現在的蔗田由會社持有，並以公平的價格租給蔗農，還提供幼苗、工具及借款，而會社則以固定的比例抽取收成。窄軌鐵道兩旁遍布蔗園，甘蔗經由鐵道直接送進製糖所的大門，並從臺車上經滑輪驅動的搬卸機送入工廠；在自動化的機械中歷經各個準備階段後，它們才以精製糖或純酒精的型態重新問世。

　　目前共有十三家會社投入福爾摩沙的糖業，其中配備新式機器的製糖所約有四十五處。栽種甘蔗的土地面積約有三十萬畝，每年出口的糖則有二十五萬噸，是日本接管福爾摩沙時的十倍。有些會社也會進口爪哇的粗糖加以精煉。此時糖業的前景一片看好，因為光是日本對蔗糖的需求量就很大，即使產量增加還是能被吸收；據說，每人平均的消費量也在增加。但我們也聽說，1923年的狀況已不像1921年我們造訪時那樣樂觀了，隨著糖價下跌、生產成本相對

提高，在不久的將來，五成獲利恐不復見。

名片交換儀式

在親眼目睹這一切，並且對於那些用結結巴巴的英語解說、或由越村辛苦口譯的專業術語感到有些困惑之際，我們回到了接待室，發現美味的冰木瓜和汽水正等著我們。那些水果實在令人食指大動，因此我在時候未到前便開始享用，以致當主人走進來邀請我們開動時，我一臉不知所措。

接著，另一位主管帶著書籍及導覽手冊現身，展開一段關於製糖業的長篇演說，並向我太太展示一些書籍和圖片。在度過一個非常有趣的下午之後，我們與糖廠人員道別並再次坐上黃包車、趕搭返回高雄的火車，途中還送出另一張名片給該地的郡守。

這套名片的發送流程一開始就把我逗樂了，但我還是想搞清楚，看似平凡無奇的名片在現代日本禮儀中，究竟扮演著多重要的角色？在福爾摩沙，我們每到一處都會有前來與我們打照面的官員；每當越村做完開場白，這些紳士都會隆重鞠躬並遞出名片。有些名片以日文印著他們的姓名和頭銜，稍後我請越村為我翻譯；有些更新式的名片還在背面以羅馬字母列出他們的姓名，就像他們口中說到的勳章那樣；甚至還有些更新潮的人，則分別準備日文與英文的名片，以備不時之需。他們每個人都期望我回贈一張名片，然而，未料到此事的我很快就發現，僅有的幾張名片即將消耗殆盡，就算我逼著我太太用她的名片抵擋、苦撐一陣，我仍須留意，不能太過慷慨。

交換名片的儀式是西方禮俗中被東方國家採用，而且變本加厲

的弔詭例子；但仔細想想，這整件事情又十分合情合理。一般而言，美國人在相互介紹時幾乎不會忘記對方的名字；他們似乎能夠透過反覆念誦的簡單方法記住對方的名字。他們只要說過：「幸會，斯諾克先生。」就會把斯諾克先生銘記在心。至於英國人就是另一回事了。首先，英國人在彼此介紹時一向沒在聽對方說什麼。就算認真聽了也沒用，因為介紹人通常會在緊要時刻忘記一兩個名字，或者即使他恰好記得，通常也咕噥得讓人聽不清楚。不像美國人會毫不顧忌地要求剛認識的人重複一遍自己的名字，英國人總是怯於提出這樣的要求；若難得聽見對方的名字，他也可能只顧著嫌棄那位姓名擁有者的儀表，以致當他翻遍腦海、想找出這個名字的長相時，通常早就忘了。更多時候，他壓根兒不在意對方叫什麼，若之後他想引起對方的注意，喊聲「喂」就可以了。這就是為什麼英格蘭人「會回答『嗨！』或高聲叫喊。」這是因為我們早已習慣認識別人幾個月，卻還不知道他們正確的姓名。每個人都以能記住別人長相為傲，可是幾乎沒有人以能記住別人的名字為傲，雖然我一直很喜歡王爾德（Oscar Wilde）[8]的這個故事：一位女士對他說：「記得我嗎？王爾德先生！我是史密斯小姐。」王爾德開心笑答：「我記得妳的名字，但真的想不起妳的臉了。」

毫無疑問，若採用日本人的方法，我們的社交生活將更加簡潔，但就算出示名片成了流行的做法，我們恐怕還是會把收到的名片先塞進口袋，而忘了多看它一眼，或者更糟，把張三誤認為李四。

政府官員的制服

臺灣總督府的公務員人數似乎很龐大，因為日本人和德國人都

是奉行官僚制的民族。

　　自1920年起，全島的行政區劃分為臺北、新竹、臺中、臺南、高雄五州及花蓮港、臺東二廳；其中，州由知事管轄，廳則由廳長管轄。東部兩廳由開發程度較低的東海岸地區所組成，原住民人口比例較五州更高。總督為最高行政長官，駐紮在臺北，由天皇親自任命，他的幕僚長則是總務長官，地位近乎副總督。州和廳之下又分為郡，由郡守治理，駐紮在各郡最大的城鎮裡。臺北、臺南、臺中三座城市是由市尹治理的州轄市且獨立於各郡之外，由州知事直接管轄。地方政府的基本單位則是街（城鎮）和庄（村莊），分別由街長、庄長治理。另外還有由警官指揮的警察分室和派出所。

　　就我對福爾摩沙警察的了解，他們是基層行政體系裡最重要的一環。他們的職責遠超過「警察」一詞通常的涵義。一如英皇直轄的殖民地，大多數前哨地區的警察也協助政府施政及徵稅，除了警察的日常勤務，他們也是信差與使者，往往將他們直接打交道的農民與國家行政機器連結在一起。

　　除了警察和專門的行政官僚，在法院、監獄、海關、學校、醫院、鐵道及工程部門也有大量的總督府公務員。除了任用數百人的專賣局，還有總督府的技術研究部門、農業試驗所和科學調查所。

　　無論職等高低，行政體系裡的每一位官員上下班都穿著文官服，當然在自己家中會換穿和服。他們的文官服包含了鈕扣扣到最上面一顆、並以黑色腰帶束緊的黑色嗶嘰上衣、同樣質料的長褲，以及配有總督府臺字徽章的官帽。職級章只在典禮上佩戴，因此外行人根本分不出總督和職員。竹越與三郎先生[9]在《臺灣統治志》（*Japanese Rule in Formosa*）一書中提到，文官服是由一位前任總督[10]在一個政令廢弛時期引進臺灣的[11]：「這個妙法不僅省下治裝費，更有助於穿

84

戴者維持應有的自尊，令他們感到自己的重要性，使他們更樂於不辭艱難善盡職責。因此在維繫秩序與紀律上可謂功效卓著。」

這項發明引進福爾摩沙之初或許真有這樣的作用，但現在看來，似乎有些過火了；人們隨時都會遇見穿著制服的日本人，這多少產生了壓迫感。實際上，將近22,000的總督府官員占了在臺日本男性人口的四分之一，其中三千人是門房與聽差。我猜絕大多數官員的薪資都很微薄，因為州知事的年薪僅七百英鎊，[12]就連位高權重的總督年薪也只有1,200英鎊；反觀英國錫蘭總督年收入就有八千英鎊。但另一方面，比起一位英國熱帶殖民地的公職人員，一般日本官員的開銷較低，家用、服裝及教育所需的費用更少，而且不必待客、行獵、參加俱樂部和養車。越村有點難過地告訴我，帝國政府在全國各地裁減了12,000名公務員，因此不久後許多福爾摩沙公務員將面臨被「砍頭」的命運。

越村的習性

返回高雄的路上，越村全神貫注地盯著他的行程表，顯得相當焦慮，生怕出了什麼差錯。但他是個討人喜歡的旅伴，更是靈通的消息來源，只要他能全部聽懂我們鋪天蓋地拋向他的種種問題。在日本人當中他算是小個子，而且很瘦，菸抽得很兇，有次還形容自己是台「強大的造雲機」；金框眼鏡令他渾身散發著勤奮好學的氣質，他的發言也十分慎重。我不認為日本人有過人的語言天分（我承認這話很偏頗，但想想，也沒幾個英國人能流利地說哪種外語，更別提日文了），況且我覺得他們的語言能力比中國人還不如。

越村不曾去過歐洲，但看得出他很認真學英文。他非常謙卑看

待自己的成就，而我認為只要他還沒習慣我們發音的腔調，會話對他來說都是一大壓力。有時我不免覺得他好像是在「嘗試」回答問題（這讓我一有機會，就會向他核對從他那裡得到的消息），可是偶爾連嘗試都超出他的能力之外。這種時刻他會停下來並歪著頭，彷彿在一塊碎銀上尋找印記般思索我話中的意思；最後，若找不到答案，他會放棄進一步努力，笑著宣布：「我聽不懂你說什麼。」

他一度頻繁地表現出這種聽不懂的反應，可是有一兩次我感受到，這是因為我問了太追根究柢的問題才造成的。他一定認為，與其明白地表示我問了不該問的問題，不如裝糊塗來得更有禮貌。這種表達方式的確很圓滑。而事實上，越村是我所見過最圓融的人之一，在我們道別之前，我對他說：他在下一場戰爭中會成為一位將軍的副官並揚名立萬，他聽了僅微笑以對。

他用鋼筆更動過幾處後，給我看了那張令他焦慮許久的日程表。我發現我們往後幾天的行程都已預先規劃好了，當天晚上我們應當抵達福爾摩沙島的南都——臺南。

我們返抵高雄，先到越村下榻的飯店喝茶，一小時後又搭上火車，這次北上穿越平坦豐饒的鄉間，秧苗燦爛的青綠照亮了平原，世上再沒有比這更美妙的色彩。接著，突來的崎嶇山嶺則劃破平原。我們度過了最剛強的旅人所渴望的那種舟車勞頓的一天，開始期盼接下來的晚餐和床舖；然而，期待中夾雜著巨大的不確定感，因為我們從越村那兒打聽到，福爾摩沙唯一的歐式旅館在臺北，而今晚他為我們預訂的是日式旅館。

註釋

1. 譯註：越村長次，時任臺灣總督府外事課通譯。下文所見總督府官員姓名，皆參考中央研究院「臺灣總督府職員錄系統」資料庫大正九年（1920.12）相關條目，不另註出處。

2. 譯註：位於印尼蘇拉威西島南部的大城市。

3. 原名「打狗」（Takow），日文名稱最近才更改。

4. 譯註：1920年（大正九年）臺灣行政區劃改為五州二廳制，富島元治是第一任高雄州知事（任期1920-1924）。

5. 譯註：這是《臺灣新聞》成立二十週年紀念，在全島各地舉行的一連串慶祝活動之一。參見〈臺灣新聞廿年祝〉，《臺灣日日新報》1921年（大正十年）4月5日：「臺灣新聞以去三日皇祖祭之日，適當二十週年紀念日，既刊行紀念號，且以表其祝意，自是日起，三日間，於臺中開高雄、臺南、嘉義、新竹、基隆、臺北各小公學校生竝蕃童之自由畫展覽會。三日又於臺中公園為投彈比試，竝高雄臺南間驛傳競走……。」由此可知，作者抵達高雄的日期是1921年4月3日。驛傳競走應是接力賽跑，與作者所以為的馬拉松賽跑不同。

6. 1920年阿緱更名為「屏東」（Heito），但舊名仍然沿用。譯註：1908年（明治四十一年），臺灣製糖株式會社阿緱製糖所開始興建，1909年開工製糖，每日壓榨甘蔗量3,600公噸，並設酒精工場，一度號稱東洋最大規模新式製糖工廠，被譽為「臺灣糖業新高山」。

7. 譯註：御廚規三，時任高雄州內務部長，參見中央研究院「臺灣總督府職員錄系統」大正九年（1920.12）相關條目。

8. 譯註：王爾德（1854-1900），愛爾蘭作家、詩人、劇作家，創作形式多樣，是1890年代初期倫敦最受歡迎的劇作家之一，以機智風趣和特立獨行而聞名。代表作包括小說《格雷的畫像》（*The Picture of Dorian Gray*）和劇作《不可兒戲》（*The Important of Being Earnest*）。

9. 譯註：竹越與三郎（1865-1950），日本歷史學家、政治家。1904年（明治三十七年）來到臺灣訪問，翌年出版《臺灣統治志》，運用臺灣總督府提供的大量資料，以量化方式呈現殖民統治的績效，本書作者亦大量引用《臺灣統治志》一書內容。參見邱雅芳，〈南方的光與熱──竹越與三郎《臺灣統治志》、《南國記》的殖民地論述〉，《臺灣文學研究學報》，6 (2008.05)。

10. 譯註：指第四任臺灣總督兒玉源太郎（1852-1906，任期1898-1906）。1899年（明治三十二年）5月，臺灣總督府文官服制由兒玉總督公布實施。

11. 該書頁 21。原文見竹越與三郎，《臺灣統治志》（臺北：南天書局，1997複刻／1905 東京博文館發行），頁 51-52。

12. 此一金額包含本薪五成的加給在內。派駐每位福爾摩沙的日本官員都能領取加給，因此經濟情況比起他們在日本的同僚更寬裕。

第三章
反抗軍首領國姓爺

日式旅館

晚上7點30分我們抵達臺南，四位官員等候著迎接我們，例行的名片交換與客套寒暄也隨之展開——我發現自己愈來愈進入狀況，並且駕輕就熟了。接著越村找來一位腳伕照料我們的行李，我們則被一輛汽車飛也似地送到城內最大的日本旅店——四春園旅館[1]。

小泉八雲的著作——順帶一提，每位有教養的日本人幾乎都知道且敬重他——讓我們多少熟悉了日式旅館。我們不慌不忙地在門

口坐下脫鞋，換上旅館提供的拖鞋，拖著腳步沿著光滑的松木走道抵達我們的房間。這時，我從小泉八雲那兒吸收到的知識突然失靈了：我啪噠啪噠地踩著拖鞋走進房裡一塵不染的草蓆上，未按照人們的預期脫下拖鞋並放在玄關——兩位身穿和服等候迎接我們、腰帶亮麗如花蝴蝶的女侍嚇得目瞪口呆。我感到自己就像戴著帽子走進客廳裡，急忙衝回走廊、踢掉拖鞋，並祈求襪子上千萬不要有破洞。不知怎地，男人在脫了鞋卻還穿著襪子（stockinged feet）時，總不免感到自己很笨拙。我不明白為何非得如此，因為在熱帶國家的歐洲人（至少單身漢）早就習慣了打赤腳、穿睡褲或罩著紗籠在小屋裡走來走去。可是穿著襪子不穿鞋，總讓人感到非驢非馬、格格不入。無論如何，我還是照做了，儘管走在覆蓋著褥墊、再縫上草蓆的日式地板上的柔軟感覺讓人欣喜。

　　日式旅館和家屋的房間有個共同特色：它們都是照著同一個模子建成的，跟日本銀圓一樣毫無二致。我們的房間由外室和內室構成，兩者隔著一道障子（shōji），那是道由宣紙糊上的小小方格紙窗組成、下半段以一條玻璃鑲邊隔開紙窗的拉門。房間沒有窗戶，但前後都有多扇拉門，打開便能通往走道或露臺。內室的角落是「床之間」（tokonoma），一個小小的壁龕上懸掛著名為掛物（kakemono）的卷軸，掛軸前則擺設一只青花瓷瓶，裡頭只插著一枝花。這是日式房間中唯一可見的藝術裝飾。過去很長一段時間，我都以為這一定是極簡單又廉價的裝潢方法，直到越村把我點醒：他說只要旅館主人財力許可，掛物、花瓶及擺設在掛物前的其他小件藝術品就會不斷更換，不用的則妥善收藏起來。西方人將屋主所有收藏品全擺出來的風尚，在日本人看來簡直粗鄙至極（或許正是如此），而在藝術效果的營造上，我們還有許多地方可向他們學習，更成了老生

常談。尤其每當我在倫敦看見一頂昂貴的帽子被單獨展示在一個女帽商的櫥窗時，我都覺得，不論有意或無意，這家店一定有人受到日本精神的薰陶。

我們房裡的家具和裝潢一樣簡約：一張用來寫字的黑木茶几、一只放茶杯的小櫃，還有一個藍白相間的瓷火鉢（hibachi），裡頭的炭火始終燜燒著，隨時可以放上一只裝滿水的茶壺煮茶。房間裡的家具通常就只有這些了，也應該只放這些，但我們的女老闆為了讓外國房客感到賓至如歸，特地為我們放進一張醜陋的高腳木桌和三張平庸的曲木椅。它們看來就像林中空地上的紙袋般彆扭，但我們已決定好好運用它們，儘管於我們所在之處，我們應當效仿每個日本人，在那小小的坐墊上盤腿而坐——我說的是還沒放棄自身良風美俗，改採欠缺詩意的西方習俗及制度的日本人。

一進房間，綠茶就送了上來，還有一些用海藻製成的糖塊，以漆器盒子盛著擺上茶几，它們的味道比外觀更為甜美。在車站迎接我們的其中一位官員榊原勘次郎先生[2]也進來與我們一道品茗。他說，他奉命在我們停留臺南期間照料我們，故前來討論幾項明天他為我們安排的行程，並保證會在隔天早上九點準時派車前來。他走出房門為我們點餐，沒多久，最近餐廳裡的一位男孩便騎著自行車為我們送來晚餐。主菜是裹著一層麵糊的炸雞腿排，吃起來有些生硬，先前我們在製糖所的午餐上品嘗過這道菜。我猜想，越村大概覺得一天吃一頓所謂的西餐就夠了。由於日式旅館裡沒有大眾食堂，他在自己的房間享用日式晚餐。這裡的飲料只有汽水，但在辛苦奔波了一整天之後，我實在好想來杯威士忌蘇打，或至少一瓶日本啤酒也好。

晚餐過後，由於我們的女侍始終聽不懂我說的話，於是我去找

越村。

「越村先生，這家旅館可以洗澡嗎？」我問。

「我想，現在不大行。」面色憔悴的越村回答，「客人太多了。」

接著我們才知道，原來整間旅館只有一間浴室，而且浴室只有在每晚就寢前才會換水。越村說得沒錯，今晚的客人很多。即使像我們這樣熱切想入境隨俗而姑且把自己熟悉的常規拋在腦後的人，仍難免抗拒要與二十個日本人共用洗澡水，當晚暫且不洗澡，隔天再搶第一輪洗澡。

在努力爭取洗澡功虧一簣後，接下來是找張床睡覺。但在內室或外室，卻都不見床的蹤影，我絞盡腦汁用力回想，想從小泉八雲的著作翻出哪段文字可以幫我不出洋相，卻一無所獲。正當我們開始想著裹上大衣睡地板的可行性時，兩位小女侍匆匆走進來，從我們先前不曾留意到的、一個嵌入牆壁且帶有拉門的壁櫥裡拿出大量寢具。她們一邊在地板上為我們鋪開褥墊（共有三片），一邊咯咯發笑。我們在這間旅館投宿，似乎成了她們生活裡一長串笑話。一張床單鋪在褥墊上，再以另一張下面縫著一隻大鴨絨的厚厚床單當作蓋被，同時在床的上方用繩子懸掛起大片綠色蚊帳。接著，再喝杯茶（當作對今天道別的儀式）就上床睡覺了，儘管稻草充填的枕頭很硬，但我們都睡得很香甜。

除非你關緊每一扇門，不然在日式房間是沒有隱私可言的。事實上，他們本就不打算顧及隱私，也許因為他們的人生觀比我們更崇尚自然、不虛偽做作。儘管如此，我們還是不想讓每個路過的人看見我們的睡相，因此不管空氣汙濁與否，都非得關上門不可。

隔天清早，我們被女侍在隔壁房間煮水泡茶的聲音弄醒。待我們起身喝茶，她們很快將我們的地鋪摺疊好塞進壁櫥，然後打開每

扇門，開始打掃地面。「收拾好」房間只花她們不到五分鐘。這一切看來簡單無比，但要在一個完全敞開、面向旅館大露臺的房間裡換衣服，可就沒那麼簡單了。那天早上我太太花了不少時間在關門這件事上，因為她一背對著門，就會有人跑來把門拉開。人們在旅館廁所裡的一個水槽梳洗，我是被其中一位微笑仙子[3]領進去的。我在那兒還注意到，有支牙刷顯然是體貼的旅館經營者提供給客人使用的。這當下讓我想起東方與西方的差距。我覺得，能放心使用公共牙刷的人什麼事都做得出來，但那時我又想到，那支牙刷是另一位客人留下來的。或許就這樣最好。[4]

早餐過後，我們發現越村一臉憂心忡忡。

「事情沒能照計畫進行。」他說。

看來預先允諾派來的車不能來了。我對他說，我們更樂意搭人力車，越村才顯得不那麼沮喪。於是，我們便出發拜會臺南州知事枝德二先生[5]。

拜會臺南州知事

臺南州廳（越村以有些浮誇的語調稱呼它）採用西式建築與裝潢風格，但我沒辦法說它是漂亮的建築，因為它一點也不。我覺得它很難看，尤其是我們被安排入座的椅子都鋪上了蘋果綠的長毛絨面。我總覺得這是日本人最怪異的特點之一，他們自己的擺設方式所展現的品味明明完美無瑕，然而，一旦他們採用西方風格，呈現出來的品味簡直跟一夜致富的運煤工人沒兩樣，即使他們其實是世上情報蒐集最迅速、也最機靈的民族。服裝也一樣：儘管日本男人穿上西服顯得樸素，但我幾乎沒見過哪個日本女人戴上帽子時像她

們自己，而她們穿上自己的和服卻顯得無比光采動人。確實，也沒幾個西方女人能把和服穿得像日本人那樣優雅，但話說回來，也幾乎沒人試過。

枝德二知事在蘋果綠的家具間接見我們，他身著日常西服。會見流程從他將一張名片放在房間中央那張鋪著橄欖綠桌布的大圓桌上開始。到了這時，我已學會了遊戲規則，也準備好一張自己的名片，放在他的名片旁邊，這讓我好想大叫：「小菜一碟（Snap）！」他不會或者不願說英語，但他和我們遇見的每個人一樣令人喜愛，散發著友好之情，即使他心裡很可能當我們是闖進來添麻煩的。

在我們啜飲必備的綠茶時，靠著越村的翻譯，我與知事展開一段簡短而風趣的對話。隨後知事的兒子穿著和服走進來。我如釋重負地發現他說著一口漂亮的英語，原來他在澳洲經商，最近才剛請假回來。[6]最後越村輕柔地示意，提醒我該告辭了，我們告退時，承蒙知事閣下的好意，他允許我們借用他的車度過在臺南所剩不多的時間。

於是，我們展開了一整天豐盛的觀光行程。臺南是福爾摩沙的舊都，人口75,000多人，擁有許多歷史遺跡，因此很有看頭。

我們坐上知事的車，先前往祭祀國姓爺的開山神社，司機暴躁地在這座小城四處穿行，使我想起巴黎的計程車司機。國姓爺是中國反抗軍的首領，1662年從荷蘭人手中攻取臺南，隨之拿下了整個福爾摩沙。

在這個高牆圍繞的聖殿裡，儘管通衢大道近在咫尺，氣氛卻很寧靜，仔細思量日本人是如何間接受惠於這位不屈不撓的征服者，十分耐人尋味；被趕出自己的祖國，卻仍不計實力懸殊，持續抵抗滿清韃子進犯的他，是一位道地的傳奇人物；他不只是福爾摩沙的

94

征服者，更因身為至今唯一曾讓歐洲國家的殖民地無條件投降的中國人而名垂青史。

國姓爺的父親是中國著名的海盜（鄭芝龍），母親是日本人。當滿清韃子入侵中國時，他集結一支非正規軍，以支援搖搖欲墜的大明王朝。他從海陸兩路進攻侵略者，成為他們的心腹大患。就算他們集中全力擊潰他，將他驅趕到沿海地帶，他也能退到船上繼續交戰好幾年，直到他進軍福爾摩沙。

荷蘭人的堡壘

1624年，荷蘭東印度公司的員工退出澎湖群島，落腳福爾摩沙島，在現今臺南城外四英里處的一片荒涼沙洲建立根據地。該地面積約有一平方英里，與陸地之間隔著一道狹窄的海峽。後來在西南季風的猛烈吹襲下，海峽逐漸淤積，於是原先的荷蘭人領地成了陸地的一部分，名為安平。殖民者在這片不毛之地上建了座60平方碼的堡壘，取名熱蘭遮城。城牆約有六呎厚，以專程從巴達維亞運來的磚砌成，堡壘的北、西兩面則以三呎高的障礙物圍繞。

堡壘的選址十分不利於戰略，因為敵人可從地勢更高的陸地鳥瞰全城。顯然荷蘭人到堡壘完工後才察覺這個重點，為了補救此一缺失，他們在俯瞰熱蘭遮主堡的高地上又修築了一座小城，名為烏特勒支堡。這是第二次誤判，但當下也沒人發覺：因為一旦敵人來犯，烏特勒支堡會成為一處非常危險的前哨陣地；一來它既不易守成，二來一旦它落入敵人之手，更可成為攻下熱蘭遮主堡的關鍵之匙。

以上是荷蘭人最初的愚行。他們來到一座陌生島嶼，身處海盜

肆虐的大洋中，島上居住著未開化的部落，而此地距離他們的基地、也是其補給與增援唯一來源的爪哇島需要好幾週航程。但即使一年又一年過去，他們並未投注更多心力鞏固自己的地位；除了持續困擾他們的各種危險，國姓爺的威脅也與日俱增，而他即將攻取福爾摩沙作為軍事基地的傳聞也甚囂塵上。

時間證明荷蘭人在福爾摩沙的統治是一連串的失策。然而，這些錯誤未必全由第一線人員犯下，甚至輪不到他們負主要責任。殖民地的創立者犯下嚴重的戰略失誤，但他們或許已盡其所能。當然，若他們手上有更充裕的資金，就可以建造出更適合抵抗圍攻的防禦工事。此後的錯誤則無疑更應歸咎於爪哇當局，它既未通過足夠的預算以修築因應環境的必要工程，也沒有用心維持駐軍的兵力，甚至對福爾摩沙請求增援一事漠不關心。

但在一段時間裡，一切進展都很順利。中國官員核發了貿易許可，讓荷蘭人得以從中國採買貨物，再與日本人交易。地理上來說，福爾摩沙殖民地所處位置從事這項工作是最理想的，因此賺取了大筆收益。當時的主要商品是輸出日本的生絲和糖，以及運往巴達維亞的絲綢、瓷器、黃金和糖漬薑；同時輸入摩鹿加群島（Moluccas）的香料、胡椒、琥珀、麻衣和錫，再與福爾摩沙產的米、糖、鹿皮、鹿角運往中國。許多歐洲商人定居於堡壘外的砂土平原上，隨後此區也成了熱蘭遮城的市街區。

荷蘭人尤其用心結交原住民部落，與他們公平相待，這在當時是十分難得一見的政策；傳教士被派往原住民部落傳教，許多原住民因而改信基督教。東印度公司承諾已定居福爾摩沙的中國人和日本人可繼續留下而不受騷擾，其他人有意前來也能獲准。結果，因為滿洲韃子侵略中國的戰亂而流離失所的大批移民隨之湧入，他們

十分感激福爾摩沙給予庇護。即使在荷蘭人到來前就已定居此地的日本人因不滿自己所受的待遇而逐漸離開，中國男性移民的人數很快就達到25,000名，此外還有他們的妻小。

中國人叛亂

這些移民全是有能力使用武器的男子，而他們也早已習慣戰鬥和不安的生活，其中許多人簡直和海盜沒兩樣。這樣一群人並不足以建立奉公守法的社會，結果當荷蘭人向他們課徵重稅，並且對米、糖課徵出口稅，終於在1652年爆發大規模叛亂。這些中國移民全都同情國姓爺的志向，並盼望能在推翻荷蘭人的計畫告成後獲得國姓爺援助。最後，這場叛亂在兩千名信奉基督教的原住民支援下遭到鎮壓，原住民成了荷蘭人寶貴的盟友，但荷蘭人從此明白自己的處境是多麼岌岌可危，對國姓爺進犯的疑懼也與日俱增。

當時的福爾摩沙長官在一封發送給爪哇當局的電報中表示他「感到毛骨悚然，不斷擔憂國姓爺染指福爾摩沙的野心」。因此，隔年在陸地上便興建了另一座堡壘，名為普羅民遮城，距熱蘭遮城四英里遠，其遺跡仍聳立於今天的臺南市內。往後的發展證明了此舉是何等不智，因為新的堡壘不但沒能強化，反倒削弱了荷蘭人的形勢。兵力不足的駐軍不得不分散以保衛另一個欠缺充分防禦能力的據點，但集中兵力卻又是他們克服外敵的唯一希望。

1656年，揆一（Frederic Coyett）就任福爾摩沙殖民地長官。他是一個具有遠見的人，並且明智地盡一切所能安撫國姓爺。他派出一名特使帶著禮物和書信求見，特使則帶回反抗軍首領的一封信函，信上述說著國姓爺對荷蘭東印度公司及其員工的好感。

有段時間，緊張的局面似乎緩和了。由於對未來的不確定而衰退已久的對中國貿易再次興盛起來，接著，滿清大敗國姓爺，使國姓爺被迫退到最後的據點廈門，這也是距離福爾摩沙最近的中國港口。此時，福爾摩沙駐軍的恐懼又被挑起，他們明白一旦這位陷入絕境的反抗者再被趕出廈門，過不了幾天他就會出現在福爾摩沙外海。於是他們再度請求增援，並逮捕中國移民的領袖充當人質，也中止對中國的貿易，以防船隻落入國姓爺之手。

　　即使福爾摩沙駐軍焦急萬分，巴達維亞卻一再延遲派出增援的時間，當局最後決定一旦支援艦隊出發，就要同時執行兩項任務，首先為福爾摩沙解圍，然後在返航爪哇途中攻占澳門——那片荷蘭人垂涎已久卻屬於葡萄牙人的「拿伯的葡萄園」[7]。於是在1660年，十二艘戰艦載著六百名士兵啟程前往福爾摩沙。這支援軍使得國姓爺延遲策劃中的福爾摩沙攻略，並再次申明自己的善意。很快地，揆一長官與救援艦隊的指揮官爆發口角，最終救援艦隊完全沒去攻打澳門就逕自返回巴達維亞，而指揮官一回到巴達維亞就立刻向當局回報：揆一長官和福爾摩沙駐軍的擔憂純屬無稽，在國姓爺不大可能進犯的情況下，他們有足夠的兵力保衛自己。

國姓爺進攻

　　救援艦隊的離去給了國姓爺可乘之機，而他也充分把握機會。1661年4月30日黎明時分，他所率領的一支龐大艦隊及25,000名大軍抵達熱蘭遮城外海。其中一支靠岸登陸的部隊得到數千名不滿荷蘭人的中國移民熱烈迎接，艦隊則在分隔熱蘭遮城和陸地的海峽入口就戰鬥位置。

荷蘭人驚惶地看著國姓爺大軍進行戰鬥準備。當時福爾摩沙的全部駐軍人數約有2,200人，另有六百位歐洲移民。他們只有海克特號（Hector）和格拉弗蘭號（Gravenlande）兩艘戰船，港內剩下的船隻則是三桅船白鷺號（de Vink）和通訊船瑪利亞號（Maria）。但這四艘船仍勇敢出海迎戰國姓爺的艦隊。戰鬥開始不久，海克特號就因火藥庫爆炸而沉沒，但它的姊妹艦及另兩艘船仍堅持戰鬥。國姓爺也損失了幾艘戰船，而荷蘭人投擲的手榴彈則造成大批人員傷亡。

　　但守軍在陸地上的表現就沒這麼優異了。荷蘭人沒有在敵人完成部署前就集結所有兵力，全面反擊，而是派出240名精兵迎戰四千名中國軍隊。他們低估了對手的勇氣，因為中國人的抵抗意外地猛烈，並兇悍地反擊荷蘭人，打得荷蘭人抱頭鼠竄，許多人甚至棄火槍而逃。隊長和118名官兵更是非死即傷，倖存者則乘坐領港船逃離。另一支二百人的荷蘭部隊也向敵軍發動攻擊，但同樣遭到堅決的反擊，最終指揮官決定撤回城堡以策安全，好在成功撤退，沒有傷亡。

　　荷蘭人在真正交戰前十分瞧不起中國人，但他們很快就發現，中國人是難纏的強敵。國姓爺旗下最強悍的部隊是「鐵人」，他們以齊射打亂敵軍的編隊，隨後由手持劍盾的突擊隊予以突破，他們一手持盾遮蔽頭部和身體，一手揮劍進攻。第二陣士兵則以雙手持長柄大砍刀：可擊破敵軍衝鋒，並於敵軍退卻時繼續追擊，這些士兵全身皆覆蓋柔韌的鐵甲，因此手腳仍可運用自如。[8]除了中國部隊，國姓爺旗下還有兩支由馬來人及其他民族組成的軍隊，其中許多人都是逃亡的荷蘭人奴隸，並已學會火槍的用法。此外，他還有充足的彈藥及其他戰爭物資。

　　有了這支大軍和全然的行動自由，國姓爺得以隨心所欲地掌控

戰局。他的部隊未受抵抗即順利登陸，開始圍攻普羅民遮城，並切斷它和熱蘭遮城的一切聯繫。福爾摩沙原住民無力抵抗國姓爺，中國移民則熱烈歡迎。他在登陸幾小時後，就向荷蘭長官提出傲慢的要求，大意是說，若兩座城堡不立刻開城投降，他就會出兵攻取，並殺光福爾摩沙殖民地的全部駐軍。

荷蘭人爭取談判

揆一長官召集了福爾摩沙評議會，就眼前的絕望處境展開商討。討論過程想必焦慮無比。因為可能解救他們的艦隊已棄他們而去，援軍則要再過好幾個星期才會抵達；在這些四面受敵、面色嚴峻的荷蘭人估計勝算時，他們恐怕已全然絕望。最後，由於實在想不出更好的計畫，因此他們派出兩名使者前往國姓爺陣營，提議支付賠款讓他離開福爾摩沙；若做不到這點，至少也要爭取談判，希望以准許荷蘭人繼續在熱蘭遮城從事貿易為前提，將福爾摩沙的陸地割讓給國姓爺。

使者先被帶到大帳、留在那兒等候國姓爺著裝，而後才獲接見。國姓爺拒絕他們提出的要求，並聲稱他必須取得整個福爾摩沙島，才能完成驅逐滿清的大業，但他准許荷蘭人借用他的船艦從事貿易，並可拆除城堡、將火炮運回巴達維亞。他以隔天早上八點鐘為期限，作為荷蘭人決定是否接受他提議的最後通牒。他們若接受，就在城堡裡升起國姓爺的旗幟，若不接受，就升起紅旗準備開戰。

會見結束後，使者獲准前往普羅民遮城探視。他們發現駐軍缺乏飲水和補給，無法撐過長期圍困。由於熱蘭遮城方面的一切支援都被阻斷，實在無法挽救普羅民遮城，也只能授權指揮官以最有利

的條件和國姓爺談判投降。普羅民遮城就此投降，本來或許有助於防衛熱蘭遮城的守軍如今都成了戰俘。

使者返回熱蘭遮城後，評議會再次集會商討國姓爺提出的條件。前景的確是一片黯淡，城堡的防禦工事相當薄弱，物資和軍火雖有不少存量，但均不足以應付圍城；況且井水還是鹹水。接下來十二個月內獲得巴達維亞援助的可能性也十分渺茫，因為國姓爺精明地選擇西南季風的時節發動攻擊；這意味著儘管從福爾摩沙航行到爪哇通常只需三星期，但若要派出船隻向南報信，卻得等待六個月後吹起東北季風才能出發；而巴達維亞得再等六個月，才能乘著西南季風派援軍前來。

儘管如此，揆一和他的同僚都不是懦夫。放棄職責、束手就擒絕非他們所能忍受；也有可能他們一想到戰後回到巴達維亞會獲得怎樣的待遇，就決定不要放棄抵抗。他們誓言保衛熱蘭遮城到最後一刻；隔天早上，紅旗無畏地在城垛上飄揚。

中國人立即占領了熱蘭遮城的市街區，因為那兒的居民已被匆匆轉送到城堡內——他們所在的位置暴露在外，無法獲得任何保障。直到5月26日，敵軍才對城堡發動攻擊，他們動用二十八門火砲猛烈轟炸，企圖在城牆上打開一道缺口，再從這道缺口攻進城內。但此時荷蘭人占了上風，因為城堡的磚牆雖遭到沉重打擊，但敵軍卻也暴露自身的砲壘位置，讓荷蘭人得以有力還擊。

據說，負責指揮這次進攻的中國將領曾向國姓爺保證，會在第一波攻擊就衝進城堡，否則就提頭來見。他不顧一切地投入後備兵力，直到陣亡人數超過千人；接著，砲壘逐一棄守，從南面沿著沙洲攻向城堡的突擊部隊也遭擊潰。一看到敵軍丟棄火砲，守軍立即衝出城外，一隊荷蘭水手在士兵火力掩護下，冒著被中國弓兵的箭

雨射中的風險將砲門釘死，並繳獲插在柵欄上的敵軍軍旗，凱旋而歸。

這次戰鬥讓國姓爺清楚看到荷蘭人不惜犧牲死守熱蘭遮城的決心，在接下來兩次攻擊也無功而退後，他放棄了正面突擊。但他試圖以勸誘等手段來達成目標。他指派一位名叫韓安東（Anthonius Hambroek）的傳教士為特使進入熱蘭遮城，盡其所能地勸說福爾摩沙評議會投降。他和他的太太及幾位子女是在原住民部落傳教時被俘虜來的。

但他進入城堡後卻沒有勸降，反而鼓勵守軍堅持抗戰到底。他甚至不顧自己還留在城堡裡的兩個女兒懇求，明知回去覆命必死無疑，卻仍回去告訴國姓爺：荷蘭人絕不投降。國姓爺聞訊後大怒，立刻下令處死所有荷蘭男性俘虜，罪名為意圖煽動原住民反抗國姓爺。其中許多人不幸犧牲，包括英勇無畏的韓安東及一些婦女和兒童都被斬首，還有些命運更悲慘的人被釘上十字架。國姓爺將韓安東的一個女兒占為己有，其他荷蘭女性則被賞賜給他的部將。

接著，國姓爺以為荷蘭人在好幾個月內得不到爪哇的增援，故決心採取圍困手段逼迫他們投降。但他對此卻判斷錯誤。第一天就出海迎戰國姓爺艦隊的瑪利亞號通訊船船長，眼見事態絕望至此，又不願落入中國人之手，於是趁著夜幕逃出包圍網。儘管一路遭西南季風帶來的強烈逆風吹襲，卻仍在五十天內經由菲律賓群島返回巴達維亞，在多次險些遇難之下，完成了這趟危險的航程。

在得知福爾摩沙殖民地遭遇的災禍後，巴達維亞當局大驚失色。尤其在瑪利亞號抵達前兩天，他們才剛派出新任的福爾摩沙長官克倫克（Hermanus Clenk），取代因害怕國姓爺而措置失當、即將遭到不名譽免職的揆一。

巴達維亞的救援遠征軍

　　如今看來，揆一的恐懼完全是有依據的，而巴達維亞當局為了掩蓋自己犯下的錯誤，派出另一艘船追回克倫克的座艦，但因正逢逆風，而無法追上。同時也倉卒集結了一支共有十艘船艦和七百名兵力的救援遠征軍，由卡烏（Jacobs Caeuw）指揮，但他是毫無經驗且庸劣無能的人，顯然是因為沒有人想承擔這個責任才委任於他。據史料記載，他不諳演說、說話時帶著鼻音，但他即將證明自己不僅缺乏勇氣與領導能力，更缺乏對夥伴的忠誠。1661 年 7 月 5 日，他的艦隊從巴達維亞啟程，同時帶上一封給揆一的訓令，授權他繼續留任福爾摩沙長官。

　　這支援軍沒有追上克倫克，他在 7 月 30 日抵達熱蘭遮城外海。完全可以想見，他以矛盾的心情得知事態發展。眼前這位即將因怯懦而被免職的長官正被圍困在城內，繼任者接手指揮一支身陷重圍的守軍，實際上幾乎無望脫困。

　　在這種局面下，其實未必非得是偉大的人物，才會聽從內外交迫的前任長官指示並給予協助，但克倫克既非偉人，甚至連庸才也算不上。無意接任新職的他遞出訓令，其中的內容讓福爾摩沙評議會大失所望。事實上，他對新職全無好感，甚至不曾上岸，僅在外海逗留幾天，就以颱風來襲為藉口而起錨出海。這是福爾摩沙守軍最後一次見到克倫克，他拋棄了自己的同胞，聽其自生自滅，還像海盜一樣洗劫了一艘中國船，而後啟程返回巴達維亞。

　　克倫克才剛離開不久，卡烏的救援艦隊就出現在欣喜若狂的圍城守軍眼前。可是當他們得知援軍只有七百人時，這股喜悅頓時被澆了冷水。因為事實很清楚，不斷減員的守軍根本無法靠著這點增

援對國姓爺轉守為攻。

不知瑪利亞號頂著季風吹襲順利逃脫的國姓爺，對於救援艦隊的抵達完全措手不及。一開始，他對自己的誤判感到十分不安，但在艦隊其中一艘船遇上暴風擱淺，船上一些人被國姓爺的部隊俘虜後，他透過嚴刑拷問得知援軍的確切兵力，才發現問題並不如他所想的那樣嚴重，於是決心在更多增援到達前攻下熱蘭遮城。

滿清的提議與卡烏的變節

荷蘭方面策劃了一次作戰，打算將中國人趕出熱蘭遮城市街區，並摧毀敵方船隻，但雖然他們在陸上和海上發動了一連串攻擊，卻無功而返。儘管如此，來自敵方逃兵的情報卻多少鼓舞了他們。據說，國姓爺自己正陷入困境，因為他在福爾摩沙戰役中已損失8,000多人，他旗下的船隻一逮到機會就開小差。還有另一線希望：滿清的福建總督認為這是個好機會，想一勞永逸消滅這個難纏的反抗軍領袖，於是提議出兵援救揆一，雙方合作攻打國姓爺。這個提議讓荷蘭人士氣大振，決心再次堅守，但他們也不情願地決定動用一些船隻，將婦女、兒童和非戰鬥人員（*bouches inutiles*）送回巴達維亞，以節約物資補給。他們也討論是否應當把城堡中的貨物及其他財產轉移到船上以策安全，但指揮官充分了解人性，明白若城內沒有可供保衛的財產，守軍的士氣會迅速下降；此外，他們也十分敏銳地察覺，一旦最壞的狀況發生，他們將不得不求和，最好還是留些有價值的東西當作談判的籌碼。

這時，卡烏本性漸露。當評議會重申抵抗決心時，這位可敬的先生立即建議由他親返巴達維亞尋求更多援兵。但他的意圖實在太

明顯，因此被拒，他還因為行為不檢而遭評議會開除（身為救援艦隊指揮官，他也是評議會的一員）。

隨後，揆一和他的顧問決定接受滿清總督的援助，派出部分救援艦隊到總督那兒，提議雙方聯手攻擊國姓爺駐留在中國的部隊，以製造第二戰場，將敵軍從福爾摩沙引開。一旦完成任務，艦隊將為脫困的守軍帶回大量急需的物資。

這是深思熟慮的計畫，而且看來大有成功機會。卡烏熱切參與這個計畫，並自告奮勇率領遠征軍。這次評議會毫不懷疑他真正的意圖，以為他想要挽救自己的名譽。他們同意讓他效勞，將呈送給福建總督的信函與禮物交付給他，允許他率領五艘船從熱蘭遮城出海。

然而，卡烏除了搶救自己的面子之外，根本無意做任何事。他只是在等待時機步上克倫克的後塵。卡烏抵達外海不久，其中三艘船就幸運地被暴風吹回福爾摩沙，但他卻不顧船上軍官的抗議，帶著另兩艘船逕自返回巴達維亞。到了巴達維亞，他編造出船隊被暴風吹向南方的故事，向當局解釋自己為何返回，但他的背信棄義行徑很快就被揭穿了；即使他做出如此惡劣的行為，但只被罰一筆小錢、停職六個月了事，隨後仍得以復職；這是當時東印度公司行政管理的一個惡例。最糟的是，巴達維亞再也不曾對身陷重圍的熱蘭遮城守軍提供任何援助，他們到頭來只能自救。

不屈不撓的揆一

當三艘被吹回福爾摩沙海岸的船回到熱蘭遮城，帶來卡烏變節的噩耗，守軍的士氣跌到了谷底。命運似乎在和他們作對。他們最

後的希望成了泡影。糧食持續短缺，物資匱乏變本加厲，守軍人數也因卡烏叛逃而減少，存活的人員更在圍城艱困嚴酷的環境下持續衰弱。他們再次感到自己被遺棄了，而事實也正是如此。士兵開始逃亡，包括一名荷軍士官，國姓爺也從這名叛徒口中聽聞卡烏逃亡的消息，在查明守軍的部署後，得知守軍最多只剩下六百名灰心喪志、筋疲力盡的人。

他決定再次發動攻擊。他將兵力集中在熱蘭遮城主堡前方的沙土平原上，指揮三座砲臺轟擊烏特勒支堡，因為他早已明白，拿下烏特勒支堡所在的高地，正是攻取整個熱蘭遮城的關鍵所在。1662年1月25日，他對烏特勒支堡展開猛烈砲轟，儘管防守烏特勒支堡的荷軍分隊抵擋敵軍突擊部隊長達一整天，但在太陽下山時，堡壘仍坍塌成一片廢墟。守軍被迫撤回主堡，但他們在撤出無力防守的陣地時點燃了四桶火藥，然後心滿意足地看著一大群爭先恐後占領卻毫無戒心的中國人被炸上天去。

隨後，熱蘭遮城主堡召開評議會，這是最後一次會議了。不論命運如何困厄，始終不屈不撓的揆一長官仍要求同僚堅守城池，直到援軍來臨或氣力放盡。但評議會的其他成員則絕望地指出，他們幾乎只能任憑國姓爺處置了。什麼都救不了他們了：糧食已盡，人員心力衰竭至極，就算援軍到來，敵人現在也已經控制海口，得以阻止任何援軍上岸。他們已盡了一切努力，如今只求：與其在國姓爺最後的攻勢中淪為戰俘，不如趁著還握有城堡時與國姓爺談判投降。

對於英勇的揆一來說，此刻必定痛苦萬分，但眼見同袍都反對他，他也只能讓步。接著，他開始為熱蘭遮城的投降與國姓爺談判。雙方同意停戰，經過五天的會談，在1662年2月1日正式達成協議。

熱蘭遮城的撤離隨即展開，雙方各自派出兩名人質，直到完全履行和約的規定為止。大砲、原料、貨品、金錢及其他東印度公司所有的財產全部交出，但檔案紀錄可以保留。被圍困者獲准攜帶返航巴達維亞所需的物資，荷蘭官員則獲准保留個人財物。國姓爺釋放了手上的戰俘，擄獲的船隻也予以交還。在撤離之前，熱蘭遮城只可懸掛白旗，但在荷蘭人走出熱蘭遮城前，國姓爺的一兵一卒也不許進入城內；並且准許荷蘭人在撤出時將槍枝上膛，高舉旗幟並敲打戰鼓。[9]

熱蘭遮城投降

　　這就是福爾摩沙島落入中國反抗軍領袖手中的經過，若今天福爾摩沙仍為荷蘭人所有，它的價值將非比尋常。失去福爾摩沙的罪過不應歸咎於奮勇抗戰的揆一及其部屬，而應當歸咎於他們在巴達維亞的上級，他們先是忽視警訊、又不准許修築必要的防禦工事，並且無能派出足夠的增援，從而背棄了這個殖民地。熱蘭遮城的陷落讓他們永遠失去了這個一度擁有的中國海域基地，以及串聯對中國和日本貿易的契機；島上的一切傳教工作也隨之終止，島民又回歸到原初的異教崇拜，荷蘭在東亞海域的聲望跌落低谷也是合情合理。

　　移交給國姓爺的財寶、商品和原料總值將近五十萬荷蘭盾（guilder）；儘管國姓爺對待戰俘極不人道，甚至可以更嚴酷地對待那些完全聽候他發落的荷蘭守軍。但他不但未曾凌辱他們，反倒准許他們從那片不毛沙洲上的不幸城堡帶著榮譽和武裝離去。人們或許會覺得，比起一箱箱捨棄的琥珀和瑪瑙，這一切待遇是這些無懼

的勇者更加珍重的，畢竟他們憑著自己頑強不屈的勇氣與堅忍，才贏得中國反抗軍首領的敬重。

但巴達維亞當局不看重這些。苦澀的事實是，這些捍衛國家榮譽直到最後一刻，甚至讓異邦蠻族刮目相看的人，卻被自己的同胞視為背棄職責的逃兵。揆一長官和福爾摩沙評議會成員一回到巴達維亞，就被捕入獄；揆一更在囚禁兩年後，被判終身流放到馬來亞海域的一個孤島。最後，奧倫治親王（Prince of Orange）在聽取揆一子女及親友的請願後向東印度公司求情，他才獲得釋放；即使如此，他獲得的自由仍有附帶條件，他被要求返回尼德蘭定居，從此不得參與東亞事務。

一個理當受到祖國善待的人竟是如此下場。奇怪的是，雖然歷朝歷代都出現過像揆一和卡烏這樣的人物，其中許多人所得到的回報卻也是如此不相稱。

荷蘭東印度公司從未認真嘗試奪回在中國海域失去的財富。國姓爺明確無疑地領有福爾摩沙，他以熱蘭遮城主堡為總部，更名為安平鎮城，意為「和平之城」。他在當地的統治看來明智而有效，可惜他無法長久享用征服的果實，因為在荷蘭人投降幾個月後他就去世了，得年39歲，當時他還在組織大軍，準備遠征菲律賓的西班牙殖民地。

國姓爺的人格

國姓爺無疑是東方最傑出的軍事將領之一。甘為霖（William Campbell）牧師指責他是殘酷的野蠻人；他的確很殘酷，但正如達飛聲先生更為公允的說法：若不考慮他所生存的時代與環境，便不

可能公正地評價他。那個時代的基督教指揮官都很殘酷，有的甚至十分冷血：西班牙征服者、葡萄牙探險家，還有荷蘭人自己，全都披著宗教的外衣幹下野蠻的行徑，甚至比國姓爺見於史冊的暴行更可怕。除此之外，他的人格中還有其他特質足以彌補這項缺陷。不同於一般常見的規律，造物主在創造他時，似乎從他的混血出身中萃取了兩個種族最優良的品質，使他既有日本武士的勇猛，也有中國外交官的機變，兩者都是軍事統帥成功的必要條件。

但國姓爺卻又不僅僅是一位成功的將領。他是難得一見、終生貫徹同一志業的人：他要恢復遭滿清韃子推翻的大明王朝。為此，他放下其他一切目標，鞠躬盡瘁。從荷蘭人手中攻取福爾摩沙只是他實現反清復明志業的其中一步，根據記載，他在嚥下最後一口氣時還哭喊著：「吾有何面目見先帝於地下也！」

當我和越村並肩佇立在寧靜的神社，不禁想著，若國姓爺不曾出現，福爾摩沙會不會成為第二個爪哇？或者，依照預定的命運努力擴張成為殖民強權的日本，會不會從荷蘭人手中搶走它？當我凝視著一張描繪著國姓爺戰勝的粗糙中國畫時心想著：若今天的中國能有誰像這位海盜之子那樣意志堅強、性格有力，最重要的是全心全意為國家付出，那該有多好？

越村見我凝望著那幅畫出神，便打斷了我的思緒，對我說起他的一樁往事：許久之前，他曾陪同荷蘭駐東京大使館的一位書記官遊覽臺南，並在試著解說這幅畫的主題時陷入一陣尷尬。

「太難了。」他邊說邊搖頭，並且倒抽一口氣：「太難了。」

註釋

1. 譯註：當時臺南最有名的日式旅館，日本統治初期借用「臺灣四大名園」之一——鹽商吳尚新的吳園一角營運，地處市中心卻擁有優美園林景色，因此成為冠蓋雲集之地，往來臺南的名流顯貴皆在此投宿。二戰結束後仍維持營運數年，其後成為中華民國政府安置部隊及軍眷之處，1974年由臺南市政府出售給遠東百貨集團，如今早已拆除。

2. 譯註：榊原勘次郎，時任臺南州警務部警務課通譯。

3. 譯註：指女侍。

4. 菲普斯先生告訴我，日本旅館有時會提供牙刷，但都是便宜的木柄牙刷，每位客人拿到的都是新的，用過即丟。

5. 譯註：1920年（大正九年）臺灣行政區劃改為五州二廳制，枝德二由臺南廳長接任第一任臺南州知事（任期1920-1921）。

6. 譯註：根據《臺灣總督府檔案》中的〈枝德二恩給證書〉可知，枝德二並無子嗣，他收養枝備子為養女，再以間宮貢為養嗣子，兩人在1915年（大正四年）1月結婚之後，枝貢成為枝德二的婿養子。作者此時見到的正是這位臺南州知事的婿養子。〈恩給證書下付（枝德二）〉(1921/2/1)，〈大正十年永久保存第十卷〉，《臺灣總督府檔案》，國史館臺灣文獻館，典藏號00003142013，http://ds3.th.gov.tw/ds3/app000/list_pic1.php?ID1=00003142013&t=S&v=0182 （2017/9/6註冊登入瀏覽）。本條承蒙中央研究院臺灣史研究所許雪姬所長提示，特此致謝。

7. 譯註：典出舊約聖經《列王紀上》第21章，以色列王亞伯受到王后耶洗別聳動，殺害拿伯奪取葡萄園的故事。

8. 譯註：這支部隊應是鄭成功的左右虎衛親軍，又稱「鐵人」，弓箭及刀牌都是該部隊的編裝。參見楊英，《從征實錄》（臺北：臺灣銀行經濟研究室，1958），臺灣文獻叢刊第32種，123：「另設一大石重三百斤於演武亭前，將選中者，藩親閱，令其提石繞行三遍。提不起者，雖選中不隸入。每班帶班長六員，配雲南斬馬各二、牌鈀各二，弓箭則全班俱執。又十班之中，弓箭居四，刀牌居六。每班另募伙兵三名，挑帶戰裙、手臂、披掛隨後，遇戰便穿帶，行伍免勞頓。」阮旻錫，《海上見聞錄》（臺北：臺灣銀行經濟研究室，1958），臺灣文獻叢刊第24種，25：「以石獅重五百斤為的，力能挺起者撥入左右武衛親軍。皆給以雲南斬馬刀、弓箭，帶鐵面，穿鐵臂、鐵裙，用鎖鎖定，使不得脫；時謂之『鐵人』。」

9. 以上的記載主要根據1665年《被遺誤的福爾摩沙：荷鄭台江決戰始末記》（'t Verwoerloosde Formosa）一書譯本，收錄於甘為霖牧師《荷據下的福爾摩沙》（Formosa Under the Dutch）及其後。

第四章
古都臺南

參訪女學校→福爾摩沙的教育→教會學校→普羅民遮城→燈籠繪師→安平→往日的活動→熱蘭遮城的遺跡→英國領事館舊址→早期的英國貿易→製鹽→鹽是政府專賣品→知事的禮物→與越村共進日式晚餐→他說了一則故事→漫步城鎮→我們嚇到當地人

　　我們離開開山神社，在早晨的陽光裡浮想聯翩，接著前往參訪一間供日本女學生就讀的學校[1]，因為越村（到了這時候，我和我太太恐怕已經開始叫他「阿越」了）預期我太太會對這兒格外感興趣。

　　學校是一座壯觀的西式紅磚建築。我們受到校長親自接待，由他陪同我們四處參觀。其中我最感興趣的是她們的澡堂，那是鋪有地磚、供全體學生一起洗澡的大浴池。當然，她們毫不顧慮「浴衣」之類無謂的事，只是順著天性洗浴。正如校長（我以為是帶著些歉意的）解釋，日本人的習俗在這方面不同於我們，但我絲毫不覺得那有何不妥。總之，（我想）她們更慣於摒棄拘謹和假謙虛；或者，就算日本少女透過教養習得這些禮俗，我也懷疑她們會照做。

宿舍沒有大寢室，但有小房間，每間住著三位女生。我們還參觀了幾間教室，學生不約而同將視線轉向突然現身的我們，或許是種歡迎之意吧。我也預期整個早上她們都會因我們的到來而分心。其中一間教室正在上日文習字課，學生正學習用毛筆寫下最漂亮的日文字。另一間教室裡，年紀較大的女生正在上禮儀課，每個人都得走到台前練習優雅地鞠躬，至今這個儀式仍在日本人的生活中發揮重要的作用。看來就像一班新進名媛在參加宮廷宴會前，先學著如何行屈膝禮。

　　我們參觀的最後一間教室正在上英文閱讀課，為了嘉惠我們，一位可憐的小姑娘被老師叫起來念課文。我們其實很樂意為她免除這場磨難，因為此刻一臉疑惑的她正因緊張遭受劇烈的精神打擊。最後，我們留下在同學的竊笑聲中、把羞紅的臉埋進書本裡的她而去，只覺得眼前身穿和服、繫腰帶、如蝶翼般明亮靈動的女學生彷彿是來自仙境的小精靈，但她們卻不得不坐在書桌前鑽研英文「讀本」數小時，真像是場酷刑。

教育的普及

　　一如在帝國其他地區，日本人相當注重福爾摩沙的教育，目前島上已有九百多所各式各樣的學校。在日本人到來前，幾乎沒有官學，除了外國教會提供的教育，只有富貴人家的孩子才有受教育的機會。然而，就算有機會上學，也不過是誦讀孔孟經典、熟習典故；也就是說，學生無法從中習得能幫助他們在商業或公共生活中取得有利地位所須具備的現代知識。

　　日本人接管福爾摩沙島時才發現，就算不考慮原住民，島上大

多數人都不會讀寫，於是立即開設學校傳授日語（芝山岩國語傳習所）。但若要爭取民心歸順，這樣的第一步恐怕不恰當。福爾摩沙人是中國人的嫡系後裔，他們完全具有中國人的強烈保守性格，以及對發明創新的不信任。結果，他們對日本人提供的教育心生猜疑，不想讓子弟學習讀寫日文，最後更不送他們上學。姑且不論對錯，「同化」一直是日本人治理被殖民者的方針，而這種方針也終於見效。福爾摩沙居民逐漸明白讓子弟接受良好教育的好處，而且學校不只教授日語，也教授其他科目。許多學校不僅免費提供教育，更資助學生生活費。教師的薪資由政府支付，其他開支則由地方稅支應，但為了避免引發納稅人不滿，學校一開始只設立在得到居民同意的地區；同時允許大量的舊式中國私塾繼續經營，以包容那些仍堅持保守教學的家長。

福爾摩沙有將近四百萬的人口，居民分成四個階級：人數約有175,000的日本人；一般具純正中國血統的早期移民後代，但也有部分與原住民混血的350萬福爾摩沙人；越村及他的同僚一再稱作「蕃人」的原住民，約有十三萬人；還有28,000名「外國人」，包括在屬人或屬地原則下不具有日本國籍的所有中國人。現行教育體系也順應各階層的需求而調整。有為日本人設立的商業學校、中等學校和「師範」學校，福爾摩沙人的師資也是由師範學校培訓的；此外還有農業、林業及醫學的專門培訓機構，以及技術學校和高等女學校。福爾摩沙人也有商業學校和專門學校；另有二十四所實業學校，以及五百所從事初等教育的公學校和小學校，學生人數將近175,000人。1922年修訂公布的第二次《臺灣教育令》，確立日本人與福爾摩沙人共學的原則，但在實際上，在日本語文知識更普及之前，日本人和福爾摩沙人仍將繼續分校就學，特別是在初等學校。當一個

民族的兒童不懂另一個民族的語言時，雙方共學是不切實際的。

除了公學校和小學校，還有七千名學生在二百所私塾就讀；隨著現代教育的普及，這些私塾也逐漸消亡。二十年前，福爾摩沙還有上千所私塾，就某方面來說，它們被容許繼續存在這點也展現日本人的包容。另有將近五千名原住民學生就讀於三十所「蕃童教育所」：關於它們，待後面的章節進一步說明。

長老教會學校與醫院

福爾摩沙島上的學校數目，是日本人所採取的進步方法中一個有趣的實例，他們在不到三十年之內就建立起如此龐大的教育體系。同時不該忘記的是，早在中國統治時期就已創立的教會學校仍持續蓬勃發展。島上有兩個新教教會，一個是在臺南的英國長老教會，另一個是在臺北和淡水的加拿大長老教會。[2]

長老教會是福爾摩沙教育的先鋒，在日本占領福爾摩沙前，教會學校是島上唯一的現代教育機構。1865年，福爾摩沙的英國長老教會成立，起初他們興辦了許多所小學，但由於日本人設立了自己的公學校和小學校，這些教會小學逐一關閉，目前只剩下一所中學（長老教中學校）[3]，新校舍在1916年完工啟用。它位在臺南城東門外，占地十一畝，可容納180名住宿生。最初的創校宗旨是為畢業後進入臺南神學院就讀的學生提供中等通識教育，但它的教學範圍很快就擴大了，所有福爾摩沙基督徒的子弟皆可入學。由於日本人長年不為福爾摩沙人設立中學校，因此它也接納許多非基督徒學生；如今，非基督徒學生還占了多數，據說是因學費持續上漲，導致基督徒子弟持續減少。但學校的信仰宗旨卻仍維持不變：教育內容以

基督教教義為依歸，教學時間傳授聖經，每週日全體學生都要上教堂做禮拜。不過目前還沒有制訂「良心條款」的必要，因為學校未強制學生成為基督徒，就算有非基督徒學生想受洗，也得先徵得父母同意。申請就讀一年級的學生必須先從總督府成立的小學校或公學校畢業，課程內容、教學科目數及採用的教科書都比照日本內地的中學校，除了以福爾摩沙語講授的聖經和某些中國經典課程，皆以日語授課。

目前長老教中學校仍不被總督府承認，因此該校學生畢業後不能和其他總督府中學校畢業的學生一樣，參加總督府高等學校的入學考試。要得到總督府的承認，必須具備更高素質的師資和更完善的設施，長老教會也正朝此一目標努力。學校以學生繳納的學費維持營運，每人每年十六英鎊，內含學費、膳宿費及育樂費，加上英國長老教會提供的小筆撥款及兩位在校任教的傳教士薪資。臺灣總督府則不予補助。

1903年，在長老教會院內成立臺南神學院，一位英國紳士捐贈了一千英鎊興建校舍，目前容納了二十八位學生。神學校的宗旨是為遍布全島各地的中會培育年輕的傳道人，隨著教育逐漸開展，為期四年的課程內容也更為全面。自1875年起由福爾摩沙傳教的巴克禮牧師（Rev. Thomas Barclay）擔任校長，學校則由英國長老教會支持，並由本地的中國人教會提供小筆撥款。

長老教會還有一所165位學生就讀的女學校[4]，提供基督徒和非基督徒的女兒接受初等及中等教育。它在日本人的新法規下登記為高等學校，最近剛搬進一座新校舍，其中一半的花費是由福爾摩沙人自行募款支付的。事實上，學費收入並不足以支應學校的全部開銷，虧損部分則由1887年創立這所學校的英國長老教會婦女事工委

員會支應。

此外，還有1895年創辦的一座婦女聖經學校，宗旨是為沒受過教育的女性教授簡明的聖經知識。它教導女性閱讀及書寫羅馬拼音化的福爾摩沙語（廈門腔），表現優異者可受訓成為教會的女傳道。學生人數由十人到四十人不等，沒有固定課程，但對這些學員卻持續發揮極大的助益，若沒有這項事工，她們將陷於無知與迷信。

1882年，率先前往海外傳教的馬偕博士（Dr. George Mackay）在淡水創建了加拿大長老教會的第一所學校。學校其中一個部門專攻神學訓練，1914年遷至臺北，另外成立臺北神學院，學校的其他部分則獲總督府認可，成立淡水中學校。[5]如今總督府既已明文規定，所有學校都必須讓日本人和福爾摩沙人不加區別地入學，長老教會有義務將設備及師資提升到總督府高等學校的水準，才能招攬學生。這項工作已大功告成，如今淡水中學校有座壯觀的體育館，學生可在濕冷的冬季使用運動設施，而新建教室和宿舍的計畫也正在擬訂。

1907年，臺北長老教會也成立一所蓬勃發展的女學校（淡水女學校），目前只招收福爾摩沙女生，但今後將遵照新頒布的教育令，也招收日本女生。

這些學校的教學成果都十分出色，而臺南長老教會不僅為教徒提供有助益的普通教育，更在日本人來到島上的前幾年，由甘為霖牧師創立一所盲人特教學校。這項教育事業大獲成功，連日本人對此都給予高度評價。於是，長老教會得以勸說總督府接手，目前這所學校（臺南盲啞學校）由總督府學務部管理。教會的醫療事工也值得一提。英國長老教會在臺南蓋了間美輪美奐的醫院（新樓醫院），另一間醫院則在彰化（彰化基督教醫院）；加拿大長老教會也在臺北州經營一間醫院（馬偕紀念醫院）。這幾家醫院都由英國

籍醫師掌管。

除了新教傳教士和眾男女教徒，西班牙的天主教徒也窮一生之力為人民奔忙，勤苦付出、奉獻不渝。他們的教會總部位於高雄，全島各地也有傳教站。即使外國教會一直是引發爭議的話題，但連那些討厭外國傳教士的人也都不約而同地認可道明會神父的真摯和專一，他們只接受最起碼的捐助，以支應一切日常所需。

中國式寺廟、燈籠繪師

在留下這些小姑娘繼續被我們中斷的課程後，越村帶領我們參觀孔廟。孔廟有一扇厚重的門和一道宏偉的入口，彷彿要讓巨人通過似的，它的建築形式為中國人早已爐火純青的氣派風格。在寧靜的中庭兩側有些小小的偏殿（我猜，有人或許會稱之為祭衣室），裡面收藏許多祭祀典禮專用的精美樂器。其中最稀奇的是一套分兩層排列、具有各種不同尺寸的白色大理石管（編磬），敲打時會發出不同的音調。它們讓我想起排成一列列、可敲打出各種旋律的瓶罐，我也向某位積極進取的瓶罐藝術家提到大理石管的構想，他迫不及待地想要突破，以全新的曲調滿足那些飽受煎熬的音樂廳常客。

我們拍了一張孔廟的照片，然後穿越蜿蜒狹長的街道往上走，來到中國人稱之為「赤崁樓」、以紀念外國築城者的荷蘭普羅民遮城遺址。它座落在一個俯瞰市鎮的絕佳位置上，但如今除了古老的紅磚地基外幾乎什麼也不剩。中國人在城堡地基上興建了一座海神廟，越村告訴我，目前臺灣總督府正在修復這座遺址，因此整座遺址上遍布著四處走動、咆哮的石匠及忙碌的泥水匠，我們十分慶幸自己在還沒被什麼東西砸中前就得以脫身。

孔廟

返回座車的途中，我們路過了一家燈籠店。我們在旅館看到電燈時就已經大感意外，而眼前所見似乎是從西方文明影響下脫離的可喜轉換。一家燈籠店！還有比這更迷人的嗎？滿滿的燈籠，但不是我們在英國司空見慣的那種簡陋、單薄的日式燈籠，而是比例勻稱、大如南瓜的燈籠。一個男人坐在矮凳上，俯身面向一個燈籠，在上面塗寫著大大的黑色中文字。在昏暗的店面背景下，燈籠在他頭上如氣球般上下擺動著，成了一幅渾然天成的畫。「快拿相機！」我們說。

　　不巧，繪師的店鋪實在太暗，因此無法拍下他蹲下身、專注繪畫的神情。這時我以為對我們言聽計從的越村會幫我們，機靈地說幾句話讓繪師同意拍照，並斯文地勸誘他把凳子移到陽光下。但越村卻沒這麼做。半小時前的他還心滿意足地站在孔廟的臺階上拍照，此時卻出人意料地表示反對。他說，福爾摩沙人討厭被拍攝，他們相信若你拍下了他們的相貌，會害他們早死。[6]

　　的確，對於任何一個宗教偏見根深柢固的半開化民族來說，相機的確是太過先進的發明。但就算越村和我太太一同有禮卻堅定地阻止我，我仍充耳不聞，在一陣默劇表演（以及不可或缺的幾枚錢幣）後，我成功說服這位繪師挪移到陽光下，繼續他美好的工作。他似乎未因此預感到死到臨頭，而我也在聞風聚集而來、瞠目結舌的人群前拍下照片，表情略顯不悅的越村也站在照片的背景裡。此時，對於違逆為我們做了這麼多事的越村，我不免感到抱歉；但話說回來，這畫面實在太美了。唯一可惜的是，費這麼大的勁拍下的照片卻不如預期的漂亮。總之，我希望自己不會害那位繪師短命，因為將來某天，我還真想在司隆街（Sloane Street）上開一家燈籠店，到時我要把他從福爾摩沙接來，讓他在櫥窗裡畫燈籠。若有朝一日，

燈籠繪師

你在蓬街（Pont Street）以北的某處人行道上看到大批群眾聚集，你幾乎可以確定是我們的店鋪開張了。

　　短暫走訪了泰半都是肉鋪的市場，並在休館的教育博物館前不得其門而入（其實我們稍稍鬆了口氣）後，我們前往祭祀北白川宮親王的臺南神社，它就座落在1895年10月28日，親王殿下在討伐所謂臺灣民主國的戰爭期間去世的地點。隨後我們返回旅館，發現知事回電給我。榊原先生說，今晚知事閣下要宴請我們，而我們將受邀出席一場晚宴或舞會──還未決定是哪一種。此時，我們想起知事不會（或不願）說英語，因此期望會是後者。

　　我們沒休息多久，下午兩點時，榊原先生再次隨著專車出現，他帶我們沿著一條顛簸的道路（路旁並行著一條臺車專用的輕便軌道）前往安平，那兒昔日是荷蘭人的據點，也是國姓爺的指揮部，如今則為沒落的臺南外港。因水深始終不夠，而實際上比錨泊地（open roadstead）強不了多少的安平港，如今已完全淤積、無法通航，除了吃水較淺的船隻，所有船舶都得停泊在離岸一英里外。三百年前曾為荷蘭艦隊停泊處的那片荒涼泥灘，如今呈現出一派沉悶景象。就連戰鬥的紅旗曾經頑強不屈地在城垛上飄揚八個月之久的熱蘭遮城，也和其他地方一樣荒涼慘澹；傾頹的城牆湮沒在無人聞問的荒蕪裡，其中一處城牆還長出了一棵大榕樹，奇形怪狀的樹根盤踞在城牆間。

　　安平像是一個喪失活力的老人，除了回憶外無以維生。它在歷史上不僅與荷蘭人和國姓爺密切相關，也一度是英國人斷斷續續試圖設立居留地，隨後也曾為英國領事館的所在地。當這一小群英國商人因港口淤積而撤離時，領事館也搬到了高雄。過去安平的優勢在於鄰近臺南這座南方大城，但如今高雄港正如火如荼地擴建中，

也就取代了安平作為南方第一大港的地位。如今這兩個城市的英國僑民都早已撤走，再也不會回來了。越村為我們指出1910年廢棄的領事館的所在位置，它的建築樣式一如中國境內的洋樓，四面都有露臺。以紅磚砌成、如今已然荒蕪的外貌和四周破敗傾頹的房舍看來相得益彰。據說以前英國駐安平領事的主要任務是打蚊子，我完全可以相信。

製鹽和專賣制度

正當我們在熱蘭遮城的廢墟上四處閒晃，兩位警官突然出現，向我們敬禮。出於某種原因，越村對這件事相當惱怒，也明確對他們的闖入表示不滿，但我們還是交換了名片。接著我們在新嚮導的陪同下，前去參觀安平最主要的產業——製鹽。

我們首先拜訪了一處鹽場：海水被盛在平底鍋裡煎煮蒸發，產出的鹽則由機器結晶及提煉。相對來說，這些現代技術之於福爾摩沙島可謂新鮮事物，在它們旁邊仍可見福爾摩沙人數百年來製鹽的老方法及他們的製鹽工具。廣闊的泥灘以低矮的堤岸分隔成一個個矩形小方格，底部鋪上瓦片，海水經由閘門引進這些淺坑裡，每個淺坑都與鄰近的淺坑相連。蒸發的過程在此展開，但為了取得蒸乾的鹽，海水被引進一連串結晶池裡，滯留八到十小時。太陽是製鹽所需的主要能源，因此所需的勞力很少，可用低廉的成本製成鹽。那時我們正好趕上觀看池底的結晶被苦力掃成一堆堆的過程，方法和將倫敦街上的積雪掃成雪堆沒有兩樣。

福爾摩沙的鹽業可以回溯到近三個世紀前。荷蘭占領期間不許製鹽，而是從巴達維亞進口鹽，再賣給當地居民以賺取高額利潤——

這是東印度公司政策短視近利的一個絕佳實例。但是國姓爺心中記掛著福爾摩沙島的利益，決心讓它自給自足，因此開始著手並鼓勵民間製鹽；西海岸廣闊的低窪地區尤其符合國姓爺的構想，鹽業因而繁榮起來。

到了滿清統治時期，鹽成為中國政權的專賣品，直到日本領有全島後才廢止鹽的專賣。但製鹽業者早已習慣只把鹽賣給唯一消費者——政府——的專賣制，並不樂意自行開發許多難以企及、又不保證如期付款的客源。鹽業因而陷入危機，日本人不得不審慎考慮重啟專賣，儘管辦法與先前略有不同；在某些情況下，也會免費授予土地以鼓勵生產。如今專賣制度仍在實施中。鹽業也開放私營企業參與，但鹽場啟用前須取得官方許可，而官方只批准日籍人士的申請。所有製成的鹽都以定價賣給臺灣總督府，總督府再賣給臺灣製鹽株式會社，由會社向消費者零售，但零售價和購入價格都是固定的，由總督府專賣局掌控。

專賣始終是個棘手的問題。一般來說，將專賣權授予特定公司或個人，偶爾還發生政府掌控特許公司之類的做法，都是自曝其短。這種做法排除了一切競爭，通常不宜使用。這是榨取一個國家或一項產業的最後手段。但無庸置疑，倘若施行專賣更能符合需求，國家掌控專賣權還是比私人壟斷好些；但也只有在未開發及不發達的國家，專賣制度才可能合理進行。日本政府在福爾摩沙決定對鴉片、樟腦、菸草、食鹽，以及1922年開始的酒精和酒（啤酒除外）實施專賣，於是糖、茶、米成了唯一不受總督府掌控的重要產業。

專賣制度在一定程度上是有好處的。比如在鹽業方面，在地的小佃戶可確保產品銷路；當他們和中國統治時期的蔗農一樣遭受放債者剝削時，專賣制度能保障他們的產品以合理的價格售出。但另

一方面，消費者卻不得不付錢給兩個中間人，其一是總督府，其二是製鹽會社，導致他們須以更高的價錢購買商品；因為一旦總督府解除控制，價格一開始雖會上漲，但許多買主得以進入市場，而不僅限於政府一個買主；如此一來，自然會產生競爭，價格也會很快地調降下來。但以福爾摩沙鹽業的情況來說，轉嫁給消費者的成本並不多，而過去幾年鹽產量的大幅增加，說明了鹽業正在發達，既無停滯亦無衰退。

當然，這是任何專賣制度都得面臨的考驗。專賣制度若限制了產業，那就得捨棄。它若擴充了產業，促成更多就業機會和更熱絡的貿易，就讓它維持下去，至少在一個私營企業不太可能壯大的國家裡繼續維持下去。日本人來到福爾摩沙後，就一直小心翼翼地培植鹽業，他們扶持鹽田佃戶並保障其利益，同時提升產鹽的品質，使得年產量從1900年的六千萬磅，增長到1922年的兩億磅。如今福爾摩沙的鹽業已能自給自足，1922年更輸出了1億3,200萬磅，全數運往日本和朝鮮。福爾摩沙的鹽業仍有很大的發展空間，尤其是在西海岸，而日本本土的食鹽進口遲早也可望完全仰賴福爾摩沙。

因此，從鹽業日益興旺這一點來看，臺灣總督府的確有理由為自己鼓掌；同樣可喜可賀的是，單是食鹽這項專賣，每年就有二十萬英鎊的直接收入。至於總督府專賣局在鴉片、樟腦、菸草方面的作為，下文續談。[7]

混種船隻

為了節省走回座車的漫長路程，我們搭上一艘特別的船，渡過狹窄的溪流；這種船隻似乎脫胎自竹筏，由舢舨發展而成。我實在

上：安平製鹽，下：雙體船「脫胎自竹筏，由舢舨發展而成」

第四章

找不到更好的字眼來形容它，姑且稱之為「雙體船」（catamaran）[8]，但這其實比起真正的雙體船更勝一籌，雙體船由三根原木綁在一起，中間那根原木比兩旁的更長。我們的船是由中空的竹子綑紮成船身，船首、船尾兩端翹起，上有一根桅桿及做為船帆的褐色蓆子，由船尾搖櫓推動前進；由於河水往往漫過竹子拼成的甲板，因此船家特地為乘客準備了一個綠色木桶，讓他們在桶中或坐或站。我一生中見過不少用來橫渡海洋的怪誕工具，但還沒看過比這更怪誕的。然而，這卻是福爾摩沙人在沿海捕魚、航行於外海的唯一一種船隻，即使突如其來的暴風雨使福爾摩沙海峽（臺灣海峽）成了水手的葬身之地。

找到座車後，我們以風馳電掣的速度[9]一路顛簸奔回臺南，但途中也在一間本地人的店鋪下車，買了一艘混種船的模型。接著我們開車繞著公園兜風。每座日本城鎮即使規模再小，都至少會有一座公園，全體居民也都為了這座公園而自豪。臺南公園（我從積極進取的日本交通公社[10]印行的英文版摺頁上如此得知）是全島最大也最漂亮的公園。在我們看來，公園裡沒有那些破壞景致的鐵欄杆和零星紙屑，正是它的迷人之處；看來日本人和福爾摩沙人都太守規矩，因此不需裝設鐵欄杆；而他們對美的感受又太過強烈，以致不會在一片風景中不分青紅皂白地亂丟垃圾。

我們回到旅館不久，旅館就宣布浴池已經準備好了。略顯尷尬的越村走近我太太，別過頭去，怯生生地向她解釋日本浴池和我國浴池的不同，全部的人都共用同一池水。

「所以，請不要抹肥皂進浴池。」他說。

我太太十分欣慰地得知自己終於可以第一個泡澡，於是誠心誠意地保證，一定會遵守地主國的習俗；但她一進到浴室，卻發現水

溫竟如此高，不先適應水溫實在進不了浴池。不過相較於男人，女人似乎總能承受更高的水溫和飲料溫度，輪到我洗澡時，我不但燙到了一隻腳，還發現自己根本進不了池子。既然浴室裡似乎沒有冷水，而浴池也僅是一個水泥池子，由一個水缸（或鍋爐）透過管子把池子盛滿，於是我便借助一個搪瓷盆子、盡力地裝些水冷卻，就像有些人把滾燙的茶倒進茶碟裡冷卻那樣，好不容易才洗完澡。

　　我提到這些相當私密的細節，是因為這世界上有一半的人無疑並不瞭解另外一半的人是怎麼洗澡的。比方說，每個第一次來到東方的人受到的最初震撼之一，就是得站在浴室的水泥地板上，用錫勺子從罈子（Shanghai jar）裡舀水淋在身上。至於日式泡澡，一旦人們出於自衛而不得不習慣水溫（隔天晚上，我在洗澡時弄到了些冷水）後，其實相當有魅力，因為在高溫包覆下，你便再也不想踏出浴池、回到寒冷的世界。這世界上再也沒有比熱呼呼的浴池更適合思考的地方了，而最能完美體現這個事實的，莫過於洛根·史密斯先生（Logan Pearsall Smith）[11]在《更多瑣事》（*More Trivia*）書中的這段話：

　　今天我很晚才吃早餐，因為我在美妙的熱水澡中，想著所有其他嚴肅思想家，此時此刻——我有充分的理由確信——也必定在倫敦各地熱呼呼的浴池裡，幸福地把時間泡掉，而耽誤了時間。

　　在這種情況下，唯一驅使人們下樓吃早餐的理由，便是浴池的水開始涼了；但日本浴池的水從來不會變涼，因此用來思考的時間也更加充裕。或許正因如此，日本人才能成為現在這樣的民族；大家可以想想看，他們從下午五點後就一直泡在水泥浴池裡，思考著

各種促進帝國富強的方案。如今我仍未讀到日本的最新成就，但我相信負責治理日本的政治家想必多花了十分鐘泡澡，或者把水溫比平時多調高幾度。每個人啟發靈感的方式都是獨特的——有的是泡熱水澡，有的則是在梳頭、刮臉的時候。我所認識最愚鈍的人，是一位習慣洗冷水澡，請僕人為他梳頭和刮臉的人。他完全不讓心智有運轉的機會。從來沒有人能藉著泡冷水澡啟發靈感——冷水澡只會讓人想盡快離開——因此在我看來，一個以泡熱水澡為嗜好的民族，也就找到了成為偉大民族的康莊大道。日本人若不泡熱水澡的話，恐怕不可能成為世界一等強國。

我草草洗完澡，披上每家日本旅館都會連同拖鞋一起為房客貼心準備的和服，發現越村的情緒有些激動。原來臺南市尹[12]剛才來拜訪過，並留下了名片。我說沒有什麼好煩惱的，相反地，市尹這麼做很有禮貌，而我也為洗澡洗太久而道歉。然而，越村卻沒被我安撫：他忘了代我發張名片給市尹。即使我也同意這件事沒做好，但因為穿著和服實在太舒服，因此晚餐前不想再出門了；於是我們達成協議，隔天早上再請榊原先生代為轉交名片，而此時越村正等他帶來晚間節目的相關消息。

榊原抵達時，帶來一封知事的日文信。經翻譯得知，由於知事閣下臨時有要務得下鄉出差，因此為歡迎我們而準備的餘興節目取消了。他為此向我們致歉，並請我太太收下一只日本籃子，作為友誼的紀念。榊原經由某種儀式將它轉交給我們。籃子的做工精美，是由當地的監獄製作的。蓋子繫有絞鍊，裡面還裝著一個同樣款式的小籃子。越村還告訴我們，這只籃子的價格至少六十圓，儘管我們對此說法存疑，但對這份禮物的珍愛卻絲毫不減；它是多麼得體的友善舉止，展現出我們所到之處的典型精神。此外，它還證明了

它的寶貴價值，不僅可以盛裝我們在回程路上累積的各種瑣碎小物，而後在寒冷的索福克郡，我們那隻十分怕冷的暹羅貓總在夜裡把它當床，蓋上蓋子，悶在裡面自得其樂。

日式菜餚

由於知事的款待已取消，我們便與越村共進晚餐，在榻榻米地板上鋪設的軟墊坐定。「洋食」和日式菜餚都送上桌來。儘管我們勇敢地嘗試後者，但仍無法消受。就連侍女從一塵不染的木桶裡盛上的米飯，也不像我們在東方配咖哩吃的米飯那樣乾，而是濕濕黏黏的（這正合我們口味）。主菜是生魚片，越村說，上自天皇、下至農民，每一個日本人每餐都吃生魚片。我試著吃了一些，心想（但沒說出口）我很歡迎天皇陛下享用我的這一份。因為生魚片和搭配的奇異蔬菜、更為奇特的醬汁，以及冰冷的半熟蛋（這些都分裝在小碟子裡，以托盤盛上）無疑都是一種只有習慣之後才得以入口的滋味，不巧我們停留在島上的時間還不足以習慣這種滋味。一個人如此徹底地被自身慣習奴役，而無法賞識或至少適應其他民族的完美食物，實在是很丟人，但現在正是這種情況。老實說，（在我嘗試之前）我還真沒想到，當一顆普通的雞蛋在冰冷又半熟時可以那麼惹人厭；冷的全熟蛋可以，熱的半熟蛋也好，但是冷的半熟蛋就絕對不行。

晚餐時我試著向越村學些實用的日文詞彙，他對我說了一個關於「謝謝」（ありがと）和「早安」（お早う）兩個詞彙的故事：有一次他為一個美國人擔任嚮導，那美國人懂一點日語，但他似乎有點搞混了，表達謝意時不斷說著「鱷魚！鱷魚！」（Crocodile!

Crocodile!）可是當另一個人向他打招呼、對他說「早安」時，他卻轉過頭且一臉驚訝地問越村：「咦，他到底是怎麼知道我在哪兒長大的！」[13]

晚餐過後，我們和越村、榊原一起繞著城鎮散步，他們把制服和皮鞋換成更舒適的和服、足袋及下馱（木屐）。街上萬頭攢動，大多數人都怪異地混搭著和服與便帽或硬禮帽，可說是今日東方西化的鮮明寫照。硬禮帽搭配日常西裝已經夠難看了，搭配禮服和牛仔靴簡直是冒犯；至於身穿和服及下馱搭配硬禮帽，根本是侮辱人。日本人這個天生擅長裝飾的民族怎能容忍這種穿搭，真是令人費解，不免覺得一定是哪兒出了差錯。

當我們走過街頭時，我們發現自己竟意外地成了焦點，尤其是我太太。畢竟白種人在臺南難得一見。當我們現身於路人面前時，他們的眼睛盯得幾乎快掉出來了。我從來不曾被人這樣渾身上下地打量，就連在婆羅洲山區的獵首部落裡也沒遇過。在旅館裡也是一樣。我想接待我們的小仙子恐怕從未見過白種女人，當我們回到旅館，我太太開始打包些行李時，她們便從走廊趕來圍觀，以孩子般的好奇心仔細看著她的每個動作及每件衣服。最能引起她們遐想的是一條鑲著閃耀亮片的黑色埃及披巾。顯然她們很想打開整個行李箱看個過癮，可是她們實在太親切、太天真了，以致很難對她們探頭探腦的舉止動怒；當行李箱再次闔上，她們喧鬧著連聲道謝並向我們微笑鞠躬，然後再次為我們準備地鋪。當我在大片蚊帳的簾幕下躺平準備入睡時，全新的感受如風中緋櫻般在我心中盤旋，我不禁揣想，越村是否打算把每天都安排得像我們好不容易度過的今天這般折騰我們。

註釋

1. 譯註：臺南州立高等女學校，即今日的國立臺南女中。
2. 譯註：1865年（清朝同治四年），蘇格蘭醫生馬雅各（James L. Maxwell, 1836-1921）受英國長老會差會指派，首先來到臺灣府城設教行醫，其後李庥（Hugh Ritchie, 1840-1879）、甘為霖（William Campbell, 1841-1921）等牧師接續努力，以醫療傳教在南臺灣紮根，並深入東部；1872年（同治十一年），馬偕博士（George L. Mackay, 1844-1901）奉加拿大長老會差會之命來到淡水傳教，在北臺灣宣教二十九年，建立六十多所教堂並創辦牛津學堂（即今天的臺灣神學院、真理大學）。第二次世界大戰結束後，南臺灣的英國長老教會和北臺灣的加拿大長老教會因神學立場和母會淵源，在1951年合併成立「臺灣基督長老教會總會」。
3. 譯註：長老教中學校，即今日的私立長榮中學。
4. 譯註：長老教女學校，即今日的私立長榮女中。
5. 譯註：臺北神學院即今日的臺灣神學院。淡水中學校即今日的私立淡江中學。
6. 譯註：越村此說恐為託詞，實際上應為防止魯特與福爾摩沙人（漢人）直接互動的用意。攝影技術早在1860年代即由歐洲人傳入臺灣；日本領有臺灣之後，1910年（明治四十三年）已有漢人設立的寫真館（臺中林草的「林寫真館」）納稅紀錄，還有些漢人開設的寫真館並未被總督府調查立案。1920年代以後，則有大量臺灣青年赴日學習寫真技術並返臺開業，造就了1930年代後臺籍攝影師的興盛發展，為時代留下影像見證。1921年的福爾摩沙人對寫真技術絕不陌生。參見簡永彬，〈鏡像寓喻的對話：「凝望的時代」——日治時期寫真館的影像追尋〉，收入簡永彬等，《凝望的時代：日治時期寫真館的影像追尋》（臺北：夏綠原國際，2010），頁6-29。
7. 在本書頁185之後。
8. 譯註：其實這正是臺灣筏的一種型態。關於臺灣筏的發展史及各種形貌，可參見陳政宏，〈臺灣筏的前世與今生〉，《科學發展》，425 (2008.05)，頁46-53。
9. 譯註：原文作"at a Brooklands pace"。布魯克蘭（Brooklands）位於英國薩里郡威布里奇（Weybridge, Surrey），是全世界第一座賽車專用的場地，1907年啟用。
10. 編註：日本交通公社（Japan Tourist Bureau）是一個半官方組織，1912年由鐵道院運輸部的營業課長木下淑夫提倡成立，他協助全日本的鐵道、飯店、汽船等與旅遊相關的產業聯合成立該組織，負責延攬外國遊客赴日觀光，並編撰、發行日本旅行手冊。
11. 譯註：洛根·史密斯（1865-1946），出生於美國的英國散文家、文藝批評家，先後畢業於哈佛、牛津兩所名校，以創作格言警句見長。

第四章

12. 譯註：1920年臺南市設立，荒卷鐵之助為第一任市尹（1920-1926）。
13. 譯註：日語中「早安」的發音近似於英文的俄亥俄（Ohio）。

第五章
山林的財富

茶代的習俗

當我們離開四春園旅社時，笑容滿面的旅館女主人為我們準備了扇子和風景明信片等小禮物，並且（完全不必要地）為了招待不周、令我們不適而致歉。旅館全體員工都出來為我們送行，還不斷鞠躬，笑容滿面地對我們說「再見」（さよなら）。

這一切都給人留下了愉悅的滋味。我們不禁發想，英格蘭鄉間那些隨處可見的灰暗旅館主人該向他們好好學習，它們總是如鐵皮教堂（tin church）在潮濕的禮拜日所散發的氛圍般令人振奮。我納悶著怎麼沒有人想在英格蘭成立一家日本式旅社，他可以選在房屋

仲介所謂的「交通便利處」，並從日本分批引進一位會送扇子和風景明信片給退房旅客的女主人，以及一群穿著和服、腰帶，在房客找不到床而一頭霧水時對他們猛發笑的微笑仙子，一切就齊全了。今天的倫敦人就像古時候的雅典人，正熱中於追求新鮮事物。若創辦人還能設計出一個入口有鳥居的花園，園內有石燈籠和跨越注入池塘人工小溪的拱橋，池裡的金魚還會吃著你手上的麵包屑；若他再以女人梳理頭髮的細心與靈巧在花園裡安放石頭和假山，並讓天際線看來像是日本人看來日本該有的模樣——假如這一切他都做到了，此地必將終年門庭若市。就連日本人也會光顧並住下。由於我不具備開展這項事業的資本，所以就把這點子當成禮物，送給任何一個資金充裕的人；而我唯一的要求是，每年給我一個週末的免費膳宿。沒錯，我再怎麼享受它，一個週末就夠了。

越村殷勤地為我支付了全部花費，結清帳單，並且發放該給的小費。我們發現日本旅館雖然樸素，卻一點都不便宜。舉例來說，我們在臺南住兩晚，花費四十五圓，按照一圓等於兩先令的正常匯率換算（當時一圓等於兩先令六便士），相當於四鎊十先令。住宿費和日式餐點共花費二十四圓，「洋食」七圓，小費十四圓。在日本帝國給小費是比全世界其他地方還要棘手的一門功課，有嚴格的規定。比方說，若有個日本人在旅館住了一夜，他可能只需為自己的小房間和餐點支付六圓，但至少要給女侍一圓、腳夫一圓，再付給旅館三圓「茶代」（tea money）；結果小費加起來幾乎和帳單一樣多。這是不言自明的事，按越村的說法，茶代的習俗在福爾摩沙甚至比在日本內地更被嚴格遵守；一位性喜鋪張的富商在參訪行程結束時，可能會送出多達50到100圓不等的小費，只為了彰顯自己的身分地位。這正是為什麼外國觀光客很容易察覺到日本西式旅館

的房錢非常昂貴，因為管理階層明白一般觀光客不懂得茶代的習俗，便把自己期望收到的小費金額直接加在房錢中。

福爾摩沙鐵路

知事父子來到臺南車站與我們道別，接著我們搭乘第一流的福爾摩沙鐵路列車前往嘉義（Kagi，發音為Kangy）。

承蒙當局好意，提供我們免費的鐵路乘車券，讓我們的旅行魅力倍增。或許正因如此，我們才感受到福爾摩沙鐵路如此出色。只有在快車才有頭等車廂，聽說這是因為日本的民主精神增長所致，但更簡單的解釋似乎也同樣成立：頭等車廂的乘客人數本來就少之又少。快車上的頭等車廂和我國很像，然而在其他列車上，頭等車廂（有開行的話）和二等車廂的構造則有如我國的地鐵列車（underground carriage；當然，兩者都仿效自美國），不過福爾摩沙列車內部是兩人並列的雙人座，座椅側面伸向走道中央；三等車廂則是兩排座位隔著走道相望。我們發現，若搭乘二等車廂長途旅行會令人有些不適，因為座位對面沒有腳踏板可供歇腳，若朝窗外看太久的話，脖子會因此痙攣。若讀書讀累了，唯一能做的就是呆望對面的紳士按摩他的腳。反觀頭等車廂則十分出色，票價也不太貴，從高雄到臺北全程231英里只要三十先令，再加上四先令的快車票價。

日本人投注大筆經費發展福爾摩沙的鐵道，藉此讓南北交通的行程從數日縮短為九小時。在他們接管海島時，島上只有中國人興建的六十二英里破爛鐵道，有些路段的坡度還高達1:20。[1]於是，他們立即著手重修這條鐵道，耗資十七萬五千英鎊，並於1898年完工。

自那時起，通往高雄的縱貫鐵道以約三百萬英鎊的價格興建完成，並持續拓展支線，如今島上已有五百英里長的鐵路及144座車站。每年載客量約1,450萬人次，客運及貨運費收入合計超過一百萬英鎊。不到三十年內，日本人把鐵路里程數增加了將近十倍，客運和貨運收入則是三十倍。這些都是國有鐵道，可是不同於多數政府管理的鐵路線，它們獲利甚鉅。此外，還有一千多英里的私營鐵道，絕大多數是供輕便車行駛的窄軌，每年也載運將近兩百萬人次的旅客。

我們對福爾摩沙鐵路唯一排斥的是候車室。所有人在火車進站前都不准進入月臺，因此乘客都湧進了候車室，圍坐在板凳上，為了消磨時光而興致勃勃地開始清嗓子，這件事似乎只有東方人才做得到。這個習性令人不悅至極，我常常想不通到底有何必要。尤其大清早在福爾摩沙等火車，聽著清嗓子噪音的大合唱，總是令人有些難以忍受。這又讓我想起，有位澳洲牙醫短暫拜訪北婆羅洲。他有隻玻璃義眼且汗流個不停。他在當地小鎮客棧的房間裡擺了張椅子，便開始招攬生意。我有次自作自受地去給他看診，當他正動手把填塞物敲進我的一顆牙裡時，幫旅館挑水的一位華人在房外的露臺上清了清嗓子。那真是精采的演出，強烈、持久而喧鬧，不留任何想像空間，你也明白他清完嗓子後感覺舒服多了。

「啊，」牙醫若有所思地說，他灼熱的手還懸在我張開的嘴上。「我太太就是因為這樣才受不了東方。這些噪音，你曉得的。她是這麼有教養。」

我猜想，這也是我們的問題。我們都太有教養了。總之，火車進站時我們很高興，總算可以起身隨著人群擠進閘門。

一如在日本，在福爾摩沙鐵道上使用的是高效能的美式個人行

136

李「託運」系統，旅行的困擾因而得以降到最低。我不懂為何英國鐵路從來不採用這套做法，在那兒旅行就像在裝了鐵欄杆的公園般，充斥著瑣碎的困擾。只要我們的鐵路公司多些進取心，在守衛車廂（guard's van）四周你推我擠地找行李的種種亂象都將一掃而空，也能排除乘客隨行李掉出車外的險象。這件事根本毋需多考慮，因為幾乎每個文明國家都有類似的系統，既禁得起考驗，也有顯著成效。

在福爾摩沙和日本搭火車，倘若你沒預先買好車票，可於出發前一天透過下榻的旅館購買，也可預訂快車的座位。車票會交給旅館的腳伕，他會先帶著你的行李到火車站、貼上標籤並秤重，在你抵達時再將車票及號碼單（每件行李都用一張標記了號碼的標籤表示）交給你；他也會幫你在火車上找到預訂的座位，接著才笑著收下小費、鞠躬退下。當你到達目的地時，你即將投宿的旅館已派出腳伕在月臺上等候，他會收下號碼單，為你召來人力車或汽車，幾乎就在你抵達旅館、準備入房之際，你的行李也進房間了。既不必揪心地懷疑行李有沒有送上火車，也不必在到站時你推我擠地領取行李，更不必租一輛公共汽車把行李從火車站送到旅館。這是省去麻煩的一則小小借鑑，而且看來總能見效。

無論是在福爾摩沙的短程旅行，或是在美國的長途旅行，行李託運系統都能發揮功效。最具啟發性的一次旅行經驗如下，那是從舊金山經溫哥華、紐約返回英國的旅行——大概會讓人想起卻斯特頓（G. K. Chesterton）[2]經歷的那趟旅行：

這一夜，我們前往格拉斯頓伯里
經由古德溫沙洲。

我不想帶著沉重的行李前往溫哥華、翻越洛磯山脈，因此以存關（in bond）方式將它交給我將在紐約搭乘的亞德里亞號郵輪（*Adriatic*）。然後我乘坐加拿大太平洋鐵路（Canadian Pacific Railway, C. P. R.）橫貫加拿大，經由尼加拉瀑布抵達紐約，再從紐約搭上前往利物浦的白星郵輪。到了那兒，在海關旁邊、港口聯運列車升火待發的月臺上，我在R字母下與我的行李重逢，比起我上次在舊金山見到它時或許破舊了點，卻是完整無缺。不過，我還是得在那輛特別列車的守車旁多等候二十分鐘，才能從尤斯頓車站（Euston）將它領走並搬上一輛公共汽車。

林木資源

我們一到嘉義，就急忙坐上人力車，前往拜會嘉義郡的郡守[3]，隨後被帶去參觀了總督府製材所。白白胖胖的所長是個頗討喜的人，一張圓臉格外溫和寬厚。他在英國待過幾年，能說一口流利的英語。我們按往例喝過茶後，便由他陪同參觀製材所。嘉義座落在阿里山山麓的平原上，整個阿里山山區的海拔從一千到八千英尺不等，據說其中蘊藏著全島最珍貴的木材資源。山上密布著從熱帶跨越溫帶的豐富樹種，以及壯觀的商用木材林相，其中最重要的幾種是櫟木、扁柏和柳杉。

日本人領有福爾摩沙之初即發現，雖然中國人從未以充分的企圖心開採島內林木資源，卻為了農墾而砍伐了大片珍貴的原生林。當時不具備造林體系，而目前所見的林相也較適當養護下應有的林相稀疏許多。此外，對多山國家來說十分棘手的木材運輸問題，到了福爾摩沙變得更加困難，因為只有深山地帶才能免遭濫伐。

日本人立刻在殖產局下設立林業課，以保存並開採現有山林為目的。他們進行了山林調查，公告禁伐林區，在林木砍伐一空的地區重新植樹，並採取特別措施，以確保島上最珍貴的林產——臺灣樟樹的安全與適當培育。但原住民仍握有大片樟樹及生長著其他樹種的山林，日本人連名義上都難以維持對這些山區的控制。雖然他們已將中國人無法掌控的大片山區納入管轄範圍，但還有許多山林地尚未被征服。當局希望有天能平定東部山區的整片「蕃地」，因為蕃地這片山林在原住民年復一年的掌握下，意味著將有更多原始林會持續遭辣手清理。原住民透過生活經驗得知未開墾地的土壤富饒，他們寧願每年清理、焚燒新地以種植作物，也不去清理種植過的土地。如此過程持續了好幾個世紀，當種植過的新土地逐年被拋荒，日後頂多只能恢復成次生的灌木叢。

北婆羅洲當局也面臨同樣的森林保育問題，在風俗習慣與福爾摩沙部落相仿的原住民族山區，類似的狀況頻仍。即使是受政府教化已久的部落，也很難勸說他們放棄先人破壞環境的方法。頒布禁止清除原始林的法令是一回事，要在一個人口散居的山區有效施行法規又是另一回事。然而，臺灣總督府所面臨的處境又更加嚴峻，因為不僅每年都有大量可供銷售的木材遭破壞，就連生產珍貴的貿易產品——樟腦所需的樟樹也逐年減少。

阿里山

然而，這些問題並未發生在阿里山的森林裡，因為日本人已牢牢掌控此區，它的開發潛力很早就獲得重視。林木開採最初由總督府負責，但在日俄戰爭期間，官方還准許一間私人會社（藤田組）

經營此區。不過在1913年，總督府適時向這家會社買回經營權，此後，總督府正式全盤掌控造林及伐木事業。[4]1922年，從福爾摩沙輸出日本的木材總值相當於十七萬五千英鎊，輸出其他國家的總值也有6,700英鎊。此外，日本人也在阿里山山麓修築一條四十二英里長的山林鐵道，終點站的海拔高達七千英尺，平均梯度為1:50。

我們抵達高雄時，越村就曾建議我們可以搭乘這條山林鐵道旅行。那時我們卻否決了，因為才剛離開熱帶，就進入寒冷的山區，實在吃不消。可是當我們抵達嘉義，遠遠望見阿里山山上森林密布的壯麗景緻時，對於不去的決定又後悔了。但如今要改變越村精心安排的計畫已經太遲，因此我們只得知足地留下，飽覽嘉義風光。

製材所主要加工的是柳杉。鋸木場外的水池邊可見原木橫放成堆。接著，一台巨大的起重機小心地吊起一截原木，彷彿從結婚禮物常見的蘆筍盤中夾起一段蘆筍似的。原木被懸掛在空中好一陣子，緩緩轉著圈，直到水分逐漸溢出，接著才被放上一段滾動的升降梯並送上鋸木場。鋸木場配備最新的美式機具，一如山中的伐木場也配備了最先進的伐木器材。

我們隨著主人走進鋸木場裡參觀了一會兒。說也奇怪，站在刀鋸尖嘯、機器轟鳴聲中，看著大型帶鋸機如同食品商用一條線切割起司那樣，靈活輕快地將巨大的原木切割成板材，竟是如此迷人。自木頭以原木形式送進場內，到它成為板材或木樁送出場外，整個過程完全不假人手。需搬移木材時，只要一拉槓桿，巨大的曲柄和吊臂就會像噩夢中的怪物那般伸出來，將它擊打到定位。一台運材車則在鋸片下來回穿梭、載運著木材，切下來的木頭邊角會沿著一條輸送帶滾落、怪誕地晃動著；接著，由機器重新調整的木材被鋸成板材。板材再沿輸送帶快速移動，轉入另一條直角相接的輸送帶，

上：嘉義製材所（正式名稱為「總督府殖產局營林所嘉義出張所」），下：通往鋸木場的升降梯

第五章

由此送入堆置場中堆放。

　　整個流程值得站在那兒看上幾個小時，但越村提醒我們還有很多事要做，於是我們逼著自己動身，向眉開眼笑的東道主道別，然後滿載著風景明信片離去。

嘉義營林俱樂部

　　這時已過了用餐時間，我開始疑惑還能去哪兒吃午餐；接著，越村告知我們已在嘉義營林俱樂部為我們預訂好膳食。我們抵達後頗驚訝地發現，俱樂部是座完全採現代風格設計的嶄新建築，十分近似英國郡城中的俱樂部，但營林俱樂部的房間更寬敞，還有間供演講及宴會之用的華麗大廳。越村告訴我，這類俱樂部大受日本官員和商人的歡迎，在全島各地都有設立。

　　我們享用了一頓精美的洋食——就我所見，這是迄今他們供應的唯一一種餐點——雖然我記得很清楚，嬌小的日本女侍趁我不注意時摸走半瓶好喝的啤酒。我發現福爾摩沙的啤酒非常好喝（島上只有一座釀酒場），它是一種淡色拉格啤酒，口感與其他日本啤酒不相上下，單是這點就很了不起了。越村總是不肯喝啤酒，因為他說喝酒會讓他「臉紅」。他是一部自我節制的活教材。

　　在我們喝咖啡時，一位下級官員現身，他有些侷促地走近越村，並遞上名片。郡守派他來帶我們參觀城鎮。他不會說英語，看來是個庸碌無能的人，他最引人矚目之處是已經好幾天沒刮鬍子。越村以傲慢的態度對待他，要他坐在別桌等我們喝完咖啡，即使我提議讓他加入我們。

　　從俱樂部出來後，我們開始漫遊嘉義，但似乎看不到什麼比英

米販

第五章

國鄉下小鎮更可觀的事物。我們的嚮導不發一言。越村已告訴我們，他對嘉義一無所知，純粹只是來工作，接著他對嚮導更加無禮，最後嚮導悄悄離開，隨我們自便。我們在店面四處閒晃，卻沒看到任何值得購買的有趣商品，於是便慢慢走回車站，準備搭火車前往下一個大城市——臺中。

有禮的郡守

途中，我望見一個福爾摩沙米販，他用肩上的擔子挑著米櫃。如同倫敦街頭賣核桃的小販，他用隨身攜帶、放在扁擔一端的鍋子生火煮食，讓路人也能飽嚐一碗熱騰騰的米飯。我們緊跟著這個奇妙又迷人的人物，想拍下一張他的照片。這時越村再次展露他的偏見，警告我們此人會因迷信的顧忌而不願停下腳步。然而，就如同燈籠繪師的事件，這次我們仍不費吹灰之力地拍下照片。雖然他沒有試圖跑走，但顯然覺得我們精神有問題，而另一位剛向他買碗飯的老人則堅持也要入鏡。

接著，我們在火車站的候車室找到幾個座位坐下，隨後郡守前來向我們道別。在我看來，他在如此酷熱的午後吃過午餐就立刻前來，真是殷勤有禮至極。我們在其他候車旅客的清嗓聲及越村的居中通譯下禮貌地彼此問候，直到火車進站為止。

註釋

1. 譯註：日本接收臺灣時所見之清代基隆至新竹鐵道狀況，可參見臺灣總督府鐵道部編，《臺灣鐵道史》（臺北：臺灣總督府鐵道部，1910-1911），上卷，頁105-146（中

文譯本為江慶林譯，《臺灣鐵路史》（臺中：臺灣省文獻會，1990），上卷，頁59-78）。關於清末劉銘傳所規劃興建的鐵道，較為同情理解的研究可參考郭文華，〈臺灣洋務科技初探：從臺灣鐵路、臺北機器局與基隆煤礦出發的初步討論〉，《新史學》，7:2 (1996.06)，頁99-138；謝紀康，〈清季臺灣鐵路興建的探討：以丁日昌、劉銘傳、邵友濂的治臺時期（1876-1893）為主〉，《臺南應用科大學報》，31 (2012.10)，頁165-182。中國第一歷史檔案館也已整理出清朝光緒年間臺灣修建鐵路的相關奏疏，參見謝小華，〈光緒年間臺灣修建鐵路史料〉，《歷史檔案》，2005年第1期（2005.02），頁11-19。

2. 譯註：卻斯特頓（1874-1936），英國作家、詩人、文學評論家及神學家。畢生致力於推理小說創作及推廣，以運用犯罪心理學技巧推理案情的布朗神父（Father Brown）系列小說最為膾炙人口。引文出自其詩作"The Rolling English Road"。

3. 譯註：河東田義一郎，時任臺南州嘉義郡郡守。

4. 譯註：1908年（明治四十一年）藤田組宣布經營不善，中止阿里山事業，1910年（明治四十三年）將經營權讓渡給臺灣總督府，總督府在殖產局之下設立「阿里山事業所」管理。

第六章
豐饒的平原

抵達臺中→日式庭園→入境隨俗→日本音樂會→遊覽臺中名勝
→在湖中島上吃午餐→啟程前往首府臺北→豐饒的鄉村→稻田→福
爾摩沙的農業→土地法規→種茶→製作茶葉的方法→試驗場→菸草
→靛青及其他經濟作物→福爾摩沙做為農產地的財富

　　我們一抵達福爾摩沙第三大城、擁有三萬人口的臺中，就有兩
位官員隨同知事的座車前來迎接。我們立刻被載往下榻的日本旅館。
那是個舒適的好地方，這次房間裡再也沒有煞風景的桌椅，若我們
不想再席地而坐，可以到外面的露臺，那兒有幾把藤椅可坐。
　　露臺外是一處造景庭園。庭園能夠展現一個民族的性格特徵。
日本人的庭園小巧講究、精緻迷人，只有日本人能以這麼少的元素
形塑出如此豐富的意象。但那畢竟是人工造景，在自然愛好者眼裡
不免顯得矯揉造作，就連裡頭的樹木都是矮種的。他們不運用山坡
或溪流等自然景觀，而是從日本帝國各地運來石頭、調整水流方向、
並把小山丘擺放在適當位置來造景。人們總是嚮往著翠綠遼闊的英

式草坪，而在日式庭園當中，草坪卻是難得一見的風景之一。

日式庭園

本質上，日式庭園是不受汙染的日本心靈之作，極少外國人能設計出保留傳統精神的日式庭園。近來英國出現一股打造所謂日式庭園的風潮，有一個我始終很喜歡的故事說到，一位洋洋得意的庭園主人帶著一位斯文的日本人去參觀他的庭園。

「好美。」客人說：「好美，在我們日本沒有這樣的庭園。」

在露臺喝過茶之後，我有些難為情地問越村我們能不能洗個澡。

「我想，最好還是等到了臺北再洗。」他回答：「今晚客人太多了。」

這次毋需解釋我們便領會他的意思，便忍著不洗澡。

接著，我開始現學現賣越村教我的一點日語。

一位如仙女般可愛的小女侍翩翩來到了我們房裡。

「請給我茶（お茶ください）。」我有些吃力地說著，儘管我其實一點都不想喝茶。但這是除了「再見」（さよなら）和「早安」（お早う）之外，我唯一有把握說對的話。

女侍因為我試著說她的語言，開心地咯咯直笑。

「好的，茶（はい，お茶）。」她回答後鞠躬退下，不久後帶回一小杯綠茶。

她聽得懂我的話。我的感覺就好像阿里巴巴看見山洞門隨著他一聲「芝麻開門」而打開那樣。當你初次嘗試說外語，而且對方聽得懂，真是讓人充滿成就感。萬一我說錯了，她說不定會帶給我一根香蕉或一件和服。

當天晚上，越村來我們房間共進晚餐，我們再次大膽地嘗試「和食」。儘管我不得不承認，日本料理還是不合我的胃口，但是我太太用筷子夾菜的技巧比我嫻熟得多——這可能是因為她曾做過許多針線活。生魚片仍然令我們難以下嚥，而跪坐在飯桶旁地板上的小女侍驚訝地笑著，因我們只添一次飯，沒有按照慣例添三次。

能將適應能力用對地方固然是好事，但看一個絕無機會成為羅馬人的人努力仿效羅馬的風俗習慣卻很可悲——嘗試其他民族的生活（或吃他們的食物）一兩晚，是行不通的。實際上，這方面日本人可說是我們的反面教材。他們謹守自身傳統時相當高貴，但在拋棄自己的傳統、改採我們的文化習俗後，往往變得十分荒謬。法國人說過：「愛美就得忍痛。」(Il faut souffrir pour être beau.) 可是日本人忍痛後卻往往只有變醜。不僅如此，他們還經常、甚至太過頻繁地忍受不必要的痛苦。倘若我在這篇故事裡偶爾提及越村及其他日本人的怪癖，請別以為我是故意取笑他們。每個人及每個民族的形象之所以能夠被突顯出來，都是藉由他們各自的獨特性、而非那些一般普通的特徵；日本人的處世之道與我們不同，但誰又能說那一定不如我們呢？這是千里不同風、百里不同俗的一個例子，我之所以把它們記錄下來，只因為我覺得這些差異發人深省。我聽過一位年老的日本海軍將官在某次英語演講中說：「每個人到頭來都是一樣的。」但在某些方面，人與人之間還是存在著許多差異。

日本音樂會

晚餐後，我們被問到願不願意參加一場慶祝《臺灣新聞》（*Taichu Press*）發行二十週年的日本音樂會。[1]我們興奮地答應了，儘管我們

明知自己從未受過日本音樂的薰陶，但仍期待在今晚的節目裡看到一些舞蹈表演。

我並不想花費筆墨描述這場演出，我無法否認，我們就是缺乏這方面的音樂素養。對品味低俗的我們來說，節目中的歌唱和演奏都糟透了，僅有的一點點舞蹈大抵也不過只是一群人繞著舞臺奔跑和用力踏步而已。我原先期望至少會看到某種「都踊」（Cherry Dance），就像每年會在京都演出的那種舞蹈——那可是一門盡善盡美、出類拔萃的藝術，如果有位熱心的製作人將它帶回大英帝國在倫敦演出一季，一定會就此名利雙收。但我們就是沒看到這樣的節目。然而，觀眾們把整座大會堂擠得水洩不通，似乎非常喜歡整場表演。我則暗自揣想，坐在我前面的女士到底是怎樣維持髮型（後來越村告訴我，她不自己整理頭髮，而是每星期請美容師為她整理一次），並和我鄰座觀眾帶來的小獵犬交朋友，藉以自娛。我很欣賞狗主人，因為他帶著狗來聽音樂會，沒有把狗鎖在家裡；說實話，我是因為他養狗才欣賞他的，在福爾摩沙最令我訝異的事情之一，就是很難得能看到狗。直到最近我才聽說，福爾摩沙城鎮的警察會定期上街巡邏，把他們認定沒有飼主的狗全都毒死。[2]

隔天早上，我們各自從信差那兒收到一包知事送來的明信片，早餐過後，越村按照慣例帶我去拜會知事。當我們抵達知事官邸門口時，越村提議既然知事閣下住的是日式房屋，我們最好還是不要進門，因為脫鞋對我們來說很麻煩。但我那時已經做好心理準備，不管要我脫多少隻鞋都沒問題，滿心期盼著要一睹日式私人住宅內部的風采，但越村總是很敏銳，我不由得猜想他話中暗藏玄機，我們的到訪或許會令人為難。

一位僕人接下我們的名片，就在我們等待時，事態開始複雜化，

一位身穿西服的日本人走進門廳，以飛快的速度套上鞋子後走了出去。他後面跟著一位身穿和服的老紳士，我以為那是位送客的侍者。經過一段時間，我才發覺那是知事本人。[3]這種感覺就像把剛走上巴士上層的乘客誤認為車掌一樣。不過既然我沒有不小心付一先令給他當小費，也就不用覺得尷尬。經由越村的轉達，我們互相應酬了幾句，而後道別。

接下來是一整個早上忙碌奔波的觀光行程。我們在知事的一名下屬陪同下前往參觀水源地（我們未曾見過，未來大概也沒機會再看到）和物產陳列館，並在陳列館獲贈一套古雅的西洋杉菸灰缸，做為臺中一遊的紀念。目前為止，因為沒看到任何值得購買的東西，我們整趟旅程的花費都很節省。越村不斷鼓勵我們到了臺北再說，他向我們保證一定會找到很棒的商店。

臺中公園島上餐廳

我們被帶往另一家製糖所（帝國製糖株式會社臺中製糖所[4]）參觀，由於正是開工時間，得以見識到從甘蔗送入工廠，到變為紅糖顆粒或酒精被送出工廠的整段過程。這是很複雜的作業，需要用上非常昂貴的機器，也證明了甘蔗栽種唯有大規模進行才有利可圖。

我們在臺中公園湖心小島上一間迷人的餐廳吃午餐。[5]包廂裡還保留著一些歡迎英國駐日大使儀禮爵士（Sir Charles Eliot）[6]的裝潢擺設，一星期前他曾造訪臺中，體驗過充實的觀光行程後，便前往舉世聞名的北投溫泉治療痛風。[7]

午餐過後，我們回到旅館收拾行李。這次女主人（旅館裡見到的總是女主人）贈送的不再是扇子和明信片，而是精美包裝紙包裹

臺中公園的湖泊

的洗臉毛巾──這份禮物出乎意料，卻也同樣實用，或許這也是為我們洗不到澡而表示歉意。

　　從臺中前往臺北的途中，我們穿越了一片非常美麗的鄉野，光是這幅景色就讓福爾摩沙無愧於「美麗之島」的名號。絕大多數福爾摩沙的城鎮都稱不上美麗，其中的現代建築都很難看。但在城鎮之外，我們行經一里又一里既整齊又肥沃的水稻梯田；我們不時跨越寬闊多石的大河，儘管當時正值枯水期，河裡僅存一縷細流，但可以想見當雨季來時洪流必定滾滾而下，從遙遠東方森林密布的高聳山脈延伸而來的集水區非常遼闊。風光明媚的平原上，散布著以泥土為牆、茅草為頂、周圍以茂密的竹子圍成高牆（說是籬笆還不足以形容）的農舍，那便是福爾摩沙的農家。隨處可見農民蹚過水稻田，趕著拖曳簡陋木犁的笨拙水牛，穿過灰色泥地的風景，也隨處可見一小群婦女與孩童在田地裡插著淺綠色秧苗，大腿浸泡在泥巴裡。幾乎每一畝平地都耕種了作物，即使在火車緩緩爬上海拔1,200英尺高處，跨越丘陵地帶，沿路的山坡地也都開墾成梯田，就連人們以為不可能耕種的地方也都擠出了一小塊田地來。

　　福爾摩沙的農業幾乎完全掌握在島民自己手上。從遠古時代起，土壤就賦予了他們最主要的生計，早在日本人到來的幾百年前，島上的農業就已高度發展，尤其是稻米的種植。在中國統治時期，每年都有大量米糧出口到天朝的沿海各省，福爾摩沙因此被稱作「中國的穀倉」。

中國的穀倉

　　日本人藉由全面修築灌溉水渠大幅提高了稻米的年產量，同時

也致力於品種改良。如今，每年的收穫量約有40,000噸，除了能供給僅以稻米為主食的本地人口，而且足夠出口14,600噸到日本，還有12,400噸左右出口到其他國家。由於目前日本最嚴重的問題之一，就是人口增長的幅度遠大於稻米產量，這些福爾摩沙出口的稻米也就更形珍貴。

中國人栽植稻米的技術非常高超，福爾摩沙農民也遵循著幾百年來中國人所採用的簡單方法。幾乎每一塊田地都頂多只有兩畝半大小，由低矮的泥土田埂分割開來，田埂以竹樁加固，流進田裡的水量則由閘門調節。不夠平整的土地也被墊高成臺地。一旦土地浸過水變得鬆軟後，就用水牛（更難得一見的是用閹牛）拖木犁翻土。翻土結束時，水會漫過整片田地、平靜無波地連成一片，隨後在積水中插秧，在秧苗逐漸發芽時定期除草，當稻子抽穗、收穫季節來臨時，就以人工割稻收成。福爾摩沙南部地區每年可收穫三次，北部也可收穫兩次——農民幾乎無須費心彌補土壤失去的肥力，證明福爾摩沙的地力極為肥沃。

除了協助改良品種、增長稻米產量，日本人也全面修改中國統治期間一團混亂的土地法規。福爾摩沙島被割讓後不久，日本人即對每一小片田地及其他私有土地重新清丈，並重訂稅額，修正了土地稅。此外，更對日本統治區域全境進行了三角測量。大量官員、調查員和經界人員參與其中，力求在最短時間內完成所有調查工作。因此，在目前日本的統治範圍內，每座城鎮、村莊或每片稻田是都經過明確定位。每條河流的流域都被測繪下來，每座山嶺的輪廓也被標記清楚。儘管工程十分浩大，但它以科學方法完成，未引起福爾摩沙人民的強烈反對。總耕地面積如今確定為150萬畝。[8]接著，總督府從地位有如封建領主的大地主手中收購了地權，擁有土地的

農民從此成了帝國的佃農。[9]

製茶業

　　這些鋪天蓋地的轉變不僅有利稻農，也造福了栽種其他各種作物的農民。前文已經談過一些關於蔗農的情況，重要性僅次於蔗農的是茶農，臺中以北的高地和臺地上遍布茶園。茶樹的枝條最初無疑是來自中國，日本接管福爾摩沙時，這裡的茶業正在蓬勃發展，島上土質鬆軟、氣候濕熱、而且降雨量均勻分布在八十到一百英寸間，這些氣候條件全都極其適合茶葉的栽種。

　　茶樹通常以枝條栽培，極少數是由種籽種起。幼小的茶樹在山坡上一列列排開，每列間隔兩到三英尺。茶農會修築梯田或排水系統，以防止肥沃表土被沖刷殆盡，他們在這方面投注的心力多寡，依他們勤奮程度的不同有所差異；但除草作業卻是非做不可，以免茂盛的矮樹雜草窒息扼殺了幼小的茶樹，之後也必須修剪樹枝以利呼吸。

　　到了第三年，茶樹長到兩、三英尺高之後就可以採收茶葉。但茶園主人不親自採茶，而是雇用成隊的職業採茶工人來幫忙，就像肯特郡採收啤酒花那樣。廉價勞動力在製茶的這個階段絕不可或缺，而茶園主人多雇用年輕女子採茶，其中有許多人每年春天從中國遠道而來採茶，這份工作十分搶手，薪水也相對優厚。

　　一旦將青綠的茶葉從茶樹採收下來之後，首先會在陽光下攤開茶葉進行初步晾曬。接著茶葉會被裝進簍子裡搬走，覆蓋起來並翻攪至開始發酵。當葉緣開始變成常見的紅棕色，就以柴火烘烤並再次翻攪，直到整片茶葉變成棕色並且捲曲起來。這道乾燥過程要一

直持續到水分完全蒸乾，隨後再將茶葉裝袋，準備運往臺北的市場銷售。此時，茶葉由夏季湧入福爾摩沙的眾多掮客與中盤商接手。他們取得茶葉後，會再次將茶葉攤開在簍子上，由揀茶女挑出先前遺漏的梗、莖和敗葉碎屑。

揀茶女同樣由年輕女子擔任，產茶季節在臺北工作的揀茶女多達12,000人。不巧的是，雖然我們看了數百畝茶園，但這段期間福爾摩沙卻還不到揀茶期，我們因此錯失了觀看這些女子工作的機會。達飛聲先生在《福爾摩沙島的過去與現在》為她們留下了一段生動可愛的記述，越村也告訴我，儘管這是二十年前的記載，但至今仍然沒什麼改變：

第一次在夏季來到大稻埕（Twatutia）[10]的訪客，常為不分日夜擠滿該地的女孩咋舌稱奇。幸運的是，揀茶季節在這些含苞待放的羞澀閨女眼中，就像社交季節開鑼，個個濃妝豔抹，宛如美國少女首度出席家裡舉辦的派對一樣。幸好，與她們在閨房裡蓬頭散髮、不思修飾的邋遢模樣相比，外出揀茶時抹脂擦粉、盛裝打扮的她們簡直判若兩人——女孩不只是穿上最美的衣服，還大費功夫地化妝打扮。她們把髮型梳理得簡直像藝術品，上面插滿芳香四溢的玉蘭花，同時顫顫巍巍地踩著三寸金蓮登場亮相，準備讓茶市民眾為之驚豔。[11]

烏龍茶

茶葉在運走之前非得把水分完全去除不可，因此茶葉在離開山上的茶園後，除了得再經過揀選，也得再經過烘烤。這項工作就交

由煤炭爐裡的烈焰執行，長長的烘乾車間裡最多可放150個爐子。茶葉裝在籃子裡，在火上烘烤八到十小時，隨後趁熱裝進松木盒子裡。每個盒子約可裝五十磅茶葉，盒內有鉛錫隔層，一旦闔上即密不透風。接著，茶葉就準備好裝運了。

烏龍茶[12]是福爾摩沙所產最頂級的茶。在中文裡，「烏龍」是指「像烏鴉一樣黑的龍／蛇」，這名稱的典故據說是出自一個民間故事：一位福建農民有一次發現一條黑蛇纏繞著一叢茶樹。他覺得這棵茶樹想必不尋常，於是摘下幾片葉子煮茶，發現風味絕佳，這種茶從此聲名遠播、傳遍海內外。各地陸續種植起這種茶樹，並以那條黑蛇被取名為「烏龍」，但那位福建農民究竟為何這麼做，理由並不清楚。假如我看到一條蛇纏繞茶樹上的話，無論牠是黑色、青色還是粉紅色，我一點也不會想要上前摘下葉子煮茶，但這或許是因為我不是福建農民吧。不管怎麼說，許多農民都得感激他敏銳的直覺，因為「福爾摩沙烏龍茶」為他們帶來了十分可觀的利潤。

昔日的福爾摩沙並沒有足以容納大型船舶的港口，因此所有出口茶葉都從淡水渡海運往廈門，再從廈門裝上遠洋輪船送達目的地。但在基隆港整修過後，就能直接將茶葉運到北美洲的太平洋沿岸，也可穿越蘇伊士運河或巴拿馬運河送往大西洋。每逢盛夏時節，英國及其他國家的大型輪船都會停靠基隆港載運茶葉。

烏龍茶幾乎全都出口到美國，運往歐洲的烏龍茶主要用於為其他茶增添風味，因為烏龍茶具有一種獨特的撲鼻芳香。另外，福爾摩沙還大量生產一種散發花香的茶，並向中國及東印度群島出口，這種茶名為「包種茶」；它其實就是以人工在次級的烏龍茶中添加大量花料（特別是茉莉和梔子），隨後小心覆蓋起來置放幾小時後製成的茶。至於綠茶則盡可能維持以自然狀態保存，專供日本內地

消費，這些茶葉主要生長在臺中以北的山坡地上。

　　地位舉足輕重的製茶業是日本人在福爾摩沙唯一一項尚未能掌控的重要產業。沒錯，雖然島上的稻米和蔗糖都是島民種植的，但收成後的原物料卻是被日本人所掌控。總督府從茶葉獲得了極大的利潤，從每擔（133磅）抽取2.40圓的製茶稅（實際上是一種出口稅），稅金多半投注於在美國推銷福爾摩沙茶，但錢往往沒被花在刀口上，因此效果不彰。雖然實際栽種茶樹的茶農和米、糖一樣都是島民，但外銷卻多半由外國人把持。此外，不可勝數的中國人及其他掮客盤商也迫不及待地想分一杯羹。因此，雖然消費者不得不以高價買茶，但真正的生產者獲利卻極其微薄。臺灣總督府早已明白必須盡可能清除這些掮客盤商，目前正在考慮設立共同販賣所，將所有茶葉集中銷售。

　　為了防止不良茶葉輸出，當局也提議自1923年度起開始設置茶葉檢查所，所有出口茶葉都必須送交檢驗。不僅如此，當局更決心將福爾摩沙落伍且曠日廢時的製茶及銷售技術全面現代化。他們提議以印度或錫蘭式的大規模茶園替代現有的自耕茶農系統，由茶農集結成茶業組合經營。這些茶業組合則由當局提供補助、發給種苗及肥料，並出借烘烤茶葉的機器，藉此鼓勵他們採用機器生產替代現行的人工方式。當局十分重視製茶機械化，因為他們認為若不使用機器，絕不可能實現他們所企求的品質標準化以及降低生產成本。儘管有反對人士主張，機器絕不可能製作出烏龍茶的獨特清香，但總督府仍堅決推行這項實驗。

　　在現代生活中的我們，把太多事情看成理所當然了。我想像著，若有人從沒聽說過太陽，某天早晨醒來突然第一次看到太陽，他一定會想多了解太陽。但實際上，人們只知道太陽每天都會升起（即

使看不見），此外不作他想。對於一杯平凡無奇的茶多半也是如此。比方說，當正在閱讀這本書的你喝過早茶（我們假定那是中國茶），倒回枕頭上，一邊咀嚼薄薄的奶油麵包，會有多少次想到，方才讓你神清氣爽地迎向一整天折騰的這些茶葉，究竟經歷過怎樣的冒險呢？我看從來沒有。但你要是想過，那將會在腦海中勾勒出何等迷人的意象啊！你知道，杯子裡的大多茶葉都來自中國。但在這一刻，他們引不起你的興趣。但你會發現，這之中有片奇形怪狀的小玩意兒是來自福爾摩沙的烏龍茶。將它放入杯中，才能成就一杯風味完整的茶，一如把櫻桃放進雞尾酒裡。然後你會看到在一片陽光照耀的山坡上，生長著一排排暗綠色的灌木叢，四周圍繞著身穿粉紅或藍色外衣並且搭配長褲的中國女子，她們以椰油潤澤的柔亮黑髮，在奶油色小白花的陪襯下更顯烏黑亮麗——她們每個人都在為你採收著茶葉，好讓你喝到手上這杯早茶。你還會看到：茶農在山上進行晾曬、烘烤和包裝；商人鬥嘴，茶農為了每磅茶葉多賺一圓拚命討價還價；最後一間烘乾車間的火紅烈焰；茶葉被裝進鉛錫隔層的茶葉盒裡；茶葉從世界彼端遠渡重洋，來到你常去的雜貨鋪……最後進入你家廚房……成為你的早茶。

　　或許在你的神遊告一段落前，報時的鈴聲就響起了，但就算你的早餐時間晚了，這趟神遊還是值回票價。因為若你能把這片小小棕色葉子的故事說給孩子聽，喝茶這件事對他們來說，也就多了一絲浪漫滋味（直到他們遺忘為止）。但你會這麼做嗎？才不會。你吃完奶油麵包，再啜飲一口茶，一邊嘀咕著「太濃了」，然後翻過身去睡回籠覺。

農業與園藝試驗場

　　福爾摩沙的氣候合宜、土壤肥沃，因此幾乎每種已知的熱帶、副熱帶植物都能在島上生長繁衍。總是對新領土物盡其用的日本當局早已設立了農事試驗場及園藝試驗場，以科學方法調查經濟作物的可能性。關於這點或許值得一提：一家在北婆羅洲經營的日本私人橡膠會社（久原農園）[13]也在當地建立試驗場，種植各式各樣的熱帶作物；許多年來，這一直是北婆羅洲境內唯一的試驗場，不過在日本人的拋磚引玉下，最後促使了北婆羅洲政府設立自己的試驗場。

　　在福爾摩沙，農業和園藝試驗場尤其帶來了很大幫助。儘管島民習於沿用父祖輩相傳的耕作法，但他們也是天生的園丁，當他們透過實例明白挑選種籽、運用肥料和勞力節約機具等更為先進的科學栽培方法會有多麼豐厚的成果之後，也就十分樂於採用新方法。新品種甘蔗的引進已帶來豐碩成果，新品種木藍也已試種成功，並且取得了咖啡、許多新品種果樹、甚至美洲葡萄進行試驗，日本及美洲菸草苗木的試種結果也相當成功。

　　福爾摩沙今後頗有機會成為菸草栽種大國[14]，不過當局目前正集中心力栽培蔗糖。雖然原住民在山區以原始的方法栽種菸草，但他們既不了解菸草的麻醉原理，對菸葉的烘烤和調製技術也很落後。島民種植菸草的主要區域集中在臺中州、臺南州和花蓮港廳，占地約四千畝，年產量425萬磅。但這不足以供應島內消費所需，因此每年都要進口大量菸草供應本地需求。

　　福爾摩沙的緯度與古巴大致相同，因此島嶼南部的氣候條件很可能適宜栽種珍貴的菸葉，目前在東方成功種植菸葉的地區只有蘇門答臘島上的得利平原（Deli Plain）和北婆羅洲的沖積平原。栽種

菸草的祕訣全在於適當時機降下適當雨量，忽然的乾旱或暴雨都會損害收成。福爾摩沙難得發生乾旱，降雨量也始終穩定平均，因此儘管種植菸葉的風險更大，但它的獲利遠高於一般菸草，應當會引起總督府的注意。

對橡膠（Heveabrasiliensis，巴西橡膠樹）和椰子等純粹熱帶植物來說，福爾摩沙島的緯度或許太過偏北。我在島上沒有看到橡膠樹，在南方看到的椰子樹則很貧弱憔悴，顯然乏人照料，上面甚至爬滿了甲蟲。不僅如此，種在甘蔗附近的椰子樹通常長不大。據說棕櫚樹在福爾摩沙最南端的鵝鑾鼻東方幾海里處的紅頭嶼（Botel Tobago）生長茂盛，只要用心照料，在高雄州或許也能開花結果。果真如此的話，應該可以為當地帶來龐大利潤，因為除了椰棗，棕櫚樹的每個部位也都有許多用途。[15]

福爾摩沙南部也生長木薯和檳榔，以及目前在東方相當受人矚目的木棉（kapok）。木棉莢果中的絮狀物可供填充枕頭和墊子，它也是世上最容易栽種的樹種之一。福爾摩沙全島各地都生長著皂莢，它的果實可以當成洗劑使用，但未被特意栽培。[16]在油脂植物中最重要的是大豆，在中南部地區每年可收成兩到三次，島上也大量栽種了中國園藝農民長年鍾愛的花生。[17]蓖麻樹則隨處生長，[18]島民和原住民都栽種芝麻。木藍的栽培在日本接管福爾摩沙時一度相當發達，[19]儘管後來它被茶樹所取代，價值又因為合成染料問世而下跌，但本地仍有相當大的需求──靛藍色衣衫在島民之中相當流行，正如它在中國人之中也很流行。

在纖維植物方面，黃麻和青苧麻（ramie），或是更適合栽種的苧麻（China grass）和瓊麻也受到一定程度的關注。尤其瓊麻幾乎擁有無限可能，因為它在不宜於任何其他植物生長的土壤中仍可生長

繁衍。婦女也能從在南部生長茂盛的鳳梨葉中抽取纖維，製成夏布。

　　除了以上這些作物，還有其他許多作物都能夠在福爾摩沙成長茁壯：來自熱帶和溫帶的農業寶藏全都匯集於福爾摩沙的懷抱裡。這正是福爾摩沙相較於東亞大多數地區更為優越之處。比起列舉在這裡能生長的作物種類，列舉不能生長的種類要更容易一些。就算她除了農業再無其他資源，仍然稱得上是一座蘊藏豐饒資源的島嶼。

註釋

1. 譯註：參見〈臺灣新聞廿年祝〉，《臺灣日日新報》，1921年4月5日：「……五日乃於基隆港內大放煙火，于臺中為子弟音樂會。」作者參加的二十週年音樂會應是這場。

2. 譯註：至少在日本殖民初期，臺灣總督府是以預防狂犬病為考量，對流浪狗實行撲殺政策的，由於臺人愛狗，撲殺政策曾引起反彈和抵制，但在統治者宣傳和教育之下，民間亦瞭解流浪狗可能傳染疾病，而同意應予管理，只是對於執行和技術層面仍有歧見，參見吳政憲，〈飄泊悲歌：臺灣流浪狗之研究（1895-1910）〉，《臺灣人文》，5 (1999)，頁219-245。另見龔玉玲，《狂犬、名犬、流浪犬：臺灣現代社會如何面對狗的生物性》（臺北：國立臺灣大學建築與城鄉研究所碩士論文，2008），頁16-27。

3. 譯註：1920年臺中廳與南投廳合併設立臺中州，加福豐次為第一任知事，但不久即去職。

4. 譯註：帝國製糖會社於1910年成立，1912年在臺中廳直隸臺中區興建臺中製糖所，每日壓榨量1,500公噸。戰後成為臺糖臺中糖廠，目前正在修復整建為臺中產業故事館及景觀公園，預計2018年開放營運。

5. 編註：作者所到的「湖中小島」，應該是指臺中公園的「中の島」。根據《臺中市史》（1933年臺中市役所出版）的記載，臺灣西部的縱貫鐵道是在1908年4月20日開通，為了要慶祝此一事件，日本的閑院宮載仁親王於當年十月間來臺主持「全通式」典禮，而臺灣總督府則安排鐵路南北會合處的臺中做為舉辦地點，臺中公園遂成為「全通式」的會場。當時，臺中公園搭設鐵道全通式會場，並在「中の島」興建「休憩所」，做為親王休憩使用，又根據《臺中市史》記載，這座休憩所是由「櫻井組」來承造，但有學者的研究指出，休憩所應是當時臺灣總督府的技師福田東吾所設計。日後，

「池亭」成為全通式「紀念物」，並未對外開放，直到1914年，臺中廳長兼「臺中公園管理者」枝德二呈文給臺灣總督府，請求以「無償貸下」的方式，將休憩所撥給地方管理，以十年為期限，總督府同意此建議，並依「臺灣官有財產管理規則」第八條規定，撥給臺中廳的「臺中公園管理者」負責管理（臺中公園內建物貴賓休憩所無料貸下許可，參見總督府檔案第5617冊第2號，1913年7月）。當作者來臺中旅遊時，「池亭」已由臺中廳管理，但當時只能參觀，並未做為餐廳使用。根據大正年代的照片，「池亭」旁另有一棟名為「停雲亭」的建物，也在「中的島」上，目前僅知其為斜屋頂方亭，作者可能在此涼亭用餐。本條註釋內容承蒙林良哲協助，特此致謝。

6. 譯註：儀禮爵士（1862-1931），英國外交官、殖民地行政官及植物學家。1912年成為香港大學創校校長，1920年出任英國駐日本大使，直到1926年退休。

7. 譯註：英國駐日大使儀禮爵士1921年3月15日來臺訪問，先乘船到東部花蓮港、卑南、紅頭嶼等地視察，而後由高雄登陸北上視察西部各地，並登上阿里山、角板山，4月4日抵達臺北，隨即乘船返回東京。大使於3月30日抵達臺中視察，並在公園山島休憩。參見〈英大使日程〉，《臺灣日日新報》，1921年3月13日；〈英大使北上〉，《臺灣日日新報》，1921年4月1日；〈英大使歸北〉，《臺灣日日新報》，1921年4月1日；〈英使啟節歸京日〉，《臺灣日日新報》，1921年4月4日；〈英使歸京續報〉，《臺灣日日新報》，1921年4月6日等相關報導。又，當時報刊以音譯稱為「衛利奧特氏」。

8. 今天的總耕地面積超過兩百萬畝。

9. 這個問題在《臺灣統治志》第五章有詳細的討論。

10. 臺北的茶葉市場街區。如今稱作Daitotei（譯者按：大稻埕的日語發音）。

11. 譯註：引文見達飛聲著，陳政三譯，《福爾摩沙島的過去與現在》，下冊，頁465-466。

12. 烏龍茶在加工之前只略作晾曬或發酵，紅茶則經過完全發酵。

13. 譯註：參見第一章註2。

14. 譯註：菸草至今仍在臺灣持續種植，但受限於市場需求，規模不大。參見農業委員會臺灣農家要覽增修訂三版策劃委員會編著，《臺灣農家要覽·農作篇》（臺北：行政院農業委員會，2005），第一卷，〈參、特用作物〉，199-224。

15. 譯註：但臺灣的棕櫚樹無法產出椰棗，如今更因發展受阻而由政府輔導廢園造林。參見《臺灣農家要覽·農作篇》，第二卷，〈壹、果樹：（十六）可可椰子〉，頁137-142。

第六章

16. 譯註：關於皂莢在臺灣的生長，參見「臺灣樹木解說：臺灣皂莢」：http://subject.forest.gov.tw/species/twtrees/book2/25.htm（2017/9/12 瀏覽）。

17. 譯註：日本殖民時代臺灣曾栽種大豆，但1980年代後耕種面積大幅萎縮，由毛豆取而代之，目前全臺僅剩一百多公頃，如今能夠一年三穫的也是毛豆，參見《臺灣農家要覽・農作篇》，第一卷，〈貳、糧食作物：十・大豆〉，頁123-125，129-130。關於花生種植的現況，參見《臺灣農家要覽》，第一卷，〈貳、糧食〉，頁115-122。

18. 譯註：由於蓖麻可做為飛機潤滑油的原料，隨著日本逐漸走向戰爭，總督府自1937年（昭和十二年）開始推行「愛國蓖麻運動」，鼓勵全島各地栽種，參見曾令毅，〈植「油」報國：蓖麻栽種與戰時臺灣社會〉，《臺灣史學雜誌》，7 (2009)，頁85-114。近年蓖麻提煉生質柴油發展綠色能源的潛能再次得到關注，參見張存薇，〈（南部）張木全推綠能源　在地現生機〉，《自由時報》，2010年1月27日，http://news.ltn.com.tw/news/local/paper/369612（2017/9/12 瀏覽）。

19. 譯註：關於木藍在臺灣的栽種和應用，參見國立臺灣工藝發展研究中心，「工藝基因庫：藍草的種類─木藍」，https://www.ntcri.gov.tw/dnainfo_196_557.html（2017/9/12 瀏覽）。

第七章

現代首府臺北

抵達臺北→官員齊聚→鐵道飯店→舒適的住所→相撲力士→隔
天一整個早上的拜會→臺灣總督府→總督的權力→臺北記述→風景
名勝→缺乏商店→日本在福爾摩沙的發展→二十八年的驚人變遷→
對照中國統治下的情境→黃金、煤及其他礦藏→福爾摩沙，自給自
足的殖民地→對照北婆羅洲保護國

我們意氣風發地抵達臺北。火車到站時，一大群官員正在月臺
上等候。他們手持名片被引見給我們，隊伍幾乎看不見盡頭。其中
包括外事課課長鎌田正威先生（越村的直屬長官，這時越村避不見
他）、同屬外事課的總督首席翻譯官法水了禪先生、專賣局官員吉
岡荒造先生，[1] 以及臺灣軍司令部參謀赤松寅七少佐。[2] 他們除了赤
松都會說英語，每個人也都急切地想要盡全力幫忙我們。

越村在火車上遇見了鐵道飯店[3]的經理；他被帶來引見給我們，
殷勤地收下我們的行李號碼單，並自願為我們看管行李，因此我們
到站時甚至連腳伕都不需要找。我們從火車站過馬路來到鐵道飯店，

它完全超乎我們的期待。這是一幢十分漂亮的建築，完全按照西方工法建造，我們也發現，飯店的經營管理結合了禮貌與效率，讓人欽佩，值得歐洲許多旅館效法。租房的價位也不像東方的客棧那樣漫天要價，我們住一晚雙人房加上餐點付了二鎊十先令，而類似的住宿條件，當時在日本則要花上三鎊到三鎊十先令不等。我們的房間寬大、裝飾精美，開向一個寬闊的陽臺；陽臺的唯一缺點是，其他房間的陽臺也朝同一方向敞開，因此每到早晨，房客就把陽臺當成步道，在更衣前來個晨間散步。浴室很棒。十八個月以來，我們第一次能夠盡情地把全身泡進浴缸；然後我們坐上餐桌，享用精心烹調的美味晚餐。[4]

　　除了我們之外，飯店裡沒有其他外國房客（到了這時候，我們也已經習慣自認為外國人了），餐廳裡僅有的其他客人是一位日本相撲力士。[5]他的塊頭非常大，身上的和服讓他的身材顯得更加巨大；他的長髮梳成相撲力士專屬的髮髻。相撲力士在日本自成一族，其穿著遵循古老傳統，就連相貌舉止都有如古代武士。他看來就像是從日本畫中走出來的人物。他坐在椅子上擺弄刀叉的模樣，看來實在讓人彆扭，儘管如此，他的模樣仍然令人畏懼，正如史蒂文生（Robert Louis Stevenson）[6]對維庸（François Villon）[7]的敘述：「我不會為了賺一大筆錢而陪他走夜路。」我忍不住想，他會為像我太太這樣的老派護士帶來怎樣的靈感，於是我湊向我太太，輕聲對她說：

　　「妳若不乖乖吃完晚餐，我就把妳送給那個相撲力士！」

總督府

隔天早上，我們發現外事課為我們安排了一整天令人望之生畏的行程。我花了好幾個小時漫無止境地遞出名片，並拜會多位官員。他們每個人都遵照禮儀請我喝茶；如果他們招待我的是威士忌蘇打，我不知會是什麼下場，我一想到便忍不住打顫。

臺北的總督府中樞座落於一幢美輪美奐的大廈，以大理石裝飾得富麗堂皇，造價約三十萬英鎊。越村帶我們登上總督府樓頂的一座小尖塔看風景。[8] 在我們看來，這座塔特地裝設的電梯，除了可讓觀光客少走幾階樓梯，別無其他用途，實在是太過鋪張（卻又十分典型）的裝置。我們在居高臨下飽覽臺北城全景，並由越村殷勤地指出重要建築及風景名勝的位置後才下樓，一走出電梯，就發現有個身穿長外衣、頭戴大禮帽的人出現在我們面前。那就像是在龐德街上遇見一個身穿和服的人般出人意表。事實上，這是我在蘇伊士運河以東遇見過的唯一一個「上流人物」，我們後來得知，這份殊榮歸於美國領事[9]，他也是我們登上福爾摩沙島後所遇見的第一個白人。

福爾摩沙的外國白人社群很小，除了傳教士和英國領事，幾乎全都集中在臺北。其中的成員除了美國領事，還有英美兩國各三家茶葉出口商的代表、英、美各一家一般進出口商的代表，以及英、美各一家石油公司的代表；此外還有兩位日本人學校的英語教師。臺北有一個會員將近二十名的外國人俱樂部，但在冬天人數很少，因為茶商都離開了。

當我們抵達臺北時，臺灣總督田健治郎男爵（Baron Denn）[10] 正在日本，不過，越村還是帶我們去拜會他的左右手——總務長官[11]；

但總務長官那時也不在臺北，他正陪同臺灣軍司令官[12]進行視察。

臺灣總督由日本天皇親自任命，被賦予了治理福爾摩沙的權責，後者並受到總理大臣監督。近年來，總督的權力受到大幅限縮。過去總督一職只有海軍或陸軍大將才能擔任，如今文官也能出任總督。只要是由文官出任總督，他就不被賦予臺灣軍的最高指揮權，而唯有在必須維持治安的情況下，才有權請求軍司令官動用武力。經由帝國敕令規定，在日本施行的法令現在全部或部分適用於福爾摩沙，除緊急狀況之外，總督也不得頒布具有法律效力的律令，即使在緊急狀況下發布的一切律令也須奏請帝國敕裁。

儘管總督官邸或許並不如傳說中富麗堂皇，它仍是座氣派十足的公館。竹越先生對於總督官邸的興建有段耐人尋味的評價：「興建官邸的花費起初雖然引起不少非議，但在我看來這項政策卻值得稱許。因為支那人[13]，即我等所統治的臺灣人，是物質至上的民族，除了黃金、武力、儀文、大宅無所尊崇。唐代詩人曾詠道：『不覩皇居壯，安知天子尊！』為了建立我等威信、打破土人的戀舊懷古之情並一掃市街舊態，就得興建宏偉的官邸，以示千秋萬世統治之意。」[14]

儘管日本人就連所謂的「最高領導層」都過著簡單的生活，他們對自己前來統治的當地民族心理卻瞭若指掌。或許更恰當的說法是，他們深諳人性心理學。過去德國對於駐外代表官邸興建、生活環境整理，乃至「雄壯的武力展演」和「盛大的儀典」所費不貲，對她的外交成就無疑貢獻卓著；反觀我們自己的駐外代表——特別是領事——在外國的使館有時竟如此寒酸，不免讓人想改編中國唐代詩人的詞句並詠道：「不為使節備美宅，外人安知吾皇尊！」

另一方面，福爾摩沙島民的政治處境則亟需改進。雖然日本人

上：位於臺北的臺灣總督府，下：總督官邸

第七章

宣稱將福爾摩沙視為「內地」的延長，但在帝國議會裡既不讓島民選出自己的代表，也不在福爾摩沙設立任何地方議會，讓福爾摩沙人發抒己見。自1920年起，臺灣總督府評議會改由官員和非官員共同組成，儘管後者包含一些福爾摩沙島民，但評議會純屬諮詢機構，僅能對總督特別提交諮詢的事項表示意見。

近來有一群福爾摩沙人極力鼓吹設置殖民地的自治議會，[15]但他們向帝國議會提交的請願書不出所料地遭到否決。日本統治當局似乎對這樣的做法不太滿意，於是以各種手段要這些提交請願書的人士為自己的莽撞付出代價——將下級官員予以免職或逼迫辭職、剝奪仕紳的特權，或是在財務上施加壓力。雖然這樣的手段在盎格魯薩克遜人看來十分反感，但相較於我國某些政治人物對印度煽動人士和愛爾蘭武裝暴徒的過度寬容，卻又形成強烈對比。

另一點值得注意的是，福爾摩沙島民即使成為官員，也只能出任從屬與次要的職位。可見日本人無意培育島民出任要職，他們認為安全和效率有賴於將一切權力掌握在自己手中。[16]但這卻不足以造福與滿足被統治者，就連在受到精心控制的地方報刊上，被統治者都無法暢所欲言。據說，想要了解福爾摩沙的真實現況，唯一的方法是訂閱日本發行的報紙，因為新聞自由在日本所受到的限制較少。

臺灣總督府的所在地臺北約有173,000人口。在1922年市區合併，街道全面改用日本名稱之前，臺北可分為大稻埕、艋舺、城內三區。沿著淡水河岸展開的大稻埕是茶葉市場和外商洋行的所在地，居民幾乎全是福爾摩沙人。南方的艋舺是全市最古老的地區，居民同樣以中國人和福爾摩沙人為主，既是住宅區也是商業區。城內是最繁榮的現代化地區，臺灣總督府、日本銀行和商號、醫院、旅館，還有日本人的私人住宅都座落於此。

報社印刷廠及其他景點

越村催促我們乘坐人力車趕到城內附近，深怕我們錯過了在他心目中的必看景點。我們參觀了總督府博物館，那兒收藏了許多精美的原住民武器、器皿及美術工藝品，博物館主事森丑之助先生[17]則是研究原住民的權威。館內還有許多展品來自日本人所謂的南洋群島，也就是我們所謂的東印度和馬來亞。當越村首次跟我提到他曾被官方派往南洋群島考察時，我問他對薩摩亞有何印象，那時我才察覺他指的是爪哇和蘇門答臘。

在我特別請求下，我們來到臺北最大報刊《臺灣日日新報》[18]的印刷廠，該報和島上其他報刊一樣以日文印行，並全由人工排版。我們得到以下結論：得跟幾千個象形文字打交道的日文排字工人肯定命運悲慘，而日文校對人員則更加苦命。

日本人不太可能拋棄自己的文字體系，改用西方國家更簡便的羅馬字母，但也不可否認，他們在這個問題上的守舊，使得日本帝國的現代教育推行起來更不容易。一個日本人需要八年左右才能學會流利地讀寫自己的語言，儘管他克服這項難關並完成隨之而來的其他課題足以證明自己刻苦耐勞，但外國人看來不免覺得，用在學習辨識手寫或印刷字母所花費的時間，倒不如花在其他方面上。在與西方學生的競爭上，日本人因此落後了八年。

離開印刷廠之後，我們又參觀了總督府研究所[19]和總督府醫院[20]，兩者都是配備現代化設施的精巧建築。醫院裡的日本護士穿著白色制服十分迷人。我們還在手術室看見一項絕非仿效西方的事物：手術室的外牆頂端裝有玻璃窗，而當外科醫生進行手術時，病患家屬可從玻璃窗觀看他們不幸的親人。

上：臺北街頭，下：總督府博物館

雖然臺北的建築雄偉──加上越村先前對我們保證過，但臺北的商店卻令我們大失所望。沒有任何值得購買的商品，也就是說，沒有一件東西能讓區區一個外國人感興趣。我們連一支巧克力棒都找不到。儘管專賣局有販售進口的外國香菸，但我們卻只找到福爾摩沙產的香菸，它們口味太清淡、抽起來不過癮。一想到在日本有多少商店針對歐洲人和美國人的需求而設立，機巧地投合了他們對古玩、絲綢、鑲嵌工藝的愛好，由福爾摩沙缺少足以吸引觀光客駐足的商店可知，前來島上的觀光客有多麼稀少。當我告訴越村，臺北的商店不符合他先前給我們的期待，他只是別過頭說道：「我想，你最好還是等到了東京再說。」

儘管臺北的商店通常規模很小，但她的規劃格局無疑比日本帝國其他任何一個城市更加完善，有寬敞的街道、廣大的公園，以及不遜於世界上任何一個首都的公共建築。日本人來到福爾摩沙之前，臺北不比一座髒亂的中國村莊要好多少，如今卻成了繁華的都市。就城市人口數而言，臺北的人口不算多，但她的建設卻充滿對未來的展望。她在城市改造上花費了數百萬日圓，並沒有因經費拮据而蓋出因陋就簡的建築──官方決定以宏大的規模發展福爾摩沙，首府當然也得跟上全島發展的步調。臺北可說是殖民地城市應有風貌的楷模。日本人十分注重國家聲譽，藉由創造一個與福爾摩沙島相匹配的首府，他們已經向世人昭告，正力圖以一切可能方式扶植這片土地。

開發與建設

總體來說，福爾摩沙島的開發如今多半已大功告成。實際上，

日本人在這二十八年中創造了奇蹟。我懷疑世上有沒有其他大小相仿的殖民地能在如此短期間內脫胎換骨。日本人並非站在巨人的肩膀上，不是在前人的基礎上締造出這個島嶼的繁榮。他們所擁有的只是島上豐饒的自然資源，除了偶有中國人試圖染指之外，這些資源數百年來都未充分開發。日本人從中國人手上接管福爾摩沙時，島上的文明機構屈指可數；政府腐敗又動盪不安，島民生命財產缺乏保障，鄉間更有盜匪四出劫掠；就算有現代建築也寥寥無幾。城鎮中的衛生條件充滿了中國特色，髒亂嚴重惡名昭彰，但他們卻又自甘與髒亂為伍；疾病十分常見，而且島上沒有醫院（除了外國傳教士設立的醫院），只有一般的中國走方郎中，人口成長與繁榮因此受限；教育情況也同樣粗陋。島上的陸路交通只有粗製濫造的62英里鐵道，此外就只有在陰雨時便通行不順的泥土路；島上的港口不曾以人工改良，貿易因而遭受損害。農產、礦藏及森林資源都未曾運用現代機器以科學方法開發，大片肥沃的土地仍未耕種，東部的山嶺絕大部分仍是未知領域，未開化部族定居其間，他們在無盡的暴政凌虐之下變得排外，因此無人願意冒險靠近，更別提試圖讓他們接受政府管轄。

　　以上就是這座島經過中國統治兩世紀後，在日本人到來之時的情況。新來的日本人立即面臨一項難題，比起他們接管一片完全由原住民聚居的土地更難：他們在四面八方都遭到守舊的中國裔福爾摩沙居民的頑強抵抗，起先是積極的武裝抗爭，隨後則是消極抵抗。但另一方面，他們也獲得兩項重要奧援。其一是勤奮的廣大農業人口，農民一旦被說服接受有利於他們的改革措施，就會成為開拓島嶼不可或缺的助力。其二則是，福爾摩沙是日本心愛的小母羊。多年來，日本人夢寐以求一塊屬於自己的殖民地，就像膝下猶虛的女

人渴望生子般。當她終於有了殖民地，便不惜一切地溺愛，無論花費再高都要把殖民地建設成該有的模樣。做為日本的第一個孩子，福爾摩沙獲得了一切所需的教養，如果它只是大家庭（像大英帝國這樣）的一員，恐怕就被任由自生自滅了。

日本人從一開始就對福爾摩沙的發展潛力瞭若指掌；實際上，可以確信的是，他們在取得福爾摩沙的許多年前就已清楚瞭解。他們從一開始就志在進步，而且即知即行：一旦暴起暴落的民主國瓦解、盜匪被肅清、鄉間（除「蕃地」外的全部地區）獲得綏靖，即按照日本帝國的政府組織編制島上的民政機構。設立法院，不但罪犯從此受到有效制裁、個人的冤屈獲得救濟，同時建造了現代化的監獄。建立警察制度，派出所遍及全島各地。公共建築興建完成，並採取措施改善城鎮的街道及衛生條件，甚至耗資五萬英鎊設立醫院。修築自來水廠、抽水井和蓄水池。同時對霍亂、天花等疫病也加以防治，不讓它們擴散，如今再也沒有像以前那樣如野火般蔓延全島的病害威脅。無疑地，日本人促成了島上人口的增長，從1896年的250萬到今天的325萬。當然，增加的這些人口很大一部分來自移民。同時，死亡率也大幅降低，儘管瘧疾仍然盛行，但隨著城鎮周邊的濕地逐漸被抽乾，情況可望持續改善。

在日本統治下，島民的生命財產都得到了保障，勞動階級的經濟地位也不再那麼困苦，生活隨著開發不斷進步，薪資也不斷提高，如今他們的收入已是中國統治時期的兩到三倍；不僅如此，隨著薪資提升，農民也發現他們的作物能夠賣得近兩倍的價錢。與其說是人為操作導致物價飆漲，倒不如說是社會各階層生活水準的自然提升使然。

教育問題也受到用心關照，成效如前文所述，人們也逐漸從中

獲得極大助益。日本人開始通盤研究通訊問題，並建立一套電報系統；目前全島的電報線路長度超過三千英里，各大城鎮皆能以電話聯絡，基隆和日本之間也有無線電通訊。[21] 此外，日本人也大力推動鐵路修建及更不可或缺的道路修築。不得不承認，日本人不擅長築路，我在日本行經的道路多半路況很差，好一點的頂多差強人意；但就算是差強人意的碎石子路，也比泥土路或完全沒路來得好。福爾摩沙早期的築路工作多半由軍方完成，通常在新平定殖民地的情況都是如此。據說，目前福爾摩沙已有六千英里長的公共道路，築路費用部分是由當地居民透過繳納實物的地方稅支付，但出了大城市之後路況就不甚理想。政府正研議一條由北而南、縱貫全島的主要幹道，基隆和台北之間則已動工修築一條平坦的道路，但目前臺北卻沒有一座跨越淡水河的橋。許多年前曾經有一座，但被沖毀之後始終未曾重建。[22] 至今仍無路可通的山區，則透過在輕便鐵道上往來的「臺車」向外界開放。

為確保海上交通服務的充分發展，總督府也投入大量資金改建現有港口，好讓大型遠洋輪船靠泊；總督府並補助了兩家日本最大的船公司——日本郵船會社和大阪商船會社，讓它們經營往返福爾摩沙與日本、中國和東印度間的定期航線。[23] 目前福爾摩沙在這方面可說四通八達：每月有十二班舒適的日本郵船和大阪商船客輪從神戶開往基隆；每月大阪商船自神戶經香港開往爪哇的航線也都會停靠基隆和高雄；基隆到上海每十天有一班船，基隆到香港則是每週一班，還有一班船每隔兩週從高雄開往廣州。本地的海運服務也持續連結著東海岸的港口、澎湖群島、琉球群島及其他離島。[24]

日本人也竭盡所能開採島上的天然財富。時日推移下，鹽、樟腦、菸草事業都由總督府接手，成為國家專賣事業。當局不僅扶植

農業，更提出獎勵辦法促進新地開墾。此前幾乎未受利用的木材資源得到經營，採礦事業也受到了關注。

礦業

福爾摩沙的礦業是我至今尚未提到的一項產業。但它不僅富饒、地位更是舉足輕重，儘管日本人來到福爾摩沙之初專心於其他事務，對於投機冒險的採礦事業，並不如對能帶來穩定利潤的農業與木材業那樣關注。

目前為止，福爾摩沙最重要的礦產是黃金、銅、煤和石油。黃金主要蘊藏在北部。雖然早年的日本移民、荷蘭人和國姓爺的部下都曾發現過黃金，但在他們離開福爾摩沙時，似乎也把黃金的祕密一起帶走了，因為中國人在占領福爾摩沙兩百年後，才在1890年修築基隆河鐵橋時發現砂金；一波淘金者隨之蜂擁而至，隨後也在其他地點發現黃金礦藏。

如今，黃金和石英的開採已有成效，但只有日本臣民才能獲准開採、投資礦業，由總督府核發執照，並予以嚴格監督。黃金產值從1897年的四千英鎊增長到1916年的二十萬英鎊，1920年則下降至七萬英鎊，如今仍在持續下滑，但在我看來，一旦山區得到開發，還是很有可能發現比迄今已開採數量更多的黃金。東海岸的河流一向以富含金砂石及砂金著稱，分布範圍廣闊，愈是溯流而上產量就愈豐富。原住民認識黃金、加工黃金的傳統由來已久，這也引起了中國人的覬覦，為了擁有黃金而一再犯下最凶殘的暴行。一旦「蕃地」充分開發，並進行了應有的礦物學探勘及調查後，很有可能發現大片包含黃金與石英的礦脈，那正是大量砂金來源所在的母岩。

銅礦或許也是如此，在日本占領福爾摩沙前，銅礦幾乎不曾經過開採。日本人在十分鄰近黃金產地也發現大片含銅礦床，每年產值約有六萬英鎊。

煤礦的分布範圍遠比黃金更廣，遍及全島各地，甚至包括澎湖群島；雖然目前為止，北部的煤層仍證明最具開採價值，百分之九十的產量出自基隆附近。儘管品質較差，難以和中國、日本出產的煤競爭，但煤礦的出口仍在增長，並以香港為最主要市場。福爾摩沙每年的煤礦產值從1897年的一萬英鎊提升到1922年的一百萬英鎊，該年總產量也超過一百萬噸。

各地也發現多處石油露頭，儘管目前尚未大規模鑽探油井，但未來似乎很有機會發現珍貴的油田。早在1866年，陶德先生（John Todd）[25]就發現中國人在一處鄰近蕃界的地區採油；他瞭解到此處可能產油，於是勸誘地主將土地租給他以供鑽井，但地方官府不久就得知他的計畫，結果不但以有原住民劫掠、治安不佳等藉口將他趕出該地區，更不惜把那位租借土地給洋人的可憐農民斬首示眾。[26]

島上也有幾處硫磺坑，並都已經開採，尤其在島嶼的最北端，從火山口與死火山活動遺跡中還產生了硫磺溫泉。最為世人熟知的一處溫泉位於臺北北方七英里處的北投，日本人已將此區發展成度假勝地和療養所。

若再加上數量微不足道的銀（年產量約二萬盎司，產值五千英鎊），福爾摩沙發現的礦藏總數也就齊全了。一片土地上全部的礦藏不用十年是無法一探究竟的，甚至百年都未必能夠。有廣大的區域仍待探索，目前仍由原住民掌控的那些山林下究竟還有著什麼礦藏，沒人說得上來。若這些山林並未蘊藏足以大幅增長殖民地繁榮的寶藏，那才令人意外。同時，這些已知的礦產每年開採的規模持

續擴大，年產值已超過一百萬英鎊。

　　日本人就這樣開發了福爾摩沙殖民地。他們點石成金，幾乎沒有白花一毛錢。從各方面來說，他們都證明了自己是精明能幹的殖民者，只有一個例外，那就是原住民的綏靖，這個問題留待下文細說。但不可否認，即使這方面，他們也已大大改善了中國統治時期遺留的狀況。

　　不過，除了原住民的安置問題[27]，日本人已經達成了最初的目標。他們從福爾摩沙得到回報。就像一個人把水注入幫浦讓它運作，日本人也把資金注入殖民地，好讓它開始產生收益。他們成功了，因為總督府所支持的大多數產業，如今都已創造出可觀利潤，產生了大筆收益，因此自1905年起，殖民地已能自給自足。即使在過去十年內，它也僅僅獲得母國三百萬英鎊的補助，但如今它的盈餘不但能夠自給自足，更能對日本國庫提供實質支援。比方說，1914年至今，福爾摩沙糖在日本消費所得的全部稅收都繳給帝國國庫。直接稅並不重，每人平均只課徵十六先令，但殖民地的總收益已從1897年的一百萬英鎊增長為目前的1,100萬英鎊；進口總值從1897年的150萬英鎊增加到現在的1,300萬英鎊，出口總值則從150萬英鎊增加到1,500萬英鎊，主要進口貨物（按照重要性排序）為油餅、棉織品及絲織品、粗糖、米、魚乾和鹹魚、鐵製品、棉布和機器，最重要的出口貨物則是糖、米、茶、煤、香蕉、樟腦和酒精。

銀行

　　目前島上共有七家日本的主要銀行在島上營運，這些銀行在福爾摩沙財政及金融的進步上都發揮了重大作用。這方面尤其要歸功

於臺灣銀行，1899年它以五十萬英鎊的資本額創立於臺北，隨即獲得如日本銀行般的中樞金融機構地位。它目前的資本額是六百萬英鎊，在對貿易及私人會社的融資等方面，它對殖民地的貢獻之大難以估計；它也為工業提供資金，即使利率很高，但貸款人向私人借貸的話，被索討的利率還會更高。[28]臺灣銀行遵照總督府指示改革了貨幣，並印行紙鈔；它在中國和馬來亞都設有分行，許多倫敦人每天路過它在舊布羅德街（Old Broad Street）上的宏偉辦公大樓，並望見其門面上的「臺灣銀行」銘文，多少都會疑惑臺灣究竟在哪裡。福爾摩沙之所以迅速繁榮起來的兩大理由，正在於銀行機構的高效能及貨幣體系的穩定，加上有效維持的社會治安，於是吸引了日本資本家將注意力轉向這塊新領土。比方說，1899年時島上只有四家公營會社，如今則有超過兩百家。[29]

所有這些福爾摩沙在如此短時間內得到的高效率發展，令我分外感興趣，因為我才剛從這樣一個地區前來，那兒在（遵照皇家特許狀組成的）英國北婆羅洲特許公司（British North Borneo Chartered Company）治理了四十年之後，至今仍只開發不到百分之一的土地。在我看來，福爾摩沙正是一個具體實例，說明了健全的治理與企業化，以及（更重要的）充足的資金能夠達到何等成效。一個殖民地或許能有健全的治理改善人民的處境，但是單憑健全治理也不足以創造經濟繁榮；事業經營背後若是缺乏資金支持也不能成事，一如只有攪拌器卻沒有牛奶，還是做不成奶油。

特許公司在北婆羅洲做了許多事，但相較於今日日本人的成果，卻是非常微不足道，因為我不相信北婆羅洲的自然資源會比福爾摩沙貧乏：那裡當然不缺農業資源，也有很豐富的林木；若說至今它的礦藏仍難以估量，恐怕是因為沒有人大規模地進行搜尋開發。然

而四十年過去，北婆羅洲的公路還是不到四十英里，日本人卻在不到三十年內就修築了六千英里的公路；北婆羅洲的鐵路只有一百多英里，日本人則修築了五百英里；北婆羅洲有兩家鋸木廠和一家樹皮染料廠（cutch works），福爾摩沙則有數以百計的工廠；在北婆羅洲營運的公眾有限公司只有二十五家，在福爾摩沙的公營會社的數量則幾乎多出十倍。

做這些對比不是為了貶低北婆羅洲這塊我熱愛的土地，更不是為了輕蔑特許公司英勇奮鬥、一再對抗逆境與困難所取得的成果；不過，看看一片成立不久、未經開發的殖民地在獲得必要的資金後能有何等成就，仍然很有啟發性，絕非徒勞無益。特許公司名下的資本額只有兩百萬英鎊，臺灣總督府卻受到整個日本帝國的財富支持。無庸置疑地，若1878年取得北婆羅洲的不是一小群英國紳士，而是日本的話，這片土地今天的面貌必定大大不同。沒錯，北婆羅洲不像福爾摩沙有幸擁有眾多的中國裔農人，但可以確信，日本人必定會不辭勞苦、不惜花費招攬來自中國的移民。至於原住民族在他們手上會面臨什麼遭遇，則需另當別論。

工業化征服

無庸置疑地，若是資本充裕，日本人毫不浪費時間開發一片土地的方式才是正確的。在這種情況下，臺灣總督府的處境有如一位獲得幾間破公寓的地主。如果他通情達理，把它們全面修繕改裝，安裝電燈，設置電梯。結果公寓很快就有了房客，他也得到了鉅額報酬。但他如果選擇、或是不得不每次只修繕一間公寓，並寄望每間公寓的房租收入足夠用於整修下一間公寓，他能獲得的利潤當然

不多。

　　將作為戰利品的殖民地加以開拓並從中獲益，日本人在這方面是無師自通。若我們記得，儘管成功來自日本人的策略和資本，但付出勞力的卻不是日本人本身，那他們在福爾摩沙的成果就更顯得非比尋常了。濮蘭德先生（J. O. P. Bland）[30]在敘述同樣被日本人大規模開發的朝鮮時，也提到了這點：「事實很明顯，這一切全都是行政管理上的發展，絕大部分的工作仍由本地勞工完成。這是日本政府自由化政策的一環，經由拓展日本產品的全新消費市場，並在日後盡可能提供保護措施，以扶植日本本國工業的成長。這是藉由銀行和鐵路所完成的征服大業。」[31]

　　就某些方面來說，這個說法同樣適用於日本對福爾摩沙的開發，不過她因為深謀遠慮而取得了大量輸出的米、糖、鹽等急需物資（更不用說早已供應全世界的樟腦），而且也為本國的商品找到市場。同時我們也必須謹記，日本對這座島的殖民在意義上不同於大英帝國對加拿大、澳大利亞和紐西蘭的殖民，就福爾摩沙本身來說，日本人的到來也不同於中國人對福爾摩沙的殖民。日本人不去福爾摩沙親自勞動，而是以官員、商人或農園主人的身分前往，就像英國人到錫蘭，或美國人到菲律賓那樣。[32]

註釋

1. 譯註：以上參見中央研究院「臺灣總督府職員錄系統」資料庫，大正九年（1920.12）相關各條。

2. 譯註：參見陸軍省，〈赤松少佐菲島派遣の件〉（大正12年2月15日），国立公文書館アジア歴史資料センター收藏資料。http://www.jacar.go.jp/DAS/meta/image_C03022597900?TYPE=jpeg（2016/8/3瀏覽）

3. 譯註：臺灣鐵道飯店（台灣鉄道ホテル）由臺灣總督府遞信部直營，1907年（明治四十年）開始興建，1908年開業，是臺灣第一座西式旅館。本體為德式紅磚建築，其中所有配件全是英國舶來品，住宿費自三日圓到二十七日圓不等。1945年5月31日毀於臺北大空襲。

4. 我所敘述的是我體驗到的鐵道飯店。也有人跟我說，其他房客得到的待遇沒有這麼好。

5. 譯註：作者佗儷在鐵道飯店遇見的這位力士，應是當時來臺進行巡迴表演賽的第二十七代橫綱栃木山守也（1892-1959）。參見〈二三五　東京大角力が來た　晴天に響く櫓太鼓〉，《臺灣日日新報》，1921年4月10日。

6. 譯註：史蒂文生（1850-1894），蘇格蘭小說家、詩人及旅遊作家，作品廣受大眾喜愛，寫作成就也受到許多二十世紀知名作家讚譽，如今已被列入西方文學經典作家。代表作為《金銀島》、《化身博士》。

7. 譯註：維庸（1431-1463），中世紀末法國詩人，一生放浪形骸、命運多舛，屢遭入獄、逃亡之災，最後下落不明，名字成為無賴、放蕩的象徵，但極具文學天才，是法國近代詩的先驅。

8. 譯註：即臺灣總督府中央高塔。塔高六十公尺（約十一層樓），自總督府六樓搭乘升降梯可達塔頂，當時的臺北市街可一覽無遺。總督府在1945年5月31日臺北大空襲中遭受重創，中央高塔升降機毀壞無法修復，中華民國接收成為總統府之後，改以木梯通往塔頂。高塔象徵著總督代表日本帝國君臨殖民地的威勢，臺灣人則稱之為「阿呆塔」，作家龍瑛宗（1911-1999）在以臺北大空襲為背景的短篇小說〈燃燒的女人〉裡，從阿呆塔的焚燒看到了「日本五十年來的殖民地統治，作響地崩潰了，好像，一場邯鄲之夢。」見龍瑛宗，〈燃燒的女人〉，收入陳萬益主編，《龍瑛宗全集》（臺南：國家台灣文學館籌備處），第二冊，頁211。

9. 譯註：時任美國駐臺北領事為希區考克（Henry B. Hitchcock, 1887-1933），曾任美國駐長崎副領事，1919年返國結婚後調任駐臺北領事。1922年11月調任美國駐長崎領事。生平簡歷可參考：http://www.nfs.nias.ac.jp/page027.html（2017/9/13瀏覽）。

10. 譯註：田健治郎（1855-1930），日本第八任臺灣總督，也是首任文官總督。東京帝國大學畢業，早年擔任警務官僚，後入閣成為交通部門官員，歷任眾議院議員、貴族院議員、遞信大臣；臺灣總督任內以「內地延長主義」及同化政策為治理方針，重要成果包括改革地方行政（五州二廳制）、獎勵日臺共學及通婚、興建嘉南大圳等。返日後曾任農商務大臣兼司法大臣。他以漢文書寫的日記是日本近代政治史重要史料，臺灣總督任內（1919-1923年）的日記已由中央研究院臺灣史研究所出版，並建置數位資料庫。

第七章

11. 譯註：原稱民政長官，1919年之後改稱總務長官，是臺灣總督府政務的實際執行官僚，可說是總督的左右手。時任總務長官是下村宏（1875-1957），以幹練及開明著稱，任內廢除多項陋規而受到好評；日後曾任朝日新聞社副社長、貴族院議員，太平洋戰爭結束前出任國務大臣兼情報局總裁，不顧軍部阻撓，負責錄製昭和天皇向盟軍無條件投降的終戰詔書（玉音放送）並送往全國各地播放，使第二次世界大戰得以結束。

12. 譯註：時任臺灣軍司令官為陸軍大將柴五郎（1860-1945），也是第一位非由總督兼任的軍司令官，1921年5月卸任。他是日軍中的第一代「中國通」，曾派駐中國，參加甲午戰爭，也曾在義和團事件中協助防衛北京使館區，英勇及武德受到歐美列強極高評價，並因此機緣參與促成英日同盟，軍旅資歷十分完整。

13. 譯註：竹越與三郎《臺灣統治志》頁45，原文用詞如此。為尊重史料原貌而不予更動，絕非對中國人民有所歧視，敬請讀者諒察。

14. *Japanese Rule in Formosa*, p.16。譯者按：原引文參見竹越與三郎，《臺灣統治志》，頁44-45，文意與作者引述的英譯本略有不同。日文原著所稱「支那人」即為臺灣人，英譯本引文則將中國人（Chinese）和福爾摩沙人（Formosan）並列為主詞。

15. 譯註：此即1921年開始的臺灣議會設置請願運動，持續到1934年（昭和九年），是日本殖民時代歷時最久的臺灣人政治運動。參見周婉窈，《日據時代的臺灣議會設置請願運動》（臺北：自立晚報社，1989）；周婉窈，〈臺灣議會設置請願運動再探討〉，《臺灣史料研究》，37（2011.06），頁2-31。另見吳佩珍，〈日本自由民權運動與臺灣議會設置請願運動：以蔣渭水〈入獄日記〉中《西鄉南洲傳》為中心〉，《臺灣文學學報》，11（2007.12），頁109-132。

16. 譯註：關於日本殖民時代臺灣人（本島人）任官的差別待遇，參見黃昭堂著，黃英哲譯，《臺灣總督府》（臺北：前衛，2013），頁251-256。當時已有日本人認為：同樣是被殖民者，臺灣人的仕途比朝鮮人更受限制，參見矢內原忠雄著，林明德譯，《日本帝國主義下之臺灣》（臺北：吳三連史料基金會，2014），頁183-185。

17. 譯註：森丑之助（1877-1926），日本人類學家，日本取得臺灣之初即以陸軍通譯身分來臺，多次走遍全島，探訪各地部落，實地研究臺灣原住民，蒐集的資料涵蓋歷史學、人類學、植物學、民俗學、考古學、地理學等領域，被譽為「臺灣蕃界調查第一人」。此時在臺灣總督府殖產局附屬博物館擔任主事。1926年7月乘船返回日本時失蹤，官方判定為投海自殺。

18. 譯註：日本殖民臺灣之初，國內薩摩、長州藩閥的鬥爭也延燒到殖民地，分屬薩長兩派的《臺灣新報》與《臺灣日報》惡鬥不休，最後由第四任總督兒玉源太郎調停，守屋善兵衛將兩報合併為《臺灣日日新報》，在總督府支持下成為日本殖民時代臺

灣發行量最大、時間也最長的報紙，其中包含日文版與漢文版。1944年（昭和十九年）在總督府命令下與臺灣另外五家主要報紙合併，成為《臺灣新聞》，此時殖民統治也進入尾聲。

19. 譯註：1909年（明治四十二年）成立，是臺灣總督府負責調查研究產業及衛生的下屬機構，1921年改制為臺灣總督府中央研究所，分為農業、林業、工業、衛生四部及庶務課，1939年撤廢，分別設立農業試驗所、林業試驗所、工業研究所及熱帶醫學研究所。本部原址現為中華民國教育部。

20. 譯註：日本登陸臺灣時即因島內傳染病盛行而設立「大日本臺灣病院」，隨後改稱「臺灣總督府臺北醫院」，遷往城內明石町，原為和洋混合木造建築，後因白蟻肆虐改建為紅磚建築；1939年（昭和十四年）併入臺北帝國大學醫學部成為附屬醫院，即今日位於常德街的國立臺灣大學附屬醫院舊院區。

21. 目前也正研議在臺北總督府的中央高塔新設無線電。

22. 譯註：橫跨淡水河的臺北橋最初是由清朝首任臺灣巡撫劉銘傳興建的木橋，日本接收之後改稱淡水橋，但在1897年被颱風吹斷；1920年（大正九年）總督府重建木橋，改稱臺北橋，但隨即因淡水河暴漲而受損，於是總督府放棄修建木橋，重建鐵橋，於1925年完工。二戰後鐵橋年久鏽蝕，難以修護，於是拆除重建為水泥橋，1969年完工，這是今日所見的臺北橋。

23. 譯註：日本郵船株式會社成立於1893年（明治二十六年），與三菱商事同屬三菱財團的源流企業，至今仍是日本具有代表性的大型海運公司之一。日本殖民臺灣之初，日本郵船會社由陸軍補助經營基隆到神戶的航路，但在大阪商船會社得到臺灣總督府扶植，成為海運國策會社之後，臺灣與日本內地之間、以及臺灣沿岸由總督府和軍方補助的「命令航路」多半落入大阪商船會社之手，日本郵船會社只經營基隆到神戶的直航線，並將重心轉向中國、印度等海外航路。參見劉素芬，〈日治時期大阪商船會社與臺灣海運發展（1895-1899）〉，收入劉序楓主編，《中國海洋發展史論文集》，第9輯，頁377-435。

24. 譯註：關於日本殖民時代日本與臺灣之間，以及臺灣沿岸在總督府和軍方補助及監督下，由大阪商船會社、日本郵船會社等公司經營的「命令航路」（補助航路）一覽和發展情形，參見臺灣總督府交通局遞信部，《臺灣の海運》（臺北：臺灣總督府交通局遞信部，1935）；魯特遊歷臺灣的大正年間情況，見該書頁7-12。他來到臺灣時搭乘的泗水丸號，即是由大阪商船會社營運的「南洋甲線」命令航路（基隆經高雄、南洋各港、香港、高雄到基隆）運行船舶之一。

25. 譯註：陶德（1838-1907），蘇格蘭商人。1860年首次來臺，1866年自福建安溪引進茶樹在木柵附近種植，1869年開始將臺灣茶葉運銷美國，大受歡迎，被譽為「臺灣烏龍

茶之父」。定居臺灣長達半世紀,是清末北臺灣外商領袖,清法戰爭期間見證法軍對臺灣的封鎖,並因協助清軍而受表揚,此外,還曾在苗栗發現石油,對臺灣北部原住民也留下考察紀錄。

26. 譯註:此事始末見陳培桂,《淡水廳志》,第十二卷,考二,〈物產考(礦案附)〉:「有番割邱苟者,勾引生番殺人,犯案累累,據此溪為己有。同治三年,初贌與吳姓,每年百餘元。四年,復改贌寶順洋行,每年千餘元;遂至互控。吳姓復糾眾與寶順互爭,幾釀巨案。邱苟屢拿未獲;同治九年二月差役購拏到案,一訊具狀,詳請委員覆訊,就地正法。此地照舊封禁。」或參見陶德原著,陳政三譯註,《泡茶走西仔反:清法戰爭臺灣外記》(臺北:臺灣書房,2007)。

27. 譯註:參見本書第十、十一章。

28. 不過臺灣銀行在戰後的經濟蕭條中損失了大筆金錢;發放的貸款未經充分擔保,還有不少錢虛擲在東印度等地無利可圖的事業上。如今臺灣銀行已宣布,未來將再次以正常業務為限。

29. 譯註:參見矢內原忠雄著,林明德譯,《日本帝國主義下之臺灣》,第一篇第二章。

30. 譯註:濮蘭德(1863-1945),英國作家、記者。1883年前往中國,任職於海關總稅務司,1896年出任上海公共租界工部局秘書長,兼《泰晤士報》駐上海特派員,1910年離開中國。在中國定居將近三十年,是著名的「中國通」,曾在戊戌政變後協助康有為逃亡,與巴克斯(Edmund Backhouse, 1873-1944)合著的《慈禧外傳》、《清室外紀》也曾在歐美轟動一時。

31. *Japan, China and Korea*, p.149。

32. 譯註:日本人在此時進行的北婆羅洲拓殖計畫亦是如此,將英屬北婆羅洲當局歡迎的個人移民引導為伴隨資本移入,並引進臺灣人或爪哇人充當勞動力。參見鍾淑敏,〈戰前臺灣人英屬北婆羅洲移民史〉,頁30-54。

第八章

總務長官的晚宴

受邀與總務長官共進晚餐→我們的不安→英國領事和領事夫人
→迷人的女主人→中式晚餐→主人以日語演說→回應→日本人口過
剩的問題→日本人是世界上最不受歡迎的民族→北婆羅洲敞開大門
→日本人的現代生活→西方的影響→日本人失敗之處

度過有些疲憊的一天，返回鐵道飯店後，我們又得著裝出席總
務長官為我們舉辦的歡迎晚宴。

我們剛到臺北時，外事課的法水先生[1]就告訴我們，總務長官閣
下想舉行宴會向我們致意。長官認為，請我們吃西餐未免太過乏味，
詢問我想吃中式或日式晚餐。我明白我和我太太對日式食物一籌莫
展，於是答道（希望夠得體）：「既然我們有過一、兩次品嘗日式
晚餐的經驗，中式晚餐對我們來說想必更加新鮮。」法水先生同意
了，隨後由一位信差送來邀請函，是張寫著漂亮日文字、凸印著總
督府徽章的卡片。不巧邀請卡送達時越村恰好外出，因此我不得不
找來親切的飯店經理為我翻譯，得知我們應於當晚六點半入席，並

由等候的信差為我們回覆接受邀請。

　　我花了太多時間拜會日本官員，看來我至少可以把最後一張名片遞給英國領事菲普斯先生。由於他住在十四英里外的淡水，這件事恐怕不太容易，因此我打了電話給他，並在得知他和夫人也要出席長官閣下的晚宴後稍加放心。承蒙他們好意，在我們動身前來飯店載我們，我向菲普斯先生提到我們可能會被要求致詞；他認為毋須擔憂，因為那是非正式的場合，不太可能進行飯後演說。這令我如釋重負。

我們的女主人

　　當我們抵達總務長官官邸時，法水先生前來迎接我們，帶我們進入一間起居室，所有賓客全聚集於此。我們得知總務長官本人由於緊急公務而無法趕回首府，[2] 由他的太太擔任女主人，並由長官的副手、曾因公務到北婆羅洲短暫訪問的內務局長末松偕一郎先生（Mr. Suyematsu）[3] 歡迎我們。除了主人和女主人、領事和菲普斯夫人，以及我和我太太，另有六位客人，在場的人大多能說英語。他們每位都被輪流引見給我們。其中一位是年紀很大的紳士，他穿著長禮服，而非文官制服或晚禮服。他有張大大的圓臉，令我想起沒有蓄鬍的克魯格（Paul Kruger）前總統[4]，但這晚他想必心情沉悶，因為整晚我都沒聽到他說一句英語或其他語言，也始終不曉得他在帝國的官階有多高。我只盼望他盡情享用這頓晚餐。其他賓客則是我們已認識的人：鎌田先生和法水先生、和藹的少佐參謀官、軍方通譯室田先生，以及專賣局腦務課課長吉岡先生。

　　接待我們的是一間以西式風格裝潢的房間，並不特別出色。好

喝的雞尾酒被遞給每個人，接著我們進到隔壁房間享用晚餐。座位表放在一張小桌上，每個人的座位都以名牌標示。我們很快地坐定位置，晚餐也端上餐桌：到此為止的一切，都還保持著西方風格。

我太太坐在末松先生和法水先生之間，我則坐在女主人和吉岡先生之間。末松先生會說一點英語，法水先生則說得十分流利，因此我太太如魚得水；但不幸的是，我們的女主人連一句英語或法語都不會說，我只能非常失禮地放棄和她對話的一切意圖，由領事和她交談；領事用日語和她對答如流，令我好生嫉妒，因為她既可親又迷人。她身穿一襲完美、得體的深色和服，身上唯一的西式物件是一枚欖尖型藍寶石戒指，她沉靜的臉龐三不五時就隨著一陣笑聲而眉開眼笑。

我發現吉岡先生是很好相處的人。他見多識廣、遊歷過很多地方，在英國住過幾年，比許多英國人更懂英國文學。他告訴我，他特別喜愛史考特（Walter Scott）[5]這位小說家，因為他發現史考特描繪的時代和日本戰國大名（封建領主）的時代，有許多耐人尋味的共通之處。

我們愉快地消磨著時光，直到先前自稱不會說英語的少佐在美好晚餐的催化下突然說起英語。我們全都拿他開玩笑，他則開心地在座位上前俯後仰，此後晚宴的流程變得不再那麼正式。

一道又一道菜餚以附有金屬蓋的小碗盛裝上桌。蓋子有個好處：要是你不喜歡碗裡的菜色，可以翻弄幾下再把蓋子蓋上，那就沒人會發現你剩下了什麼。他們不僅為賓客提供筷子，也貼心地為我們準備了叉子。我毫不遲疑地使用叉子，但我太太用筷子的技巧熟練，讓主人見了大樂。原本我以為裝在雪莉杯裡送上的是德國白葡萄酒，直到喝過兩杯後才發覺是清酒。然後一些勃艮第葡萄酒被送上桌，

這時主人起身，法水先生也跟著起身。我以為晚宴到此結束，正想趁起身前取過酒杯、一飲而盡我的勃艮第紅酒；但令我驚恐的是，末松先生竟開始用日語演說。

恐怕沒有什麼社交經驗，比別人用一種你一無所知的語言對你演說來得更令人難堪。你或許試著裝出一副聰明樣，但終究只會落得一副蠢樣。四面八方都是陷阱，你會在不該笑的時候笑，甚至更糟，在該笑的時候卻不笑。

日語演說

然而，我們的主人並無意讓我們久久聽不懂他的演說內容，因為他每講兩、三分鐘就會停下來，讓他身旁的法水先生為我們翻譯。在法水先生翻譯的同時，末松先生繼續沉思，當翻譯告一段落，他又回歸主題繼續演講。這過程重複了好幾次，在我看來，這正是演講成功的絕佳祕訣：演講者既有充裕的時間構思妙語錦句，也不至於遺漏想表達的內容。

末松先生的演說進行了十五分鐘左右，表達出最令人讚賞的情感。他述說著先前他訪問北婆羅洲期間受到了何等親切的接待，如今對於能向那片可愛土地遠道而來的客人介紹日本的島嶼殖民地又是多麼喜悅。他也詳加闡述英日的邦誼、乃至兩國國民的親密友誼所能帶來的益處，最後不忘敦促我們再來福爾摩沙觀光。

在演講過程中，有許多想法正在總務長官的餐廳裡醞釀著；若是我們的主人正趁著法水先生的翻譯構思下一段話，我則是趁著末松先生以日語發表談話時更加用心思索。除了經驗老到的飯後演說家，每個人在知道自己非得發表一段演說方能下桌後，用餐的興致

一定會盡失。多虧菲普斯領事免去我的漫長不安，但我還是在心裡稍作了演練，盤算過能否講些什麼博取主人歡心。

但在法水先生譯完最後一段話，並隨著主人坐下後，我立刻起身，向總督府對我們兩位過客展現的善意道謝。我得說，我是出自真心誠意這麼做的，因為沒有誰能比他們更加殷勤地接待我們；世界上也找不到幾個國家能給予旅人如此溫暖的款待，無論他是誰、帶著哪些證明文件。正如美國人所說，一切都為我們開啟和關閉。接著我對他們說，他們的同胞近年來在北婆羅洲的人數是如何增加，而且這些移民是何等安分守己，在協助開墾罕為人知的土地時又有多大的貢獻，以及他們的一座橡膠園如何種植出整個保護國境內最大片的橡膠等等。「我盼望你們繼續前來北婆羅洲，」我說：「那是一片朝氣蓬勃的土地，有幾千畝能便宜取得的肥沃農地。每個人都有足夠的活動空間，你們會很受歡迎。」

沒人為我翻譯這段話，因為在場所有人（除了那位穿著長禮服的老紳士外）都聽得懂英語，不過有一兩位並不貿然說英語，於是我匆匆結束了演說。後來，菲普斯告訴我，再也沒有什麼話，能比告訴他們這世上真有一個地方不排斥日本人，更令他們高興了。

為何日本令人畏懼

我向他保證，我這番話完全出自真心。無論是哪個國家，當你擁有一片蘇格蘭大小的領土、其中的珍貴資源大半未被開發時，把任何一位有心的經營者（不論他是哪一國籍）排拒在外，不只是占著茅坑不拉屎，更是十分愚蠢的政策；若是在一個經過開發的國家中，在這樣的情況下，生活早已變成一場需你爭我奪的賽局，則另

當別論。人們或許能同情那些率先來冒險犯難、害怕別人奪走他們血汗所得的先驅；人們或許也能同情那些生活在白人工作機會有限的國家、害怕大量亞洲勞工湧入會以低薪搶走工作，並淹沒當地的白種人。在這種狀況下，我們或許不得不承認「先搶先贏」是對的。但在北婆羅洲閒置無用的農地，比起歐洲人未來五十年可能占有的農地面積還要更大，其他還有許多具有潛力的產業，多年來一直在等待有人前來經營。這片土地上沒有白人勞工，因此不存在亞洲勞工競爭的問題，實際上，北婆羅洲領地最迫切的需要就是人口增長。

就算情況並非如此，也毋須憂慮日本勞工帶來的威脅，原因很簡單：日本勞動階級在熱帶的發展就是不如中國苦力。日本農園曾經實驗引進日本勞工卻失敗了。前往北婆羅洲的日本人若非小店主階層，就是雇用勞力的工頭，而後者若非小型農園主人，就是大型會社員工，他們都隨著日本資金而來。

那麼，需要擔憂的競爭（如果真值得擔憂的話）就是資本競爭，而非勞力競爭了。目前為止，北婆羅洲敞開雙臂迎接歐洲的資本已有四十年之久。儘管引進了一定額度的資本，但仍遠遠不夠，還有空間再投入數百倍之多。若是日本人看見這片距離他們遠比距離我國更近的熱帶領土有何等發展契機，而且他們願意投注資金、承擔風險，似乎沒有理由不鼓勵他們來。在我看來，現況之下只有一個理由可以阻止日本人前來：要是萬一大英帝國和日本開戰，那麼，大規模的日本人居留地的確可能危害到英國保護國。不過我認為這種風險不足掛齒：要是保護國任由自己被這種怯懦的恐懼宰制，就根本不配發展壯大。就算我國和日本真的進入戰爭狀態，北婆羅洲的日本人數量也不可能打敗保護國政府及皇家憲兵，甚至不足以造成嚴重困擾。日本人不太可能以身試險，因為只要英國海軍一息尚

存，他們就只能短暫控制婆羅洲，若英國海軍真的全軍覆沒，日本人便能輕輕鬆鬆長驅直入。

因此我確信，北婆羅洲應當歡迎日本人，他們會促進北婆羅洲的經濟繁榮，沒有其他任何壞處。他們是行為端正、奉公守法的移民、認真工作、積極進取、擁有資金可消費。無論你是否喜歡他們的個人特質，他們不會招惹麻煩，對任何熱帶國家來說都會是一大助力。

日本的人口外移

對於不瞭解多數國家內部排日情結的人們來說，以上所言都是再明白不過的事實。但就目前而言，日本人是世界上最不受歡迎的人種。日本人口眾多且持續增長，有人口外移的動力，正如我國數百年來也有人口外移的動力。她有正當的擴張需求，而其所謂的「過剩」人口也必須在他處得到收容。

「我們在處理遠東問題時。」《旁觀者》（Spectator）雜誌的一位社論作者最近寫道[6]：「為恐引起誤解，應當說明：我們並不是說，日本應該把自己封死在國內。或許朝鮮及過去二十年來取得的另一片領土還有空間容納日本過剩人口。若不然，日本無疑另外需要增加一塊土地，以容納日後過剩的人口。當然，他們對新家園的需求絕不允許擾亂那些寧可保持自身特有成長及發展型態的社會；但另一方面，日本尋求擴張的正當要求也不該被逕自否決。」

然而重點是，日本能朝哪個方向拓展。她的勞工階級無法輕易適應與祖國不同的氣候條件：福爾摩沙對他們來說太熱，朝鮮則太冷。在她自己的領土外又沒人要她。那麼，你要她往哪裡去？給她

一大塊澳大利亞的土地？致力推行「白澳政策」的澳大利亞人會說「休想」。給她菲律賓的一部分？日本也許會喜歡，但美國人不會答應。那檀香山呢？那兒的日本人已經太多了，而氣候適合她的人民生活的英屬哥倫比亞省和加州也不要她。中國也不要她。但你卻不能阻止日本的人口流動。水龍頭流出的水已經放滿了，若不採取措施承接過剩的水，結果將是一片狼藉。

「日本經濟壓力的後果是很深遠的，」濮蘭德先生說，「但問題本身其實非常簡單。純粹就是要如何提供糧食餵飽過剩的人口，他們早已超出國土負荷、又被我國的排日法案（Exclusion Act）禁止移民至人口較稀疏的海外地區謀生。」[7]

濮蘭德先生接著提出一些有趣的數據以佐證他的論點。日本的出生率是千分之三十二，相當於每年增加七十五萬人。過去十年來，人口從5,000萬增加到5,700萬，成長了百分之十二，因此平均每平方英里有380人；而在同一時期，耕地面積只成長了百分之五，稻米產量則增加百分之四。

因此問題每年變得愈來愈棘手，一年年過去，也愈來愈難以進口糧食的方式來解決問題。即使先前還有餘裕，但如今已到了緊要關頭：日本人非外移不可，否則就會餓死。

日本移民

只要日本人進入「白人的土地」，一定會出現兩大反對理由。其一是根深柢固的膚色偏見，以及對異族通婚的厭惡，後者可說是正當也可諒解。其二是在多數情況下反對力道最強烈的，那就是對日本廉價勞工的反彈。日本人和其他亞洲人一樣，可以在遠低於白

人生活水準的環境下度日，因此也能以更低的薪水工作；實際上，白人在體力勞動上遜於日本人，因此根本不敢允許日本人在勞動市場上和自己公平競爭。那麼，這個反對理由同樣也是可以理解的，因為每個國家都應當在保障外國人利益前，優先保障本國人民的利益；日本人在這一點上可不落人後。比方說，即使在日本國內，華人在體力勞動上的薪資比日本人來得更低廉，因此華人被禁止在昔日的外國租界外從事體力勞動。

話說回來，日本移民也不可能放棄自我認同，而去融入移居國的人民當中。在澳大利亞或美國，來自斯堪地那維亞等地的移民或許還保有自己的語言，但整體來說，他們的子女和當地居民的子女已經很難區別了。日本人卻非如此。他們不只是亞洲人，更有著強烈的民族意識，因此他們始終自成一族，若移民人數夠多，更會形成名副其實的國中之國（ imperium in imperio ），就像他們在加州那樣。因此在「白人國度」裡，他們因為自己最根本的美德——勤奮、節儉和愛國——反而成了猜忌和反感的對象。

然而在熱帶殖民地，像是英皇直轄殖民地上，白人居民對於日本人的偏見，則是因為覺得他們有如一國大軍，由東京的大本營指揮調度，並由半官方的銀行和重金補助的輪船會社支援，與英國商人展開不公平競爭。英國殖民地當局並未對日本人採取任何歧視性措施，而是奉行「機會均等，公正無私」的原則；反觀在日本的歐洲商人，則一再控訴不但受到日本政府干擾和監控，更受到不公平的課稅、在檯面下補助當地競爭者，以及司法程序的延宕等待遇。[8]這些控訴在多大程度上屬實，我個人不予置評，但它們到處流傳，因此日本政府最好仔細查明。日本不可能魚與熊掌兼得：若她對外國商人及移民採取差別待遇，就別指望自己的國民移居海外時受到

歡迎。

　　日本人心知肚明，自己除了做為觀光客，在其他國家是多麼不受歡迎。他們不知道才怪，因為沒有人刻意對他們隱瞞，而且經常是以令人難堪的坦率要他們嚥下這點事實。他們以身為日本人為榮，但也很敏感。他們知道，就算自己有能力，也證明自己能培養出在藝術、科學、軍事及商業領域上與白種人並駕齊驅的人才，但還是有件事辦不到，那就是改變膚色。他們感到，這正是全世界多數國家當著他們的面關上大門，通常還重重摔上門的理由。日本人並不相信自己只因為是黃種人就低人一等，他們的國家如今也已成為大國，因此對自己遭受不公平排斥深感怨恨，卻不常停下來想想：白人國家就跟日本一樣，也必須照顧自己人民的生計。[9]

　　因此我想，正是我真心誠意的幾句話，讓我的東道主稍稍感到滿足。他們沒有對我多說什麼，但一段時日後，我逐漸明白日本人對這件事的感受有多強烈。我們離開福爾摩沙之後抵達神戶，當地一家日文報紙《神戶新聞》（Kobe Shimbun）的編輯聽說我從北婆羅洲和臺北前來，於是來找我並要求專訪。他是一位可愛的老紳士，我向他敘述了臺灣總督府在福爾摩沙給予我們的盛情和款待，又補上一句：北婆羅洲為日本人「敞開大門」。他看著我，我一度以為他要放聲大哭。

　　「那麼，貴國是這世界上唯一需要我們的國家了。」最後他說。

　　末松先生和他的同僚們自尊心太強，無法這麼充分地表達心境，但我想，他們的感受必定相去不遠。

　　在我的簡短演說結束之後不久，水果和蛋糕送上給了每一位賓客。接著我們轉移到起居室，咖啡端了上來，喝完咖啡後接著喝茶。在大家又交談了一會兒後，菲普斯夫人起身。先前賓客們就說好了，

這項困難的抉擇要託付給她，因為在晚餐六點半開始，八點剛過就告一段落的情況下，實在有點難以判斷何時該離席。我們害怕太早離席，讓主人誤以為晚宴令我們感到乏味，同時也擔心待得太久讓主人感到不愉快。但菲普斯夫人以過人的機敏完成了任務，在我們道別離開時，美麗動人的女主人請她轉告我太太：

「我好遺憾自己不會說英語，只能看著妳！」

我覺得自己也應該對這位優雅的嬌小女士說：「我好遺憾自己不會說日語。」但光是看著她就讓我感到非常愉快。

回飯店後，我們覺得自己度過了一個愉快而且最有趣的夜晚，多虧了領事和菲普斯夫人的道義支持，才讓這一夜不至於成為我們預想的一場折磨。如今回想起來，圍坐在晚餐桌前燭燈下的，是一群奇怪的人：身穿和服的女主人；穿著晚禮服的白人女子；身著樸素耐用黑色文官服的總督府官員；身穿卡其軍服、佩戴紅色領章、勳表和金色穗帶的赤松少佐；身穿漿過的襯衫、打著白領帶的菲普斯和我，以及那位穿著長禮服的沉默老紳士。某種意義上，這是東西方在性格及環境上相互妥協的結果。對今日中上階層的日本人來說，在西方式的裝潢擺設中享用東方式的晚餐已經是標準的生活方式了。

現代日本人的生存型態其實很怪。按吉卜林（Rudyard Kipling）[10]先生的話來說是：日本人有一種錯亂難辨的雙重角色（giddy harumphrodite），既是東方人也是西方人，若東西方相遇，必定是在一個採用「洋風」的日本人家中。但兩者相遇並非輕柔地融入彼此，而是形成涇渭分明的鮮明對比。儘管有些日本人培養出對西式生活和食物的真心喜愛，但我想，大多數日本人仍強烈排斥。我猜他們總覺得，自己不得不遵循一些西方習俗，才能和西方平起平坐，

但只要一有機會，他們幾乎全都會脫下西裝改穿和服（這不足深責），或是享用和食。

日本的轉型

一個民族的服裝和生活型態多半是氣候與環境的產物，移植到別處未必能成長茁壯。我不認為日本人放棄一些自己的服裝和生活習慣而改用我們的，就能增添幾分尊嚴。比方說，我們優雅的女主人穿著承繼祖先而來的傳統服飾時，顯得既尊貴又自然；要是她穿上了西式晚禮服，恐怕就被糟蹋了，而且肯定少了幾分自在。

那晚之後，承蒙菲普斯先生厚愛，他寄給我一些探討這個課題的筆記。以下全文引述他的評價：

我以為，若日本人期望被看成世界一等強權，就不太可能不多少採用一些西方的作法。他們想在世界各國中達到夢寐以求的地位，就需要西式教育、資金和軍事力量。這一切若不向西方國家學習就辦不到。和服在美學上或有其魅力，但它非常不適於辦公室座椅或軍艦指揮塔。就算只採用一部分西服，其他領域仍不免隨之修改，像是住宅建築。地位較高的日本人至少需要一間西方式裝潢的房間，以款待他的外國客人或久居國外、習慣外國生活方式的日本友人。一旦日本以其他東方國家不曾有的方式向西方文明敞開門戶，加深西化就是必然的結果。即使日本國內的傳統文化愛好者及守舊派人士必定為之嘆息痛恨，但這勢在必行。

所幸，宮廷之外的女性幾乎不曾出現拋棄迷人傳統服飾的跡象，即使在某些情況下，考量到實用性和便利性非得捨棄和服不可：例

如醫院的護士會發現，和服的長袖子會對工作造成嚴重阻礙。就事論事，我確信和服有著嚴重缺陷：它十分昂貴，特別是寬腰帶；如果說歐洲女性穿著的束腹容易壓迫到穿戴者，那麼又重又緊的腰帶造成的壓迫還要更嚴重。裙子太緊也牽制了雙腿，讓人行動不自由。但就一件美麗的事物而言，日本女性的和服有著崇高的地位。

隨著戶外運動於日本女學生間愈加普及，女性服裝也有可能因此做些修改。會是哪種修改還很難說，但很可能更普遍地在女校中採用袴裙（hakama），規定日本女校師生穿著。

日本人的性格與他們獨特的風俗、服飾、房屋，乃至整體生活方式密不可分，但如今因此，正在發生的改變是十分劇烈的。我常疑惑，日本人的民族性如此鮮明突出而且是他們不可或缺一環，這樣的改變對他們的民族性來說究竟是不是有利。就某些觀點看來，或許是勢在必行，但日本人恐怕仍難以採納那些通常不適合他們的轉變；還有那些在偏見被習慣淡化前，他們不樂見的轉變。

對此，日本人自己就是最好的裁判。這個世界敬重的仍是堅守自身傳統的民族，因為我們在內心深處都是守舊的。我也堅信，拋棄了父祖之道後就算培養出了西方文化，大多只算是表面工夫，對日本人來說弊大於利。因此我合理地推測，既然今天的日本已恰如其分地躋身世界一等強國，或許趨勢又會擺盪回來；日本人的情感或許會逆轉，讓他們回歸並堅守日本傳統之道。

總之回飯店後，菲普斯和我也決定要在那一夜堅守我們的傳統，而我們高舉的那兩杯威士忌蘇打真是太好喝了。

註釋

1. 譯註：法水了禪是總督首席翻譯官，參見第七章。

2. 譯註：總務長官下村宏此時為視察海岸線而南下。參見〈長官南下期 為視察海岸線〉，《臺灣日日新報》，1921年4月4日；〈長官視察旅程〉，《臺灣日日新報》，1921年4月6日。

3. 譯註：末松偕一郎（1875-1947），時任臺灣總督府內務局長。參見中央研究院「臺灣總督府職員錄系統」大正九年（1920.12）相關條目。

4. 譯註：克魯格（1825-1904），南非德蘭士瓦共和國總統，第二次布爾戰爭（1899-1902）期間率領南非布爾人（荷蘭裔白人移民）抵抗英軍進攻，戰敗後亡命歐洲。

5. 譯註：史考特（1771-1832），蘇格蘭詩人、歷史小說家。畢生寫成三十多部歷史小說，首開英國歷史小說之先河。

6. 1921年6月16日。

7. *Japan, China and Korea*, p.137。

8. 譯註：日本在臺灣的經營相當程度上也涉及了這種「不公平競爭」，臺灣總督府出資補助大阪商船會社經營華南航路，迫使英國道格拉斯（Douglas）輪船公司退出，以及臺灣銀行投放大量資金給日系糖業會社，將外國資本從市場排除，皆為範例，參見矢內原忠雄著，林明德譯，《日本帝國主義下之臺灣》；涂照彥著，李明峻譯，《日本帝國主義下的臺灣》（臺北：人間，1992）相關章節。

9. 譯註：關於加拿大、澳大利亞等英國自治領受美國排日風潮影響而積極排斥日本移民，英國的居中調停與日本的反彈，乃至這一切發展對於1920年代日本、美國與英國及其自治領多方關係所產生的後果，可參見 Neville Bennett, "White Discrimination Against Japan: Britain, the Dominions and the United States, 1908-1928," New Zealand Journal of Asian Studies, 3:2 (2001.12), pp.91-105。

10. 譯註：吉卜林（1865-1936），出生於印度的英國小說家、詩人，在兒童文學及短篇小說方面成就非凡，詩作也廣受傳誦，1907年獲得諾貝爾文學獎。其創作頌揚殖民擴張、帝國主義的內容（例如詩作《白人的負擔》）至今仍評價兩極。

第九章
樟腦、鴉片與菸草

拜訪樟腦工場→樟腦事業→日本人改良中國人的方法→今後的
興盛取決於理蕃的成效→鴉片專賣→鴉片吸食控管→日本人的努力
與成果→對照英國殖民地的鴉片管制→菸草專賣→政府專賣事業的
整體成就→臺北監獄→我們離開越村，走訪淡水→早年西班牙人占
領淡水和基隆→西班牙人向荷蘭投降→英國領事館→園藝家的天堂
→日本人的高爾夫球場

晚宴隔天早上九點鐘，越村乘著總督府的車來接我們。這個集
合時間是他建議的，看來又會是一整天的緊湊行程。

我們仍然面臨領不到錢的問題。人在臺南時已費盡千辛萬苦，
最後主要是靠越村的遊說功夫，才從臺灣銀行領取一百圓，但這是
上限了。於是，我們駕車前往臺北的臺灣銀行本行，希望這次可以
順利些。但到了本行，卻再次發現自己撞上一堵石牆。儘管我們出
示了英文信用狀及香港上海匯豐銀行（Hong Kong and Shanghai
Banking Corporation）的結單，證明我們在橫濱確實有存款，但行員

卻執意不肯幫忙。即使信用狀上附有一張清單，明白列出全世界其他每一家有名的銀行，卻唯獨臺灣銀行不在其中，看來這點踩到臺北本行高層的痛處。他們就是拒不受理，越村遞出名片，為我們解釋說明也沒用。就算憑著臺灣總督府貴賓的身分，我們仍領不到一毛錢。我忍不住憤恨地咒罵起泗水丸號的船長，都是因為他節約燃煤，害得我們沒時間在香港辦妥必要手續；雖然我們滿心不悅地離開銀行，但還是盼望見到匯豐銀行的臺北代理商後可以時來運轉。

樟腦業

和銀行過招慘敗後，我們前往專賣局樟腦工場[1]，受到吉岡先生的迎接，前一天晚餐時他就坐我旁邊。在他極其親切的引導下，我們才得以觀看製造樟腦的整套流程。

樟腦無疑是福爾摩沙最有趣的一項產業。福爾摩沙樟樹生長在東部山區，若非在原住民區域，就是在蕃界上，商業用樟腦就是提煉自樟樹的木片。正如達飛聲先生所提過，有個題目或許會吸引統計學家，那就是算出：「取得幾盎司的樟腦需淌幾滴血，好讓善心年輕女士能買來避免衣魚爬上她高貴的衣服；或者得犧牲多少人命，才能換得老人治好風濕痛的樟腦？」[2]因為生產樟腦向來遭到原住民的激烈抵抗；即使到了現在，看著外人侵入領地、砍倒樹木，仍令原住民們感到驚駭與沮喪。

早在日本人來到之前許久，福爾摩沙就在生產樟腦了。在中國占領期間，當局小心翼翼地保護樟腦業，單宣告國家專賣還不夠，還對私自採樟製腦者處以死罪。這絕非虛聲恫嚇，中國政府雖然在許多方面昏庸無能，卻從不缺乏懲治臣民的心力。根據記載，在一

年內曾有超過兩百人因為私製樟腦而腦袋搬家，甚至因此引發暴動；[3]結果，儘管專賣制度保留下來，但相關法規獲得修正，對觸法者從寬處置。

十九世紀中葉，樟腦貿易引起洋行的注目，商人們與政府當局抗爭多次之後，終於促使政府撤廢專賣制度。很快地，樟腦業的發展突飛猛進，但隨著原住民與從事樟腦業的中國人之間的衝突持續升高，幾乎扼殺整個產業。就算當局出兵討伐原住民，卻仍舊徒勞無功，有時就連討伐軍都難逃一劫。有一次，一支180人的中國軍隊遭到奇襲而全軍覆沒，只有一名男孩藏匿於高草叢中而倖存。

中國人取得樟腦的方法，和原住民的農耕法一樣暴殄天物。他們砍倒大量樹木且從未補種，地面因此童山濯濯；結果在日本人接管福爾摩沙時，發現原有的大片樟樹林多半已被砍伐一空。因此在樟腦業開始衰退後，就必須往山林深處越走越遠。

如今最容易開採的樟樹林位於北部山區，那裡的樹高和樹圍都很巨大。福爾摩沙的樟樹和婆羅洲的樹種不同，婆羅洲樟樹的樟腦蘊藏在樹幹內部的某種凹洞裡，或以小顆結晶的型態分布在紋路中。福爾摩沙的樹種則似乎充滿了樟腦，在樹木直立時或砍倒後切下小片即可取得。接著木片被放進架設於伐木現場不遠處的火爐中，散發的樟腦蒸氣從盛裝木片的蒸餾器（可裝四百磅左右）經冷卻管進入凝結桶，並由此蒸餾出來。木片每隔二十四小時需更換一次。之後取出凝結桶中的細小白色晶體並裝袋，再將木片的副產品腦油分裝到錫罐裡，得裝滿堆積如山的腦油罐才算大功告成。。

以往得時時防範樟腦中被摻假貨，對於這點，達飛聲先生說過一個故事：[4]有個膽大包天的中國樟腦工人，在某個寒冬裡破天荒地第一次近距離看到雪，於是他把幾個簍子裝滿雪，再混進些樟腦結

晶，產生出樟腦的氣味，隨即匆匆趕去賣給最近的商人。買主一開始沒察覺他的騙術，直到回頭檢查存放樟腦的大缸，才發現除了少少幾磅的樟腦，其他全都蒸發了。然而，如今摻假貨很容易會被察覺，因此不管手段多麼高明，都不值得工人造假。

在日本占領之初，臺灣總督府只按樟腦的生產量課稅，但在1899年，樟腦製造列入專賣事業，目的有二：除了擴充收益，也要更有力地控制珍貴的樟樹林。如今只有取得總督府執照的人士才能生產樟腦，再由專賣局官員以定價向地方的工人收購，重新包裝後運下山，在臺北的工場精製。

我們在工場裡看見未加工的原料正被日本人設置的巨大蒸餾機淨化。大堆雪白的粗製樟腦堆放在蒸餾鍋外，被一鏟鏟地送進鍋中；在高溫下產生的蒸氣再次穿越冷凝管重新結晶。接著，在薄片狀的晶體凝聚起來後，經真空沖壓而產生結實的不透明塊狀物，外型近似人們能在藥房裡買到的小塊樟腦。之後再把這些塊狀物裝進襯鉛木箱並蓋上總督府的標章，就可準備出口到全世界各地的經銷商。當我們到達包裝室，雙眼淚流不止，不得不大口呼吸，因為樟腦的氣味實在太嗆人。

福爾摩沙是全世界最大的樟腦產地，樟腦在製作賽璐珞和無煙火藥的過程中位居要角，更不用說在一般醫療用途上有非常大的需求。[5] 自從日本人控制了樟腦業，這項產業也變得更加興旺，他們提升原料品質，促進樟腦油的製造，並小心控制產量，使得工人的性命不再像過去那樣朝不保夕。結果，雖然出口量從1894年的680萬磅下降到1922年的四百萬磅不到[6]（管控的結果），但樟腦業仍在健全穩定的基礎上持續發展，取得很好的價格。據傳，這項專賣事業每年帶給總督府金庫的盈餘至少有八十萬英鎊。同時至關重要的造

林工作也備受關注；不過當然未來幾年內都還不能期望由此出產樟腦，而島上既有的樟樹資源自是逐年減少。目前樟樹確實還不至於立刻被砍伐殆盡，但蕃地內也仍有尚未開發的廣大樟樹林；在原住民全體納入總督府管轄前，樟腦業最主要的問題恐怕還不算真正得到解決。

鴉片工場

我們走出樟腦工場後又揉了揉眼睛。接著我問吉岡先生，能不能也帶我們參觀鴉片工場。他立刻板起臉，那正是外語流利的人突然發現語言能力造成尷尬時的不二迴避法門。

「我不懂你的意思。」他宣稱。

「鴉片工場。」我重複一次，突然也說起一口試圖讓外國人聽懂的平板英語。「不能去嗎？」

「不許進入。」這位腦務課課長應聲答道。

事情就是這樣。極力為我們奔走的越村嘀咕了幾句「特別通行證」之類的話，但我覺得不要再追問下去比較得體。那畢竟是他們的鴉片工場。若他們是基於自身考量不願讓外人參觀，也就完全沒有理由非得讓我參觀不可。他們已經讓我看到了這麼多，我還抱怨的話未免太過無禮。

但我還是感到失望。我很想進去禁止進入的工場裡瞧瞧，因為鴉片問題十分耐人尋味；加上我在福爾摩沙已經聽說過太多，於是迫不及待想看看鴉片膏的精製方法。[7]

日本人將福爾摩沙收歸己有時，發現島民十分流行吸食鴉片。多年來，鴉片一直被課徵高額關稅，但仍無法阻止鴉片進口，甚至

有大量鴉片經走私入境。日本人明白，若放任鴉片的吸食蔓延，必將導致人口素質劣化，但他們也十分睿智地認知到，若試圖全面禁止吸食鴉片，後果將是弊大於利。鴉片成癮的人口多達百分之七，而禁止鴉片將導致的無盡衝突、走私猖獗及人口外移等，風險將大到當局難以承受，禁不起嘗試。

但顯然當局非採取措施處理這個問題不可。因此，總督府決定管控鴉片的進口、製造及消費量，結果鴉片在1896年列入專賣。私自輸入、製造及販賣鴉片可處五年有期徒刑，易科罰金250英鎊；並且禁止栽種罌粟花，未獲官方執照而吸食鴉片者可處三年有期徒刑，易科罰金三百英鎊，吸食執照（煙牌）只發給確實成癮的吸食者。總督府認為，經由這些措施，將有可能在一代之內清除吸食鴉片的慣習，或至少大幅縮減吸食者，同時也盡全力透過教育宣傳揭露煙毒之危害。

在掌控了生鴉片的製造後，當局遇到了極大的阻礙。他們對於鴉片的精製方法一竅不通，因此不得不屈辱地向島民學習，但島民自然也只有一套原始的作業流程，就是把原料放進鍋裡，在小火爐上用炭火煮開。但很快地，當局從英屬印度和波斯習得更先進的科學方法，也引進了現代機器。如今，我確信臺北工場的設備先進程度不亞於世界各地的鴉片工場。

但鴉片製造卻並不是當局需克服的唯一難題。他們在施行唯一獲准吸食鴉片的人口，也就是成癮者的登記及核發執照上遭遇更大的困難，因為每個申請者都必須由總督府指定的醫師檢查並開立證明。登記工作自1897年4月起開始，當時以為數月內就能完成，結果直到1900年9月才結束，全島登記在案的鴉片吸食者共有十七萬人之多。

執照發下之後，當局想盡一切辦法要將用藥習慣限定在已知的吸食者中。他們就是在這兒面臨了幾乎無法克服的障礙。登記全島已知的鴉片成癮者就已經是一項龐大的工程，而這只是因為吸食者知道自己若不公開承認就無法取得鴉片，這才得以落實。但仍有為數不少的島民同樣吸食鴉片成癮，只是用量較少未被列入鴉片成癮者之中。其中許多人想主動申請為確認的成癮者，因為他們沒有鴉片可抽就會走上絕路；儘管他們的申請多半會被衛生單位駁回，但用藥者必定會不擇手段取得渴求的藥物，若不發執照給他們，後果必然是就算有違法受罰之虞，偷吸鴉片仍然照樣風行。不僅如此，持有執照的吸食者家中的親人也很容易染上吸鴉片的習慣，其他人則在生病時尋求鴉片止痛，結果也吸食上癮。

控管鴉片吸食

　　偷吸鴉片的人數增加到不勝起訴的地步，迫使當局在1904年底決定對私自吸食鴉片的人一併核發許可，因此又發出三萬張新執照；同時推行新制度，要求吸食者每次購買鴉片都須出示紀錄簿，以登記購買數量，在已知每日用量下防止他夾帶鴉片給別人。即使實施新制並持續起訴許多偷吸鴉片者，隨後仍不得不追加16,000張新執照。不過，就算增加這些執照，1908年的合法吸食者人數還是比1900年減少了42,000人，1922年底的人數則是42,923人。人數減少一部分歸因於吸食者戒斷成功，但更多是因為死亡，鴉片吸食者的死亡率比全島人口的死亡率高出將近兩倍。[8]

　　最初引進鴉片管制規定時，只將吸食執照發給福爾摩沙島民，也就是在島嶼割讓給日本後成為日本臣民的中國裔移民。到了1904

年，鴉片吸食情況既已獲得有效控制，私營會社的增加與發展又吸引大量中國南方的勞工前來，因此當局決定，與其阻止中國苦力進入福爾摩沙，更明智的做法是同樣核發吸食執照給他們，每年換發一次。幸運的是，吸食鴉片的風俗僅止於福爾摩沙人和中國人，就目前所知，原住民未受波及，日本人的吸食者更是罕見。

《臺灣鴉片令》規定，用於吸食的鴉片煙膏只能以總督府規定的價格向指定零售商購買，零售商的貨品則由專賣局指定的經銷商供應，零售商與經銷商的指定都受到嚴格監督。鴉片吸食器具的製造及吸食所的經營也必須取得官方許可，日本人不得涉入和鴉片吸食相關的一切事務。醫藥用途的嗎啡及鴉片販售受到總督府監控，注射嗎啡及販賣粉末鴉片非經醫師開立處方一律禁止。雖然目前福爾摩沙有栽種罌粟花，但專賣局從印度、土耳其及波斯等地進口絕大多數原料；原料在鴉片工場中輾碎、放入大缸中蒸煮沸騰，由此取得鴉片膏、裝入錫罐並蓋上總督府標章，再批發給經銷商。

官方也製造一定數量的嗎啡，可想而知也有外銷。我也許說得不對，但在我看來，這是一門祕而不宣的生意。不管怎麼說，我都無法詳談嗎啡的出口量及目的地，因為雖然官員們對於鴉片似乎有備而來，能夠提供一切我所需要的資訊，但一提到嗎啡，他們不是突然推三阻四，就是莫名其妙地裝傻；因此讓我不得不認為，這才是參觀鴉片工場的要求遭到如此堅定回絕的原因所在。

國際聯盟諮詢委員會1922年8月8日針對鴉片交易發表的報告書中提到，1920年在福爾摩沙生產了8,018磅嗎啡，在日本生產7,833磅，同時有48,689磅輸往日本。該報告書宣稱：「日本政府答覆調查表所提供的數據明確顯示，日本在過去幾年之中的嗎啡進口量，始終高過日本國內標準的正當需求量……在扣除戰時及戰後醫療需

求增加的數字後，委員會已可充分確信，這些嗎啡多半被運往中國。」毋須多言，從福爾摩沙走私嗎啡到中國，遠比從日本走私到中國更加容易。

鴉片走私

不論日本的對外政策籠罩著怎樣的謎團，日本人以一己之力極有效率地處理福爾摩沙的鴉片問題，仍是不爭的事實。更值得讚許的是，他們在全無這方面施政經驗及先例的情況下達成這項任務。美國政府在幾年前肯定了日本的這項成就，因當時他們正苦惱於菲律賓群島的鴉片問題，而他們派遣專員來福爾摩沙考察鴉片製作方法、研究鴉片配給與管控法規等，以這樣的方式向日本人致敬。[9] 如今，鴉片吸食在菲律賓群島也已禁止了。

鴉片吸食不太可能從福爾摩沙被徹底根除，從每年因違反鴉片相關法令而遭定罪的人數看來，就連偷吸鴉片也不大可能杜絕。在未受教育的中國人之中，對鴉片的嗜好似乎根深柢固，但用藥的情況已受到有效控制，隨著島上人口穩定成長，鴉片吸食者的人口比例也逐漸下降。

我個人認為，日本人採取了控制鴉片吸食的正確做法，而非試圖禁制鴉片吸食。每個認真研究過這個問題的人都知道，中國的「禁煙」連鬧劇都算不上。正如濮蘭德先生所說：「『禁煙』運動終結了正宗的印度鴉片進口，並阻斷了它在先前一切管道上的轉口貿易，但只是將它導向新的通路，導向讓達官貴人能更直接獲利的途徑。」[10] 不僅如此，在上節引述的國際聯盟禁煙諮詢委員會報告中的下一段文字也這麼說：「本委員會很遺憾只能獲得以下結論……目前在中

國，罌粟栽種面積廣大且遍布各地。」[11]

當一種習性在社群中某一部分人口之中累積成癮時，以相對漸進的方式來處理當然更為明智、也更符合人道。我喜歡日本人的原因在於，他們並非吹毛求疵的多愁善感之輩。他們實事求是地看待人性；他們為了領土更完善的行政和當地人民的福祉，實施自己認為最合適的控制手段；當他們確實控制住了吸食鴉片的陋習時，也笑納大筆若用其他控制方法就會消失的收益——每年整整十萬英鎊的淨利。將慈善工作當成一門營利事業，應該是每個文明國家共同的目標，但太多時候國家的慈善事業卻只是大大耗損國庫。我寧可設想，要是英格蘭因毒癮氾濫而不得不設立反毒部（Anti-Dope Ministry），恐怕將花掉國家一大筆錢，而不像福爾摩沙的鴉片管控還能帶給國家財政一筆優渥的收益。

種植罌粟

我以為日本人完全明白，禁止吸食鴉片只有一種可能的方法，那就是禁止罌粟栽種，只留下醫藥所需的規模。若沒有罌粟就不會有鴉片，更不會有吸食者，只要罌粟還在，就會產生鴉片，吸食者也總有辦法取得。可是既然英屬印度政府帶頭製造生鴉片，恐怕絕不可能禁止栽種罌粟；許多政府每年都靠著販賣鴉片賺進大筆收入，包括英皇直轄殖民地及保護國政府。他們不能捨棄這項收益，而只要貨源仍可輕易取得，他們就會繼續這門生意，同時盡可能地欺瞞那些有意杜絕鴉片交易的人。

我之所以花了一些篇幅談論福爾摩沙的鴉片專賣，是因為在我看來，福爾摩沙當局採取的政策很可能受到其他鄰近地區效法。例

如，在華人居民及勞工人數眾多的馬來聯邦、海峽殖民地、香港和北婆羅洲等地，鴉片就是政府專賣事業，政府進口原料製成鴉片膏，再賣給領有執照的零售商，但控制也到此為止。零售商可以買進的鴉片數量不受限制，吸食者也未登記領照，儘管商人或許只把鴉片賣給一位成年華人，卻無從防範他會購買多少鴉片，並送到親朋好友的手中，因為他不需要帶一本紀錄簿登記自己的購買數量。[12]因此，這樣的限制僅僅造就了一個事實：政府既是進口商也是經銷商，並從中獲取最大利潤。

說到這種利益，我必須坦承，我不認為這些殖民政府需對此感到多麼羞愧。除了一兩個愛在國會之中提問找碴的怪胎對他們來說有如芒刺在背，有時又讓他們不得不表現出羞愧的姿態，此外不用說，他們根本毫無愧意。很明顯地，只要鴉片供貨無虞，吸食者就能取得；同樣明顯的是，只要鴉片持續出售，就有大筆收益進帳。既然利潤總要有人賺，倒不如讓各地區的政府去賺，好讓它們對人民少抽點稅。此外，政府專賣也能避免許多弊端，例如：若沒有專賣制度，大規模走私必定猖獗。但我們對這個問題就別再惺惺作態；就老實承認吧，政府專賣鴉片就是為了營利，而政府施加任何控制的用意，除了有效管理也為了賺錢。否則，如果是以減少鴉片吸食為目的，就應該不費吹灰之力地引進類似福爾摩沙的做法。即使採用福爾摩沙的作法，正如我先前所說，收益還是會很可觀。

鴉片收益

目前，某些直轄殖民地政府定期調漲鴉片價格，並公開宣稱目的是為了減少消費量。無獨有偶，這個方法也防止了收益減損。若

真能達成目標再好不過，因為這樣一來，我們就會看到慈善與收益攜手並進，但情況卻非如此。經驗顯示，無論價格多昂貴，毒蟲總有辦法拿到藥物，他們不擇手段、不惜犧牲，可說是惡名昭彰。一旦人養成每天抽點鴉片的習慣，用量幾乎只會增加而不可能減少；他會不吃不喝，失去應有的營養；他會偷拐搶騙、欠債不還，只為了取得日常需求的鴉片。或許可以想見，昂貴的價格可能讓某些藥癮不重的人卻步，但那些占大部分鴉片銷量的慢性成癮者卻沒這麼容易被嚇阻，萬一他止步了，恐怕早已經自毀人生。因此當鴉片價格上漲，通常導致的結果不是收益維持不變，而是收益增加。對中國鴉片吸食者略知一二的人都可預見這樣的結果；但在這種情況發生時，可以想見人們腦海裡會浮現一幅情景：殖民地大臣打電話對財政部說：「你們看，這件事太糟糕了，但消費稅收入又增加了。我們到底該怎麼辦？」

　　整個問題的癥結在於，若少些多愁善感之輩，就不再需要這一切花言巧語和故弄玄虛，下議院裡的怪胎也就不太可能起立發言了。這些衛道人士在自家附近多的是事情得忙，而我個人則懷疑：受到鴉片摧殘的家庭比例，究竟能否與被啤酒與威士忌所摧殘的家庭比例相提並論？對多數中國人來說，一管鴉片和歐洲人的一杯威士忌蘇打沒有兩樣；他沒有理由不去享用。只要鴉片存在，慢性成癮者都弄得到手，那就讓他好好享用。只要讓他取得鴉片的途徑在當局的監管下就行。在我看來，從事鴉片交易的殖民地政府心態就是如此。到此為止一切都好；幾乎沒有一個住在東方的明理人士會爭論這個看法。問題是，事態並不會到此為止，有一點就連那些自詡為改革家的人士也往往不能理解：光是感謝白人帶來的各種疾病，以及杜松子酒和威士忌之類的文明恩澤，多數東方國家的原住民族就

已經受夠了。在福爾摩沙，鴉片吸食者在最大程度上受到孤立，因為紀錄簿制度讓他很難去影響他人；但在殖民地政府的鴉片供應量尚未採取定額，所有吸食者尚未受到某種限制之前，是不可能遏止吸食鴉片的習性蔓延到原住民之間的（更不用說傳遍華人之間），這種可能性看來無可挽救。不為其他理由，光是基於這個理由（如果沒有其他理由），擁有大量華人居民的英國殖民地及保護國就很可能沿用福爾摩沙現行的更嚴格法規。

政府專賣事業

關於食鹽專賣的詳情前文已經提過。專賣局還有一個部門，就是1905年列入政府專賣的菸草。菸草在日本也是專賣事業，外國菸草進口至少需課徵3.55倍的關稅，每位曾造訪日本的人士都有過慘痛經驗，福爾摩沙的專賣也以同樣方式進行。如我先前所提，菸草在福爾摩沙的栽種成效顯著，和進口菸葉（因當地產量不足以供應所需）一起在臺北的工場製成香菸、雪茄和菸絲。菸草事業目前正蓬勃發展，總督府每年售出菸草的總值超過五十萬英鎊。

當我們想到五項專賣事業（鹽、樟腦、鴉片、菸草，酒類）自政府接手至今，收益總值已從四十三萬英鎊增加到2,100萬英鎊，每年淨利超過80萬英鎊時，[13]也就能看出這些政府專賣事業的獲利多豐厚。福爾摩沙有超過百分之六十的收益來自國營事業（除了專賣，鐵道和森林的盈餘最為重要），這使得向個人課徵的直接稅相對較輕。這正是專賣行之有效的證明：若它能支付必要開銷，讓必須徵收的稅額得以壓低，它的存在當然是合理的。毫無疑問，福爾摩沙的繁榮多半歸功於獲利豐厚的專賣事業，它協助提供了大規模發展

福爾摩沙所需的大筆資金。

在福爾摩沙這樣的新開發領土上，開墾土地需要為數可觀的資金，而專賣制度有可能在實務及商業上都獲得成功；若真能如此，那就毋須責備政府當局充分利用殖民地的多數資源，而不是（也許徒勞地）等待企業資本前來開發。

國家參與商業貿易合不合乎最高利益？就行政管理觀點而言，這個問題當然仍有討論餘地。此外或許也應當承認，國營專賣事業增加了官員人數，讓私人企業蒙受損害，並消除開放競爭的刺激，因此限制了貿易自由度。公營事業的經營幾乎不能像私營事業那樣符合經濟效益，若將福爾摩沙的鹽、樟腦、菸草和酒類事業留給私人企業經營，再予以課稅，或許會有更高的效能、甚至是更大的收益。按照這樣的方式，國家也不至於在歉收年損失慘重，像是在1921年大蕭條期間專賣局所面對的情況。毫無疑問地，當局目前也覺得受夠了，因為在1921到1922年的大歉收期間，糖業有力人士極力促成糖業專賣，臺灣總督府卻拒不配合。[14]

監獄

我們向吉岡先生道別之後，和越村一起乘車去臺北監獄。[15]到了監獄後，我太太必須留在一間接待室裡（但貼心地給了她一本風景明信片翻閱），我和越村則在典獄長陪同下四處參觀。

臺北監獄是一座相當漂亮的石造建築，造價三萬英鎊，走道和地板全是水泥地，可收容1,200名受刑人。懲教管理系統看來人道且先進：受刑人被安排從事有益的勞作，為國家賺取收益，我看見各式各樣的產品，像是籃子、靴子、衣服和家具。近日已廢除過去就

連觸犯輕罪都會被施加的體罰，他們還告訴我，如今只有犯下所謂的加重殺人罪才會被判死刑，平均每年有五件；九成的受刑人是福爾摩沙人，而在我參訪時，監獄內沒有原住民正在服刑。

福爾摩沙的罪犯由各級法院審理，法院由日本法官及推事主持，並按日本刑法及刑事訴訟法進行審判。然而，專為一國需求而制定的法律未必適用於另一國，正如張三的外套李四未必能穿；因此，這些法律除了依本地總督的律令及法規增補，法院也會採納本地風俗及習慣法的記載。這種做法在島民未適應日本殖民統治的初期特別可取，因為按照中國的風俗，母親殺害女嬰或畸形兒的行為毫無違法之虞。

據說，日本法院公正廉明、絕不貪汙受賄，儘管這很有可能是因為，總督府支付給這些隸屬總督的司法官員一筆足以讓他們不受誘惑的薪資。當然，中國人堅決信奉行賄的力量，竹越先生也說過，[16] 當日本在島上設立第一個法院時，原告發現自己送上的賄款遭法院拒收，於是立刻撤告；在他們看來，法官顯然收了對方更多的賄款，並且認為堅持訴訟不過是浪費時間。但這樣的心態早已改變，如今司法體系得到島民的信任，既然中國人同巴坦人（Pathans，即居住在西北印度的普什圖人）及旁遮普的伊斯蘭教徒一樣性喜興訟，自然也不落人後地爭相向法院提告。[17]

離開監獄後，我們駕車繞了植物園[18]和臺北公園[19]一圈，越村自豪地跟我們說，臺北公園按歐洲風格設計。接著，我們暫時與我們的隨員道別，搭上開往淡水的火車，因為我們受邀和菲普斯領事伉儷共進午餐。

當我們離開越村時，覺得自己就好像兩個從家庭女教師身邊逃跑的小孩。這話聽來或許有些無禮，雖然我們的東道主如此親切，

但有時我們還是會想要留給自己一兩個小時。不列顛人在內心深處是一群不守規矩的生物，要是他每天的娛樂都被安排好，他很快就會覺得煩躁。他覺得按表操課的工作是令人厭煩的束縛。他和許多美國人不一樣，討厭按部就班的觀光行程。他想要獨自一人四處閒逛，探頭看看偏僻的角落。他喜愛四處探索，而一座外國城鎮最值得探索之處，往往未必是博物館和公園。

西班牙人與荷蘭人

淡水在臺北以北十四英里處，搭火車需一小時。它位在淡水河的出海口，曾經是一座繁忙的港口，如今已被基隆取代；原因之一是，淡水河中有一道惱人的沙洲，因此就算在滿潮時，也只有吃水不到十四英尺深的船隻能進入。

最早殖民淡水的歐洲人是西班牙人，他們在十七世紀初來到這裡。西班牙人雖然占領了馬尼拉，對日本的貿易卻遭到荷蘭人排擠，於是決定在福爾摩沙北部建立一個貿易站，做為菲律賓與日本之間一個便利的中間站，重新開始對日貿易。於是在1626年，也就是荷蘭人立足臺南的兩年後，馬尼拉當局派出一支由兩艘大帆船和十二艘中國戎克船組成的遠征軍，搭載三個步兵連隊及一些道明會修士啟程。

西班牙人在抵達福爾摩沙北部海岸後發現，雞籠港似乎符合他們的一切需求。他們將該地取名為聖三一（Santisima Trinidad），並在港灣入口的小島上（今日稱作棕櫚島，即社寮島）興建了聖薩爾瓦多堡，升起卡斯提亞（也就是西班牙古國）的旗幟。幾乎沒有一個地方是這麼容易就被占領下來的。更重要的是，這片殖民地未曾

受到侵擾，道明會修士也以他們一貫的方式熱烈爭取原住民改宗。西班牙人受到這次成功的激勵，三年後將注意力轉向淡水，在河邊的一座山丘上建造了聖多明哥城，並設置傳教站。

　　儘管西班牙人無意妨礙荷蘭人的活動，他們不過是想要和平地進行貿易，但熱蘭遮城的評議會卻不太可能坐視外國人悄悄來到島上修築城堡，因荷蘭在東亞海域的一貫政策為確保自己完全獨占東方貿易；為了對荷蘭人公平，我們也須記得，當初中國人是心滿意足地把整座島讓給荷蘭人的。[20]然而，幾年過去了，他們忙於處理自身事務，無暇採取將西班牙人趕出殖民地的積極行動，直到1641年，雞籠長官才接到熱蘭遮城的最後通牒，要求他交出整個福爾摩沙北部的領地。該通牒遭到斷然拒絕。荷蘭人隨即派出一支遠征軍攻打西班牙城堡，但守軍頑強抵抗，使得攻擊軍未能達到目的就被迫撤退。

　　很明顯地，荷蘭人遲早會派出更強大的兵力再次來犯。然而，馬尼拉當局對福爾摩沙殖民地漠不關心的程度，似乎正如巴達維亞的當局看待自己的殖民地那樣，（在殖民地設立後）既不把它們當成能抑制敵人影響力的有力前哨站，也不重視它們做為貿易中樞的價值。

　　荷蘭人來犯之後，西班牙人不但沒派出增援，更把福爾摩沙的四連兵力調走三連，以鎮壓菲律賓原住民的反叛。荷蘭人得知消息，立刻著手準備發動第二次遠征；當西班牙長官向馬尼拉告急請求救援，馬尼拉則派出一艘船，載著一些糧食和彈藥，以及八名士兵的慷慨援助前來。

　　1642年8月3日，一支荷蘭艦隊出現在淡水外海。西班牙軍的兵力不足以反制登陸，荷軍毫不費力地拿下城外。他們占領一座俯瞰

城堡的小山，並於砲轟六天後攻陷城堡，即使長官和少少的守軍英勇地抵抗。數日後，雞籠也失守了，荷蘭得以歡慶他們在東亞海域第一次戰勝西班牙。

雞籠、淡水兩處殖民地無條件投降，價值高達一百多萬西班牙銀圓的戰利品也落入勝利者之手。包括傳教士在內的守軍人員先被帶到熱蘭遮城，再送往巴達維亞，並受到善待。他們最終獲釋，並獲准返回馬尼拉，除了西班牙長官，所有人都樂得接受這項讓步；可憐的長官寧願留在異地坐牢。在那個年代就算是雖敗猶榮，吃敗仗可是大罪；他大概心思夠敏銳所以明白，戰敗投降是馬尼拉高層政策所累的事實愈明確，他的處境多半就愈不利。

每個聽過「歷史會重演」這句話的小男孩，都不免疑惑這句老生常談究竟是什麼意思。他可能會去詢問看似無所不知的父母親，得到的答案大概還是很含糊。但福爾摩沙的西班牙和荷蘭殖民地卻有著十分奇妙的命運，它們正是歷史如何在短短數年內重演的絕佳範例。

在這兩個例子裡，前哨據點都在建立後遭到孤立，處境懸而未決。兩者都面臨外敵進犯，西班牙人面臨荷蘭來襲，荷蘭人則面臨國姓爺入侵，它們都曾向總部求援，表示現有兵力不足以持久抗戰。兩者的長官也都遭到上級背叛，上級安坐在經營已久的殖民地首府，毫不在意開拓者們所遭遇的危難。兩處殖民地都在奮勇抵抗後被迫投降，隨著它們的投降，在一片沃土上建立繁榮殖民地的絕佳契機就此一掃而空。不僅如此，在這兩處殖民地陷落後，雖然都有過要求反攻和報復的聲音，卻從未採取任何行動洗淨國威所蒙受的侮辱。

荷蘭人驅逐西班牙人之後，分別在雞籠和淡水設置了商館。他們在淡水以紅磚和石頭修築了一座龐大的城堡，取代聖多明哥城，

城堡圍牆有八吋厚，俯視著淡水河。這是一座堅固的工事，如今做為英國領事館所在地，仍完好無損。

英國領事館

福爾摩沙的第一座英國領事館1861年設立於台南，就在同一年，由於港口貿易衰退、氣候不宜人居，領事館遷往淡水，淡水河上的一艘船成了副領事的第一個住所。1865年，副領事郇和先生再將領事館遷往打狗（隨後又遷到安平），不過淡水的副領事館仍持續做為下級單位，並於1867年進駐荷蘭人的舊城堡，直到今日；我們就是在這兒見到東道主的。建築的保存狀況十分良好。地牢和做為囚犯單獨放風之用、由高牆圍繞的院子仍清晰可見；而在英國米字旗（Union Jack）取代荷蘭東印度公司旗幟飄揚的主堡上，則可看到四周鄉野的壯麗風景。老主人菲普斯還十分滿足地發現，這裡也是一處十分適合小男孩成長的地方。

英國領事官邸距離領事館不遠，就在同一座山上；那是一幢紅磚樓房，在歲月雕琢下顯得古色古香，地板鋪上磁磚，每層樓都有拱廊環繞。我們在這裡度過一個愉快的下午。菲普斯一家是我們離開婆羅洲後首度遇見的歐洲人，他們的宅邸與那些我們知之甚詳、建在木樁上且以棕櫚葉為頂的熱帶木造建築大不相同，自成一種氛圍。當我們坐在客廳，圍著壁爐中熊熊燃燒的烈火歡欣雀躍時（自從我們離開英格蘭再也不曾見過），頓時感覺自己回到家鄉了。

在身處熱帶的遊子眼中，歡快閃動的火焰或許比其他任何事物更能代表英國。我們每個身在荒野的人都有自己最美的家鄉夢，有些人夢見皮卡迪利圓環（Piccadilly）熙來攘往的人車，或是聖詹姆士

上：淡水英國領事館，下：自領事館眺望淡水河

街（St. James Street）雄偉的坡道，有些人則夢見了週日午後泰晤士河平靜無波的逆流。但我以為，我們大多數人最夢寐以求、回國後也最感激的，卻是空氣中帶著充分寒意的夜晚，讓我們確信自己已經遠離了四季皆夏的國度，還要有張大大的扶手椅，自己則靠在椅子上滿足地凝視著火焰灼燒的濃度變幻，最好燒的還是柴火。

「人人當然都曉得。」德昆西（Thomas de Quincey）[21] 曾寫過：「駕臨冬日爐邊的那份神聖喜悅——四點鐘的燭火、溫暖的爐灶地毯、一壺茶、一套好茶具，關上百葉窗，厚重的窗帷在地板上飄動，而窗外風雨的咆哮清晰可聞。」

在這樣一幅美妙的意象前，也只有火的意象會從人的心靈中召喚出來。可是，火對於寒冷國家的居民又是尋常之物，尋常到讓他們忘記自己是如何受惠於普羅米修斯，他從奧林帕斯山盜取了火種，因此被宙斯宣判鎖在高山之巔，永世被兀鷹啄食。無論在神話裡還是歷史上，這都是一次最偉大的盜竊，即使不幸的普羅米修斯得付出相當慘重的代價（據我所知，至今還沒償還完）；若是人們得用燧石生火，而不是一劃火柴就能點火，或許會對他更加感激。這需要一個熱帶歸來的遊子才能體會火的榮耀，當我在菲普斯夫人的客廳裡向火張開雙手，我提議大家舉行一次發自內心的投票，向伊阿珀托斯（Iapetus）[22] 的這個兒子獻上感謝，並投下贊成票。沒錯，淡水幾乎可說是距離英格蘭最遙遠的地方，但只要有一個季節能讓你享受爐火，還是能重溫家鄉的氣氛。不僅如此，在少不了火的氣候中成長的孩子，也將保有紅潤的臉龐；當你在焦黃的熱帶豔陽下生活過之後，看見紅潤的臉龐就會讓你覺得英格蘭近在咫尺。

如果說東道主的住宅看來像是我母國的一隅，那麼他們的花園就是我所見過最奇異的。它沿著山坡陡降而下，讓人直接從溫帶走

進熱帶。在山頂上的領事官邸周圍，種植著草莓、金蓮花和香豌豆；山下則是香蕉、柚子、木瓜和木槿。還有哪座花園能比一口氣栽種了兩個半球的作物更了不得？這裡可是園丁的天堂。

不斷有人提議將英國領事館從淡水遷往臺北。所幸（我是這樣想的）對領事而言，這件事困難重重。日本人會情願領事館設在臺北，而基於公務理由，它無疑該設在臺北。但由於淡水已沒落，那兒的地產幾乎不值錢，若將現有建築物脫手，也只能換得微薄的現金。臺北無法租到適用的房屋，因此必須新建房舍，這意味著一筆現狀所無法負擔的沉重支出。或許將領事館設在臺北能更接近政治中樞，但我確信，領事夫人會為了不得不拋下這座花園而心碎不已，更別提那座面向淡水河、四面有拱廊環繞、古色古香的樓房了。儘管「須視公務需求而定」，但領事夫人的意見也十分值得列入考量。

喝過茶後，我們到山上散步，青翠起伏的山巒一如威爾特郡（Wiltshire）隆起的丘陵。出乎我意料之外，我們忽然走過一個高爾夫球架。我才剛開始讚頌雄心勃勃的英國人每到一處就蓋起高爾夫球場，菲普斯就打斷了我。

「完全不是，」他說：「那是日本人的。」

出於某些理由，我從來沒想過日本人在福爾摩沙也打高爾夫球。但他們確實在打。不僅如此，他們在淡水還有一座九洞球場[23]，吸引大批人潮從臺北前來打球；而我得知，他們的高爾夫俱樂部不開放外國人加入。這個事實令我感到相當不快。看來，日本人對待和他們一起生活的異邦人，並不如對待偶然造訪的過客般寬厚，但我也必須補充一點以示公平，自1922年起實施了新規定，如今外國人也可以打高爾夫球了。

註釋

1. 譯註：即「臺灣總督府專賣局臺北南門工場」，興建於1899年（明治三十二年），1900年生產，為臺灣總督府製造及試驗樟腦、鴉片兩大專賣品的重要生產基地。戰後由公賣局接收，1967年停產廢廠，1998年指定為國定古蹟，2006年交付臺灣博物館修復再利用，如今為臺灣博物館南門園區。

2. *The Island of Formosa*, p.398. 譯註：引文參見達飛聲著，陳政三譯，《福爾摩沙島的過去與現在》，下冊頁484。

3. 譯註：達飛聲在《福爾摩沙島的過去與現在》一書指出，這是1721年（清康熙六十年）朱一貴事變的起因之一。見達飛聲著，陳政三譯，《福爾摩沙島的過去與現在》，下冊頁485。

4. *The Island of Formosa*, p.433. 譯註：參見達飛聲著，陳政三譯，《福爾摩沙島的過去與現在》，下冊，頁510。

5. 譯註：關於臺灣樟腦產業的發展歷程，可參見戴寶村，《世界第一，臺灣樟腦》（臺北：國立臺灣博物館，2009）；阿綸，〈樟腦王國的黃金年代：日本時代臺灣的山林與貿易〉，「故事：寫給所有人的歷史」，2015/9/23，https://gushi.tw/%E6%A8%9F%E8%85%A6%E7%8E%8B%E5%9C%8B%E7%9A%84%E9%BB%83%E9%87%91%E5%B9%B4%E4%BB%A3%EF%BC%9A%E6%97%A5%E6%9C%AC%E6%99%82%E4%BB%A3%E8%87%BA%E7%81%A3%E7%9A%84%E5%B1%B1%E6%9E%97%E8%88%87%E8%B2%BF%E6%98%93/（2017/9/13瀏覽）。

6. 1921年的出口量只有915,000磅。

7. 譯註：關於臺灣總督府以鴉片漸禁政策獲取稅收利益，由專賣局研製鴉片、提煉嗎啡並向外拓展市場的前後始末，參見栗原純著，徐國章譯，《日本帝國主義與鴉片：臺灣總督府的鴉片政策》（臺北：臺大出版中心，2017），特別是第四章之後的內容。在臺北接待魯特的總督府官員之中，日後升任專賣局長的吉岡荒造，以及不久後調往專賣局，歷任腦務課長、庶務課長、製造課長等職，並以囑託身分考察鴉片生產國的鎌田正威，都深入參與其事，參見該書頁223-235、353-354n41。

8. *Control of Opium in Formosa*, p.10.

9. *Japanese Rule in Formosa*, p.159. 譯註：參見竹越與三郎，《臺灣統治志》，頁263。

10. *Japan, China and Korea*, p.290.

11. 譯註：關於第一次世界大戰後，採取鴉片漸禁政策的日本因應國際聯盟調查與禁制鴉片、嗎啡行動的策略，可見栗原純著，徐國章譯，《日本帝國主義與鴉片》，頁237-308。

第九章

12. 不過，英屬緬甸政府倒是在這方面保護了自己的一部分人民：緬甸每一位鴉片吸食者都有一本紀錄簿，他可以購買的鴉片不能超出固定限量或支出的一定比例。

13. 這個數字是否包含了政府官員的薪資，以及作物和機器的耗損折舊在內，則並未說明，也不知它在資本支出上占了多大的利潤分成。

14. 譯註：第一次世界大戰後，由於歐美各國控制出口，糖價在1920到1921年間暴跌，日本和臺灣糖業受到衝擊，參見涂照彥著，李明峻譯，《日本帝國主義下的臺灣》，頁307-316。但作者所謂業界人士遊說總督府實施糖業專賣未果，則尚未查到相關記載，不得不就教於讀者。

15. 譯註：1904年興建，稱為「臺北監獄」，1924年（大正十三年）更名「臺北刑務所」。

16. *Japanese Rule in Formosa*, p.172. 譯註：參見竹越與三郎，《臺灣統治志》，頁315-316。

17. 譯註：關於日本殖民當局將近代法律體系引入臺灣，以及臺灣人法律認知及觀念的轉變過程，可參見王泰升，《去法院相告：日治臺灣司法正義觀的轉型》（臺北：臺大出版中心，2017）。

18. 譯註：日本接收臺灣之後，為瞭解本島植物性狀而在臺北城小南門外設立臺北苗圃，從事栽培及育苗試驗以供造林之用，由殖產局林業試驗所管轄。1921年（大正十年）正式成立植物園，以培育熱帶植物，熟悉南洋各種植物及生態環境。今日仍由行政院農業委員會林業試驗所管轄，從事熱帶經濟樹種栽培工作，也是臺北市著名的休閒公園。

19. 譯註：日本殖民當局在接收臺灣之初即著手闢建稍具規模的都市公園，1899年開始興建台北新公園，1908年初步落成，1913年（大正二年）拆除臺北大天后宮並興建兒玉·後藤紀念館（今國立臺灣博物館），1915年完工，格局也從此確立。由於落成時間晚於1897年開放的圓山公園，因此命名為新公園，即今日的二二八和平紀念公園。

20. 參見原書頁33。

21. 譯註：德昆西（1785-1859），英國散文家、文藝評論家。代表作為〈一位鴉片服用者的自白〉。

22. 譯註：希臘神話中的巨人，其中一個兒子是盜火者普羅米修斯。

23. 譯註：這是全臺灣第一座高爾夫球場，1918年（大正七年）向陸軍借用清代練兵場舊址興建，1919年完工開場，起初為六洞球場，1922年擴建為九洞球場，1929年正式成為十八洞球場。如今名為「臺灣高爾夫俱樂部」。

第十章
福爾摩沙的原住民

和越村一同前往「蕃人之國」→桃園→臺車→丘陵地帶的交通運輸→往山區的旅途→抵達角板山→警察駐在所→下榻招待所→蕃童教育所→原住民教育→日本化的社會→福爾摩沙原住民→昔日熱情好客的民族→中國人的壓迫→原住民人肉在市場公開販售→日本綏靖原住民的努力→隘勇線→通電鐵絲網→討伐作戰→問題仍未解決

離開福爾摩沙之前，我特別想看看原住民在自己部落裡生活的情形。承蒙外事課官員好意安排，我們得以造訪總督府經營的「歸順」蕃地前哨據點——角板山。[1]

某天早上十點，我們乘火車離開臺北，西行半小時後抵達桃園。往後的路程要乘坐「臺車」，而下定決心輕裝旅行的我們只帶了一個小手提箱。但我卻留意到，越村比我們更勝一籌，因為他什麼行李都沒帶。如我所見，不帶任何東西的他圓滿解決了旅行的一大困擾，那就是行李問題。若能把自己訓練到這種程度，移動人生將是

何等加倍快活、了無牽掛！既不需打包也不需開箱，更不會塞滿長物、徒增困擾，而且不必雇腳伕和付小費。另一方面，當然也就不會有睡衣和換洗衣物；但你也不可能什麼都帶，況且我在前文也提過，日本旅館提供的和服、拖鞋甚至牙刷都很實用。因此，輕裝旅行對日本人來說更加輕鬆寫意，況且他們還不用經常刮臉。即使從高雄到臺北的長途旅程中，越村的行李也頂多只有一個小公事包，我還注意到裡頭多半放了書本。

我們在桃園照例受到地方官員的迎接，他們為我們備妥臺車和苦力。臺車是一種裝有煞車的輕便推車。一個苦力在平臺上就能操作它。首先，苦力在車後奔跑、推它啟動，接著跳上車駕駛，直到速度減緩再下車推動。上山時需要兩名苦力操作，但下山時好戲才真正上演，讓你完全感受到在（相當簡陋的）私人觀光鐵道上長途旅行的驚險刺激。

鐵軌是軌距約十八英寸的輕便線，枕木不過是些短木段。目前在福爾摩沙，只有主要城鎮間有道路相通，而城鎮之外的郊區乃至山區，則由這些臺車路線連結起來，全島總長超過550英里。不論最初是誰想到以這種方式開拓鄉野，他肯定是個天才，因為在這片幾乎沒有馬匹的土地上，臺車路線遠勝於跑馬小徑（bridle-path）；不僅如此，它也成了從山區運送樟腦等物產下山的高明辦法。[2]

乘臺車旅行

從桃園開始，公路沿線都鋪設了宛如路面電車路線的雙軌臺車道。他們在平台上為我們安放了轎子，我和太太裹著毯子（因為很冷）坐上第一輛臺車，越村和我們的手提箱則隨後坐上第二輛車。

豐饒的淡水河谷

第十章

接著我們出發上路，我們發覺這是一種讓人愉快的旅遊型態。

行過一段長路、穿越平原，我們逐步上坡，到達俯瞰淡水河的一座山頂，接著雀躍地以飛快的速度下坡。臺車道自此變成單軌且有許多急轉彎，我們不只一次迎面遭遇上行的臺車，但由於煞車功能良好，我們總有時間停車跳下。有次，我們遇上一列滿載甘蔗的臺車，這時我們也得下車，讓苦力把臺車推到路邊，等候障礙排除再回到軌道上。

經過一個半小時的車程，我們抵達淡水河岸，這時的淡水河不過是涓涓細流，沿著寬闊多石的河道流淌而下；一座由填滿石塊的竹籠搭建而成的絕妙長橋跨越其上，這可謂別出心裁又造價低廉的工程典範。

為了讓苦力稍事休息，我們步行登上遠處一座陡峭山丘，山坡上就是大嵙崁（大溪）小鎮。[3] 大溪郡守的管轄區遠達角板山。我們會晤了他的副手和警察課長（身著全套官服並配劍），而我們有先見之明地拿出隨身攜帶的三明治，於是就在公園的一座小小涼亭裡享用戶外午餐（*al-fresco* luncheon）。當局還十分貼心地派了一名警察送來茶水、香菸和雪茄。我以為明槍易躲、暗箭難防，因此堅持要香菸，越村不顧一切地點起一支福爾摩沙雪茄。或許是我多想了，但越村抽了幾分鐘雪茄後，似乎變得出奇地沉默，我還留意到他以為沒人看見，把抽了一半的雪茄扔進杜鵑花叢中。

隨後，郡守十分親切地指派一位日本巡查部長聽候我們差遣，在接下來的旅程充當嚮導和通譯，我們聽說他在這個地區已經服務了十三年。他個性快活、笑容滿面，但不會說英語，後來我發現，他會說的原住民方言也很少。但他的到來讓我們倍感禮遇，而且對越村來說，也是勝過手提箱的旅伴。

上：我們乘坐的臺車，左起：越村先生、作者本人、車伕、日本巡查部長
下：路邊的警察駐在所，機關名牌為「新竹州大溪郡八結警察官吏駐在所」。

第十章

我們在十二點半離開大嵙崁，隨我們上山的每輛臺車也都加派一名苦力，很像早年的公共馬車多加第二匹馬。越村也注意到，將轎子牢固地綁在臺車架上，可減少過彎時重心不穩的程度。但我們仍做了最壞的打算。路程迂迴曲折一路上坡，現在由越村那輛車打頭陣，有時又向遠遠在我腳下、豐饒的淡水河谷急速下降；那裡不規則形狀的稻田櫛比鱗次，像極一幅巧手拼成的巨大拼圖。我們節節攀登向上，此時已蜿蜒在這些「之」字形山嶺的隆起部位。眼前所見也不再是梯田，而是分割成多塊的耕地——小塊小塊的茶園和稻田，坡上則隨處可見福爾摩沙人以茅草為頂的土屋三五成群。我們在路邊的一處警察駐在所停下，享用茶和香蕉，那兒整齊的花園盛開著玫瑰和杜鵑；最後，在攀登了1,500英尺後，我們終於在下午五點抵達小小的角板山監督駐在所，走了七個小時的路程，很高興終於可以伸伸腿。

角板山據點，教化的原住民孩童

角板山位於淡水河上方的臺地，淡水河在此僅是一道山澗。圓形的山丘覆蓋著一片雜樹林，隨處可見一片片褐色的已開墾地，大概是從婆羅洲遺落下來的。在遠方低處、波濤洶湧的溪流邊是另一個警察駐在所，在高處的山坡上、遠望如洞穴壁上雨燕巢的則是一間獨立的原住民家屋。

我們在總督府的招待所下榻，它位於深削的河谷頂端，以常見的日式風格建造而成。附近有一陣子前為了預備皇太子的出訪（東宮行啟）而興建的賓館，但太子最終並未成行。[4]

警察課長帶領我們參觀角板山據點。一切整齊清潔無比，營房、

角板山據點

第十章

警察宿舍都一塵不染。但最令我們驚訝的，莫過於在此深山中的偏遠前哨裡竟也裝設了電燈。

接著，我們前往參觀「歸順」原住民兒童就讀的蕃童教育所[5]。所長由警察兼任。在我們抵達時，孩子們正在田裡工作，聽見鐘聲響起，連忙趕回來。他們全都穿著灰色和服的制服、頭戴圓盤帽，帶給我們揮旗唱遊的表演，歌曲是日語歌。演出告一段落後，他們以日本人的禮儀深深一鞠躬。在他們當中我只看見三位女生，其中一位彬彬有禮地為我們端上茶水。

幾位獲准前來探望子女的母親正閒晃著，靜靜地抽著附有小巧銅質斗缽的長菸斗，她們身穿色彩繽紛、從雙肩垂掛到腳踝的長布衣，臉上的紋面十分醒目——寬大的花紋從額頭中央向下延伸到鼻梁，又從耳朵橫越兩頰到嘴邊。她們與那班或已成為日本人的子女形成鮮明的對比。

演出結束後，越村提示我們：客人通常會捐款獎勵孩子。因此我們拿出五圓，年紀最大的孩子起立收下，並以合宜的日本禮儀鞠躬。我看著他。

「哎喲！」我喃喃自語：「你這個十足的獵頭者之子！」

日本人對於全島各地的這三十多處蕃童教育所十分自豪。他們強調，蕃童教育所為文明的表徵，是他們以仁慈教化「蕃人」的明證。但在我看來，看到這些大自然之子被「日本化」（套用這個詞）時，反而覺得有點可悲。他們看似快樂，儀容也夠整潔，也被照顧得很好。生活條件無疑改善了，但同化的過程對他們來說（不可否認，這才是當局的目標所在）是否得大於失，則有待商榷。蕃童教育所雖非義務教育，但越村也告訴我，孩子們只有星期天不用上學，此外沒有其他假日，就學五年中也不曾返回部落。這意味著，在他

們一生中最具可塑性的五年與家鄉完全斷了聯繫，失去傳統，也遺忘習俗。事實上，他們離開部落時還是單純的內地原住民小孩，但五年後返鄉則成了日本公民。

那時越村的說法令我難以置信，於是我決定小心求證，因為我發現，儘管我們的這位隨員有著無比良善的用心，但偶爾還是很容易提供不精確的資訊。我想，有時這是因為他天生不喜歡表現出自己不懂，有時則是因為他渴望說出對方想聽的答案。比方說，在我們抵達角板山時，他聲稱我太太是第一個造訪角板山據點的外國女性，但當我們翻閱在招待所找到的一本來賓登記簿時，卻發現上面有幾位女傳教士的簽名，或許還有許多其他外國女性也來過這裡。

無論如何，儘管這些不幸的孩子得連續就學五年之久，但在這個特殊的場合，我決心讓他們休息一天。我從小就羨慕那些到學校視察，還能為學生爭取半天假的達官貴人；我一直都有個抱負，想攀升到這種擁有行善權力的地位，而我在角板山第一次有能力這麼做。所長答應為我履行這個請求，但究竟能否實現，或者得到半天假的孩子會不會感激我，我永遠不得而知。

獵首緣起

角板山位於禁止進入的「蕃人」領地的邊緣。越村暗示，若我們進入蕃地，恐怕會被砍下腦袋。我對此抱持懷疑，但此時這片不受政府勢力影響的土地範圍是如此遼闊，包含了大部分的東部山地，那兒生長著價值連城的樟樹林。

住在這片叢山峻嶺的人，或許可稱為福爾摩沙原住民，我也找不到更好的用詞。他們是一個在島上或許生活了兩千年以上的種族

福爾摩沙山地

後裔，儘管他們的起源不明，但幾乎可以確定是來自東亞大陸，而且大都具有馬來血統。如今他們所形成的不同族群並非在同一時期來到島上，可能有來自玻里尼西亞的移民，也有來自東亞大陸的移民。

直到最近幾年，他們對於獵人首的熱情才開始減退，以下的傳說來自一位泰雅族原住民的口述，關於人們所認為的獵首習俗的由來。我十分感激菲普斯先生的協助，按照他的翻譯，記錄如下：

我們的祖先以前住在山上，但隨著部落人口的增加，山上沒有足夠空間，因此族人決定有些人要搬到平地去。他們沒辦法計算確切的人數，不過大家商量好，將分成兩隊的族人集合在兩座相鄰的山上，然後各自用最大的音量吼叫，聲音最大的就要送一些人給另一隊，盡可能地確保人數上的公平。於是兩隊各就指定位置，其中一隊率先發出驚人的吼聲。另一隊也回應了，但聲音太弱，傳不到另一座山去。第一隊的長老於是依約撥出一些人，將他們送到另一隊。但實情是，另一隊的長老為人狡詐，他把一半的人藏匿在山中以欺騙對手，等到雙方再次比賽吼聲大小時，他把那些人從藏身處召喚出來，讓他們用最大的音量吼叫。第一隊這才發覺自己上當，於是長老要求把先前送去的人全部立刻送還；第二隊的長老卻拒絕放人，並傳話回去：若他們想要人，就來「砍下人頭帶回去」。第一隊的人被這些話激怒了，獵首習俗也就是直接由此開始的。

我們的祖先就是留在山上、較少的那隊人，但我們不知道住在平地的那隊人去了哪兒。或許他們成了今天熟蕃的祖先。

中國人來到福爾摩沙之前，許多原住民族無疑擁有肥沃的西部

平原，直到後來才進入山地，躲避新移民的壓迫。當一片土地必須持續承受移民潮湧入的壓力時，這總是常見且近乎不可避免的過程。於是，最先來到的移民人數逐漸減少——除非他們的力量強大到足以抵抗外來者的入侵，但通常並非如此。

即使在荷蘭人初到福爾摩沙時，還有大批原住民定居於臺南附近，西班牙人在北部海岸附近也發現了原住民。看來荷蘭人認為原住民是可愛的民族，因此藉由費心善待他們、在他們之間推廣新事業，並任命行政官員監督各部落事務來和他們交朋友。許多原住民都改宗基督教。1627到1631年間，福爾摩沙第一位正式獲得任命的荷蘭傳教士干治士牧師（G. Candidius）[6]在島上生活，根據他的描述[7]，與他往來的南部各部落除了戰爭方式外，都是友善而溫和的，而且十分好客，絕不背信棄義。當他們和其他部落交戰時，都會依照祖先的習俗與慣例進行戰鬥，對長幼一律斬首，而且寧可偷襲；但他們並不像後世所描繪的那樣不分青紅皂白地獵首，或對任何侵入領域的陌生人一律格殺。

中國人的暴行

下一段對原住民的可靠記載來自耶穌會馮秉正神父（Father de Mailla）[8]。1714年，他奉中國朝廷之命造訪福爾摩沙。他由北而南走訪這座島嶼，確認曾受荷蘭統治的原住民十分溫順，但也發現，居住在平原、歸順於中國的原住民遭到統治他們的中國貪官汙吏剝削和詐騙。他詳細記載了中國人幹下的一件出奇凶殘的暴行，而這極可能不是個案：中國人占領福爾摩沙之後，總設法想尋找黃金，他們在西海岸聽過許多關於埋藏黃金的傳說，但始終一無所獲。此

時，島嶼東部仍是全然未知的領域，但有一群中國探險者登上一艘小船，越過海洋來到東海岸，登陸後受到原住民的友善接待。他們得到了住屋與糧食，也獲准前往任何想去的地方。他們停留了一星期，和東道主一起尋找黃金，但在鄰近地區卻未獲得關於黃金的任何線索。就在他們即將放棄尋找之際，意外地在一戶原住民住家中發現幾塊金錠，但主人擁有的似乎不多。此時，中國人的貪婪立刻被撩撥起來。他們不是透過以物易物這種幾乎不必付出多少代價的方式取得黃金，而是待船隻就緒、準備返航時，以感謝款待的名義邀請原住民參加告別宴會。他們慷慨地以燒酒款待不疑有他的賓客，等到賓客全都醉倒，就把他們全部殺光，再帶著覬覦已久的黃金遠走高飛。

官府並未對這樣的暴行予以關切，但若中國人能將凶手繩之以法，對他們來說反而是好事。當暴行的消息傳遍原住民居住的鄉間，隨即引發報復行動。原住民成群結隊侵入中國移民的村莊，冷血殘殺他們遇到的每個男人、婦女和小孩，燒毀村莊、破壞農作，並搶走每一件能夠找到的東西。

從那天起，原住民和中國人就結下了不解之仇，蕃界上日益頻繁的衝突持續了數百年。可想而知，原住民對待陌生人的態度也徹底轉變，不論來自何方的外國人都被當成敵人。中國官方從未認真採取措施撫綏原住民地區，或促使雙方停止敵對、訂立和約；他們唯一的政策就是出兵攻剿，甚至一度在所認定的番界上修築土牛溝，下令移民不許越界；但這項措施卻說不上有任何益處。即使在界線上每隔一段距離安排守衛，也無法阻止貪婪的中國人越界砍伐樟腦或取走一切資源，也無法阻止原住民越界襲擊他們所認定的敵人。但這對於原住民卻是不公平的鬥爭。隨著他們在平原和低地上的豐

饒領地遭節節逼近的中國移民人潮奪去，尤其是那些生長在海岸附近的樟樹遭砍伐殆盡之後，逐漸深入內地的樟腦工人又將他們趕到更深的山區。

樟腦工人很愛玩的一套伎倆，就是設下圈套捉拿一群原住民，然後派人去找他們的妻小，隨後釋放男人，但扣留他們的妻小當做人質，直到樟腦砍伐結束為止。因此當原住民遇上一小群砍伐森林的中國人時，不意外地，他們幾乎不會輕易放過報仇的機會。

不過，中國人的暴行仍遠甚於原住民。沒錯，後者會砍人頭，但前者不但會吃受害者的肉，甚至還拿出來買賣。「實在駭人聽聞，」達飛聲先生說，「一個以擁有高度文明和宗教情懷而自豪的民族，本應對此蠻行深覺罪惡，但這卻是千真萬確。他們殺了一個蕃人後，通常砍下首級公開展示，給那些來不及看到先前殺戮、支解過程的民眾觀賞。接著，捉捕者分食軀體，或賣給富有的中國人，甚至賣給高官，以同樣方式處置。腎、肝、心和腳掌是人們最想要的部位，一般切成小塊，煮熟了熬成湯吃。肉和骨頭也加以熬煮，人肉則做成某種『蕃膏』。中國人依據自古以來的迷信，堅稱吃蕃人肉能強身固精，甚至增加氣魄。某些人或許以此作為袒護這種可怕習俗的藉口，但這禁不起檢驗，詳細思量，世上最野蠻部落的食人文化正是以迷信為根基。1891年山區戰亂期間，蕃人肉如豬肉般被裝在籃子裡送來，並在大嵙崁市場當著外國人在內的所有人面前公然叫賣；有些蕃人肉甚至被外銷到廈門販售。」[9]

就這樣，原住民友善的性格被中國人的殘暴野蠻，以及官府的軟弱無能給徹底改變了。他們的心靈剛硬起來，一見中國人就殺。日本接管島嶼時正面臨著這樣的事態，在他們鎮壓流竄於鄉野的中國叛軍和匪賊之後，立即遭遇了如何才能最有效綏靖原住民的問題。

我認為他們並未成功。在我看來，「蕃人問題」是日本人在福爾摩沙唯一無法解決的問題，原因在於他們尚未開始以正確的方式解決。

日本人在過去中國政府勢力範圍內確立了法律與秩序後，隨即將目光轉向原住民。他們組成蕃地事務委員會負責調查蕃地，隨後成立蕃務本署處理原住民事務。任何未經官方特別許可者一律不得進入蕃地，並且頒布律令，禁止任何未經特別授權者占據蕃界內的土地或宣稱所有權。

分隔蕃人領地與島上其他地區的邊界並不明確，但一般理解為大致遵循中國人先前構築的土牛溝。在原住民區域內也設立了一些小據點，但居民或常誤解外來者的意圖，或將他們誤認為中國人，故時常襲擊哨所、殺害守備隊。發生這些事件後，當局在一段時間內的政策近乎將原住民限制在蕃界之內，任他們自謀生路；換句話說，他們忽視了將近一半的新領土（蕃地面積約有七千平方英里），其中包含了他們尚無所知的發展可能與潛在財富。

隘勇線

但他們不久就發現，為了保護樟腦工人，必須沿著蕃界部署守衛，於是重新恢復早已廢棄不用的中國舊制。日本人重新編組的隘勇線包含了武裝警察駐在所，1895年時總長八十英里，日後延長到三百英里；隘勇線一有機會就不斷向蕃地推進、深入原住民領域，根據越村的說法，原住民遭到「鎮壓」後隨即「歸順」。他們獲得官方分發的農具，並在教導下改種稻米，取代迄今為止的主食小米；他們的疾病得到治療，並獲得藥品供應；他們也能帶著野味和山產

交換食鹽及其他必需品。

　　隘勇線是由在山林中開拓出來的小徑「隘路」所構成的，隘路通常沿著山嶺的稜線頂端延伸，並將位於原住民地區一定距離內的草木砍除，好讓隘勇得以預警原住民的逼近，並開闢槍砲射界。在戰略要地也修建隘寮，由隘勇守衛，目前全島共有八百多座，平均每隔四分之一英里就設置一座。它們的構造就地取材，包含木、竹、土、石，牆上設有槍眼，並以壕溝或柵欄環繞。根據臺灣總督府印行的英文版《理蕃概要》（*Report on the Control of the Aborigines in Formosa*）記載：「又在必要地點架設*通有高壓電的鐵絲網*，或埋設地雷做為輔助防禦，監視蕃人來襲極有成效。*交戰過程中經常使用手榴彈*。電話線也沿著隘勇線鋪設，並在必要地點部署*野砲*、*山砲和臼砲*，在接近蕃社的隘勇線上，一門砲就足以威嚇數社。」[10]（斜體為作者本人所加）

　　如今隘勇線制度仍在運行，隘勇薪資則由臺灣總督府支付，主要招募對象為中國裔福爾摩沙人，也有極少數的日本人。他們由官方發給制服，月薪七至十五圓不等。若隘勇負傷，可在康復後獲贈四十到一百圓不等的慰問金；若隘勇因公殉職，他的家人則可獲得一百圓撫恤金。每座隘寮配置二至四名隘勇駐守，每四到五座隘寮由一處隘勇監督分遣所，以及指揮分遣所的日本人或福爾摩沙人巡查管轄；每四到五處分遣所則由一處隘勇監督所，以及負責指揮的警部或警部補管轄。另在監督所下設置交易所（換蕃所），做為官方准許交換物產的場所，由一名在原住民通譯輔助下的官員掌管。

　　福爾摩沙的隘勇線就是一條哨戒線。哨戒線外綿延的土地儼然成了敵國，哨戒線背後則是受到保護的福爾摩沙人村莊。隘勇本質上是一支戰鬥部隊，儘管大部分的時候他們仍是守備部隊。他們日

以繼夜地在小小的陣地裡守望，並且不斷在各個隘寮之間巡邏。不論原住民或福爾摩沙人，未經特別許可一律不准跨越隘勇線。「就連取得交通許可的蕃人，」竹越先生說，「也不得接近指定以外的隘勇線。*拒不聽命者，步哨有權逕行槍殺。*」[11]（斜體為作者本人所加）

自日本人重新編組隘勇線起，這樣的情況延續到今天。在現行統治方式下，它或許還會再持續很多年。

竹越先生如此形容這些置身孤立隘寮的隘勇：他們的命運就像自古駐守在中國萬里長城外的守軍，抵禦多年來強大匈奴人對中原王朝的安寧所造成的威脅；中國詩人熱愛以邊疆戍卒的困苦與孤獨為創作題材，他們歌詠著守護和平的勇士的不幸遭遇。「此間不斷上演著如同古代支那塞外的悲劇。我相信，守護此地的福爾摩沙隘勇的生活，也必將成為日本詩人歌詠的題材。」[12]

這實在是一幅可悲的景象。無論如何，福爾摩沙人隘勇畢竟是自願前往。不僅如此，他們是在通電鐵絲網之外，而非網內。綜合以上所述，我想我寧可當福爾摩沙人隘勇，也不願成為福爾摩沙蕃人。

如前所述，隘勇線不時向蕃地推進，凡占領的地區一經平定便得以開發。某些例子是原住民體認到在一個安定政府統治下的種種好處，占領行動因此不受阻礙；但在其他情況下，原住民則盡一切力量阻撓隘勇線推進，游擊戰也隨即展開；儘管派來與他們交戰的是配備現代戰爭兵器的大軍，但原住民通常還是占上風。攻擊軍對於即將進軍的地域缺乏充分的認識，而那片土地上遍布層層疊疊的險峻山嶺及茂密的叢林，交通運輸也面臨極大的困難，軍隊更可能隨時遭受伏擊。原住民戰士在熟悉的環境中，輕易就能打敗攜帶重

裝備且不習慣叢林作戰和攀山越嶺的日本軍人。在這種情況下，也無怪一般隘勇往往在隘勇線推進之前便紛紛逃亡，他們即使身穿制服，仍與訓練有素、紀律嚴明的軍人有段差距。

攻擊部隊的兵力自然是隨著作戰目標及交戰前推算的敵軍數量而有所不同：通常由地方各廳警務課長指揮的本部擔任先鋒部隊，搭配一支運輸部隊，以及負責砍伐叢林和新建隘寮、道路，架設電話線及鐵絲網的特別技術部隊。

討伐作戰

即使在承平時期，隘勇線推進仍是一項浩大工程。比方說，其中一次最成功的隘勇線推進發生在1904年，在長達九十九天的交戰期間，當局動用七百名警察和人伕，並花費五千英鎊，將三百平方英里的土地納入總督府的勢力範圍。1907年，就在我們前往角板山途中行經的大嵙崁地區，當局對泰雅族展開的另一次隘勇線推進遭到頑強的抵抗，這次征伐動用了兩支部隊，各有一千和五百人，但警察、隘勇及民伕都傷亡慘重。經過將近四個月的苦戰，隘勇線向前推進並占領九十平方英里的新領土，共花費 12,600 英鎊。

從這幾個例子可知，隘勇線由警察與福爾摩沙人隘勇協力推進。但在其他情況下，卻必須動用日本正規軍來討伐原住民，由於軍隊不適應作戰地區的環境，因此未必能夠得手。在一支由一名軍官及九名士兵所組成的分遣隊，因觸犯部落習俗（原住民聲稱）而遭東海岸的泰雅族分支太魯閣族殺害之後，1898年當局派出一支步兵大隊前往討伐，但在原住民攻擊下死傷甚多而不得不撤軍，遠征行動於是草草結束。此後數年間，太魯閣人依舊自由行動、不受約束，

直到1906年他們突然發動攻擊，殺害花蓮港支廳長及三十名樟腦工人，當局才決定對他們採取大規模軍事行動。隔年，兩艘砲艦從海上砲擊部落，接著在五百名「歸順」蕃人協助下，日軍由陸路進攻部落。四十名太魯閣人被殺，六個部落被燒毀，耕地和作物都遭破壞。[13]

一般說來，頻繁展開討伐作戰都能達到作戰目標，因為能夠殺死一定數量的原住民或燒毀一些部落。有時該地區確實得以綏靖，但通常的情況則不然，因為原住民在盡可能殺傷來犯的敵軍後，就退入叢林裡躲避追擊；日本人則在破壞一切可供下手的事物後撤退，事態又回復舊觀。現代化步兵在這樣的環境下處處不利，原住民則是無往不利。在臺灣總督府看來，警察和隘勇所取得的戰果遠勝於軍隊。

有時失敗的征伐所招致的壞處更多，讓原住民更無忌憚，比先前更加輕視總督府；其他情況下，即使當局展示了武力，有些部落也受到懲罰，但效果卻無法持久，因為當局無法長期占領該區，既損兵折將又付出大筆開銷，卻仍然徒勞無功。連臺灣總督府都不得不承認事實上未曾改變：就算有過這些努力與行動，就算近三十年來歷經了無數場代價高昂的征伐和漫無章法的作戰，福爾摩沙山地為數不到十萬的原住民還是能夠將日本人阻擋在殖民地的一半領土之外，不讓他們開發島上或許最有價值的那一部分。

日本人其實證明了自己和中國人不相上下：他們能打敗俄國人，也能從德國手中奪取青島，但至今卻仍遭受福爾摩沙山地原始民族的頑強抵抗，無法進入他們名義上控制的領土。基於這個理由，我不得不說，日本人在解決「將原住民納入管轄」此一重大問題上的努力不僅失敗，而且是徹底失敗了。挑他國政策的毛病再簡單不過，

而我截至目前的批評也純屬破壞，但我將在下一章試著說明，在我看來，過去的他們如何可能成功，今後又能如何有機會成功。

註釋

1. 譯註：作者是在1921年4月9日前往角板山，隔日下山，休息一日後由基隆離臺。參見〈地方近事　新竹　外國武官入山〉，《臺灣日日新報》，1921年4月10日：「英領北ボルネオ政廳附民官ルフター陸軍少佐は豫て來臺中の所，九日夫人同伴にて大溪管內角板山に入山，一泊の上，十日下山歸北の豫定なりと。」.

2. 譯註：關於桃園經大料崁（大溪）到角板山的輕便鐵路修築背景與經營情形，可參見蔡龍保，〈日本殖民地下的臺灣人企業──以桃崁輕便鐵道會社為例〉，《國史館學術集刊》，11（2007.03），頁1-46。

3. 譯註：臺灣行政制度在1920年（大正九年）9月起由十二廳制改為五州二廳制。但本書作者在到達某些地點時，仍經常沿用十二廳制時期的舊地名，第二章的阿緱（屏東）如此，本章的大料崁（大溪）亦如此。

4. 譯註：1923年（大正十二年）皇太子裕仁親王訪問臺灣的「東宮行啟」並未前往角板山。參見陳煒翰，《日本皇族的臺灣行旅：蓬萊仙島菊花香》（臺北：玉山社，2014），頁208-209。

5. 譯註：1904年（明治三十七年），臺灣總督府制定《蕃童教育綱要》、《蕃童教育費標準》等辦法，首先在阿里山達邦部落設立第一所蕃童教育所，1908年更新教育標準、教育綱要、教育費標準之後，開始在各地普設蕃童教育所，由理蕃系統（民政局殖產部）管轄，駐紮於附近派出所的警察兼任教師，不同於文教系統（文教局學務部）管轄的蕃人公學校。直到1945年日本殖民結束，始終是原住民主要的初等教育機構。角板山的蕃童教育所設立於1909年。

6. 譯註：干治士（1597-1647），荷蘭改革宗教會傳教士，也是第一位來到臺灣的基督新教牧師（1627-1631、1633-1637）。他在西拉雅族新港社宣教時寫下《臺灣略記》，紀錄當時西拉雅人的社會組織、宗教和風俗習慣，並將祈禱文和教理問答譯成西拉雅語，為日後宣教工作奠定基礎。

7. *Formosa Under the Dutch*, p.9. 譯註：參見甘為霖著，李雄揮漢譯，《荷據下的福爾摩沙》（臺北：前衛，2004），頁18。

8. 譯註：馮秉正（1669-1748），法國耶穌會士，1703年（清朝康熙四十二年）到達中國，

1710年與德瑪諾神父（Romain Hinderer）一同參與雷孝思神父（Jean-Baptiste Regis）領導的《皇輿全覽圖》測繪工作，踏查河南、江南、浙江、福建以及臺灣、澎湖，並為清朝統治初年的臺灣西部留下了文字紀錄。

9. *The Island of Formosa*, p.255. 譯註：引文參見達飛聲著，陳政三譯，《福爾摩沙島的過去與現在》，下冊頁307。

10. 該書頁16。譯註：此處摘引的《理蕃概要》日文本「八、隘勇線の設備」一節，並未提及手榴彈使用。引文見臺灣總督府民政部蕃務本署編纂，《理蕃概要》（大正二年〔1913〕印行），頁63-64。

11. *Japanese Rule in Formosa*, p.214. 原文見竹越與三郎，《臺灣統治志》，頁354。

12. *Japanese Rule in Formosa*, p.215. 原文見竹越與三郎，《臺灣統治志》，頁355。

13. *Report of the Control of the Aborigines of Formosa*, pp. 34 and 39. 譯註：參見臺灣總督府民政部蕃務本署編纂，《理蕃概要》，頁100-103。

第十一章
日本人的挫敗

在招待所和越村共進晚餐→尷尬的一刻→會見幾位盛裝打扮的「歸順蕃」→結交朋友→一個泰雅族部落→福爾摩沙與婆羅洲原住民在語言及風俗上驚人的相似→兩者可能系出同源→日本管理原住民的失敗→一些批評聲音→婆羅洲的成功之道可能在福爾摩沙見效→個人比體制重要→吳鳳的故事→缺少能對原住民施展個人影響力的地方官員

在角板山據點到處參觀後，我們席地而坐，和越村共進晚餐，反正也沒機會做別的事了。警方巡查部長也一同入座。

越村曾經對我坦白，雖然他知道從西方的餐桌禮儀來看，用餐時發出聲音十分無禮，他卻發現自己很難不這麼做，因為按照日本禮儀，大聲吃喝才是習俗。不過他對西式禮儀多少還是熟練一些，巡查部長則不然。老實說，巡查部長吃飯可真是轟然作響。

尷尬的時刻

接著發生了一件事，即使現在回想起來都還是會面紅耳赤。那時我們正要享用「牛鍋」（*gnu-nabe*），這是一種什錦燒肉，在日本可是難得的佳餚，裡頭有以炭火燒烤的小片肉塊；炭火放入桌邊的一個火缽裡，只需（從炭火上）用筷子夾起肉，就可邊烤邊吃。越村對我們說，巡查部長是燒烤專家，由他負責烤肉將再理想不過。於是我們自己動手夾肉，但我之前就承認我不擅使用筷子，那不是我的拿手武器。當我把一小塊肉弄掉三次之後，我太太因為我的笨手笨腳而不禁發笑。

越村脹紅了臉，轉頭看著她，然後很有禮貌地說：

「啊，魯特太太，你不能嘲笑我們吃飯的方式。這是日本人的習俗。」

他顯然是指巡查部長響亮的吸吮聲，當我們想到越村誤以為我們竟如此可鄙地當面嘲笑他，就覺得羞愧難當。不可否認，我們私底下或許會拿他開開小玩笑，他大概也拿我們開過玩笑。但在公眾場合絕對不會。社交生活的規矩正是維繫在這些條理上。

我們盡全力向越村保證，我本人才是那個笑柄。但當時我無法確定越村是否完全相信。他也許不完全相信，也許出於身為副手的體貼，在我們吃飽喝足後，他把桌子和烤盤一起搬到隔壁房間，和巡查部長重新開始盡興吃喝，隨著更多肉片放上烤盤，巡查部長的吸吮聲和油脂灼燒的滋滋聲也悠揚地匯成一片。

儘管如此，我們還是慶幸他們不是中國人。每個在中國生活過的人，都知道中國食客是如何對一餐美味的飯菜表示感激：他打飽嗝。晚餐愈好吃，飽嗝就打得愈長愈響。這在我們看來很討人厭，

但它純粹是中國紳士告訴東道主「非常謝謝你帶給我們愉快的一晚」所用的方式，在他看來，這和我們的方式一樣得體。

隔天早餐，少不了的冷半熟蛋對我們來說實在太難以消受，因此我們享用了簡單的可可、餅乾和香蕉。

接著，警察課長和一小群盛裝打扮的泰雅族原住民一同現身。這正是我所期待的，不知為何，我立刻覺得自己身處在一群朋友之中。當我身處日本人之間，儘管他們這麼和善、有禮又親切，仍覺得自己正和陌生人在一起，但這時在我面前的卻是我認識的一群人，是先前我在婆羅洲山區已見過千百次的那群人。從他們的紋面和繁複的服裝樣式看來，他們可能是姆律人（Muruts）——在我擔任婆羅洲理民官（District Officer）時，生活在我周遭的那些快樂、可愛的人，我曾睡在他們的屋中，參加過他們的祭典，也曾宛轉地勸導他們放棄獵首。

因此我向他們自我介紹時毫不費力，而且他們的名字也讓我想起婆羅洲的達加族（Tagals）。他們或許也以某種特別的方式感受到我是他們的朋友；總之，他們很快地就圍在我們身邊談天說笑。

黑狐皮

他們體格健美、身材勻稱，有一條紋面從額頭中央向下延伸；他們比一般姆律人略高，但膚色（落葉色）、表情、生活方式，以及同樣近而不狎、恭而不卑的溫文舉止卻無不同。實際上，這正是讓馬來人成為世上最可愛原住民的特徵。他們留著長髮，服裝包括通用的纏腰布和無袖外衣，以紅藍色毛線刺繡而成；外頭穿著一件近似女裝、從肩膀延展到腳踝的長衣，與馬來亞的紗籠也不無相似，

上：泰雅族勇士，下：「蕃地」的邊緣

但折成兩半、僅縫合於頂端。此外，他們還身穿一件獨特、綴有飾扣的菱形花色胸兜，而頭戴一頂密織、附有帽簷的藤帽，看似騎師帽堅實無比的帽子，在過去漫長的獵首年代也許有一定的保護作用。

他們毫不羞怯，但真正讓氣氛熱絡起來的是我太太身上的黑色狐皮大衣。只見他們注視著它，並興致勃勃地嘀咕著。每個人都爭相將它拿來仔細端詳，邊看邊喃喃自語，還發出驚奇的小小「哇」聲。我總是發現，原住民對於可供比較事物的印象，遠比完全未知的事物更加深刻。我見過一群內陸原住民登上一艘戰艦觀光，獲得的體驗不痛不癢，但他們看到手電筒時卻不勝欣羨。任何為了改進他們所耳熟能詳的一切而產生的事物，都會立刻引起他們的興趣。泰雅人天冷時會穿上毛皮，也會獵捕動物以取得毛皮，正因為如此，那隻黑狐，包括它的頭、眼睛及其他一切，才會引發這樣的騷動。

我當然無法和我的新朋友直接對話，若他們能說馬來語，我會非常樂意和他們說話，對於他們的語言可能大都源自馬來語，我毫不懷疑。不過，根據我長年和其他原住民往來的經驗，讓我學會透過微笑、手勢和默劇表演維持某種交流，以此達到某種相互理解，不論這在旁觀者看來有多荒唐。我們很快就相談甚歡，你只要能讓一位原住民笑，他就成了你的朋友，直到他覺得你不再是他的朋友為止。

越村似乎有點鄙夷這樣的交流。他採取疏離的姿態，這在一位陪同熱情的養豬戶參觀豬圈的客人身上清晰可見。他顯然一輩子也無法理解眼前這些人有何值得感興趣之處，並且毫無疑問地認為我很不莊重。不過，警察課長和泰雅人似乎相處得十分融洽，而且這些泰雅人也都會說日語。當他說了幾句話之後，他們全都很樂意被拍照。就連一位老祖母也毫不抗拒的接受了試煉。

一位泰雅老祖母

我實在很想取得幾樣原住民的服飾和武器，既然越村向我們打包票，說不可能直接向泰雅人買到東西，我們就前往交易所，這是總督府設立的一個絕佳機構，提供原住民以自己的產品換取所需物品的機會。不巧，那兒的存貨太少，除了一頂無邊藤帽、一個網袋（與過去襲擊得手後，裝著人頭凱旋而歸的袋子同款式），以及警察課長堅持送給我太太當禮物的一副竹管耳飾，別無他物。

愉快的討價還價

　　不過泰雅人很快就明白我們想找什麼，即使越村做了悲觀預言，但很快就有一位老人帶著藤帽前來，並以一圓五角脫手。接著，一位青年拿出裝在漆成紅色的木鞘中的佩刀，要價五圓。當地人一開價就照價付錢這回事，對於任何生活在蘇伊士運河以東的人根本難以想像，但越村不太想幫我們討價還價。他對這種情況從不插手，既然日本的有錢人一向出手大方，我猜他認為：跟原住民殺價不體面。但我既不富有，也不是日本人，當然毫不遲疑地殺價。在以默劇動作快活地討價還價一陣之後，我只成功殺了五十錢。那位泰雅勇士對這個價錢堅持不降，因為他「歸順」久了，知道這是我在市場裡唯一能買到的刀，而我也買下了。

　　隨後，大量的剩餘物品也呈了上來接受檢視。又有一件菱形胸兜易手，老太太也脫下了她的銅手鐲，想要老老實實地賺回一圓。

　　我們十分親切地互道珍重。我非常樂意在泰雅人身邊待久一點，並深入隘勇線內，和他們尚未「歸順」的同胞相見。但就算我有時間，越村也早已向我保證這件事「不被允許」。而且，無論如何我們都得回去，再過兩天就要前往搭船，當晚越村也很想帶我們去觀

看年度相撲大賽，正好那天下午開始在臺北舉行。[1]因此，我們向彬彬有禮的警察課長道別後，就搭上臺車向平地出發。

不過，我還是決心至少要去看看住在家中的泰雅人。因此在離開角板山幾英里後，我們下了臺車，沿著一條曲折的小路穿過梯田，來到一個原住民部落。熱心的警察課長派一位能說原住民語言的日本巡查陪同我們。如同大多數嚮導，他也不確定路要怎麼走，因此求助於操作臺車的苦力，我們最後還是抵達部落。那兒共有三間家屋，彼此相距不遠，其實與就地搭建起來、以地面為樓板的破房子沒什麼兩樣；它們以茅草為頂，竹片為牆，和住在裡面的居民一樣充滿髒汙。

約有十二位族人出來和我們會面，有男有女，也有兒童。他們都很友善，而且毫無怨言地接受拍照。我用三圓買到一件漂亮的無袖外衣，做工十分精美。這些外衣以苧麻編成，剪裁和樣式恰似婆羅洲姆律人穿著的樹皮外衣。大多數男人都穿這樣的外衣，但大多數女人卻身穿中國式的長袍。

被糟蹋的原住民

在我們離開前，越村提議：由於原住民相信若自己被人拍照就會早死，因此通常要給他們幾圓做為補償。我在角板山已經付了大筆「酒錢」給我的朋友，據說他們同樣也擔心自己英年早逝，但我開始覺得，是越村自己對這件事太過念念不忘。原住民的迷信偏見理應受到尊重，不會有人比我更尊重他們了，但眼前的事不過是一種粗糙的敲竹槓伎倆。因為沒有一個泰雅人在「歸順」前看過照相機，若越村所歸因的那種恐懼在他們心中真的如此根深柢固，區區

254

上：泰雅部落，下：部落中的居民

第十一章

幾塊錢恐怕不太可能誘使他們如此滿意地承受死亡的可能性。

臺灣總督府慫恿原住民向每位訪客索取金錢報酬，令人遺憾。路過的旅人被敲詐點小錢倒是無傷大雅，但真正讓人痛心的是，原住民竟被教化成這樣的一群乞丐。沒有哪位原住民不被這種方式糟蹋的，當他們得到的錢愈多，就想索取更多。婆羅洲山區的族人被拍照後根本不會想拿到錢，人們頂多丟幾枚硬幣給小孩任他們爭搶，或在借宿一晚後留下一個空瓶或空罐。

在部落裡警察提問的過程中，我發現泰雅語對「七」（pitoh）、「十」（opod）兩個數字的發音和婆羅洲方言是一樣的。照這樣看來，幾小時前才讓我感受如此強烈的泰雅人與婆羅洲山地民族的相似之處，並不只是巧合而已。

當時我沒有機會繼續追蹤語言這條線索，因為我聽到的其他字詞都很陌生，在臺北也遍尋不著原住民語的辭典。後來我在《福爾摩沙島的過去與現在》的附錄一中找到福爾摩沙九種原住民方言的比較詞彙表。[2]每張表中都能找到婆羅洲民族常用的字詞，而這些字詞的寫法多半和現行的馬來文有所差別。例如，泰雅語的星星「mintoyan」在姆律語成了「rembituan」；布農語的狗「atsu」可以對應到姆律語的「tasu」；澤利先語[3]和排灣語的adao對應於姆律語的adau；布農語稱呼父母為tama和tina，在姆律語則是tama和ina。至於福爾摩沙東南數海里外紅頭嶼上的數字發音，也和婆羅洲方言的數字發音相同。本書的附錄一將提供一張三十八個字詞在福爾摩沙及婆羅洲語言中的發音列表，即使婆羅洲北部海岸與福爾摩沙南部海岸相隔1,200英里之遠，但在我看來，這兩個族群的語言卻何等相似。子音v不斷地出現（通常可與b互相替換）在這兩種語言中，儘管這種情況未見於馬來語；同樣一如預期的，比起北部各族，福

爾摩沙南部各族的語言與婆羅洲方言更為相似。

　　幾個在馬來和婆羅洲方言中常用的字詞也能找到，像是眼睛（mata）、腳（kaki）和火（api）。但另一方面，有些字詞在馬來語或婆羅洲語都找不到對應詞，島上各族群的方言通常差異很大。這是不可避免的，因為山嶺阻隔和獵首行徑造就了孤立的社群，婆羅洲的情況也一樣，即使走一天的路就能到達的部落之間，彼此使用的字詞也常存在巨大的差異。不僅如此，在福爾摩沙還得考量來自玻里尼西亞的強大影響，必麒麟先生（William A. Pickering）[4]也指出，某些部族的語言讓人聯想到墨西哥語或阿茲提克語，許多字詞都以「tl」結尾，例如：鹿是lukutl，串珠是hutlhutl，脖子是kwangoritl等等。[5]

原住民部族

　　福爾摩沙的原住民分屬九大族群，每族的語言與習俗差異甚大。北部的泰雅族是最強大的部族，人口約有31,000人；生活在島嶼中央的布農族則有16,000人；領地從花蓮港到卑南、沿東海岸的狹長地帶分布的阿美族則有37,000人；位在島嶼最南端的排灣族有41,000人。其他族群還有澤利先族、賽夏族、鄒族、卑南族，以及紅頭嶼的雅美族，據臺灣總督府的最新調查統計，原住民總人口數約十三萬人。

　　我不打算對這些族群展開詳盡的記述，因為這項工作在不久前才由麥高文夫人（Janet. B. Montgomery McGovern）[6]完成，她在《福爾摩沙的獵頭原住民》（*Among the Headhunters of Formosa*）一書留下絕佳的記載。但福爾摩沙原住民的起源一直是引發諸多揣測的話題，

既然我不認為有任何旅人曾經記載他們和所謂婆羅洲原住民的密切關聯，除了語言類似之外，也將習俗上確實存在的相似處記錄下來，或許並非離題。

首先，雖然兩者在原始狀態下都是獵首者，但他們都不吃人肉，而且泰雅族青年如同昔日的姆律人，必須獵得人頭，才能贏得有意結為伴侶的佳人青睞，或得到第一條紋面，作為男子漢的象徵。如今這兩個地方的獵首風俗逐漸式微。獵首在北婆羅洲幾乎已是陳年往事，但在福爾摩沙，帶著戰利品歸來的勇士仍和昔日的婆羅洲勇士一樣，受到盛宴與舞蹈的款待；女祭司舉行祭儀，隨後人頭被安放在特別的房屋裡。此外，兩者最奇特的相似處則是，當勇士踏上征途時，婦女便必須停止編織。[7]婆羅洲民族的理由是，婦女雙手不斷變化的動作會讓男人在山林中迷路。他們必須嚴守預兆，尤其是從鳥的鳴叫聲和飛行路線占卜所得的預兆；女祭司在兩地都很常見，尊敬老人也是普遍的，祖父一詞在兩地的語言裡都叫aki。澤利先族與婆羅洲的杜順族（Dusuns）都對神聖的陶壺特別崇拜。兩地族人都拔掉上頜門牙，並以鑷子拔除過剩的毛髮；他們也都為了狩獵而養狗，視為珍貴的財產，並予以善待；兩者也都在河段上以有毒的樹藤捕魚。

在福爾摩沙和婆羅洲的異教徒中，女人享有遠大於多數原住民的自由；她們可以自行選擇丈夫、擁有土地，也常取得不小的政治權力，在某些情況下甚至成為頭目；近親通婚受到嚴格禁止，這一禁制甚至擴及同曾祖父和同高祖父的堂表親（second and third cousins）；依照原住民的習俗，通姦可治死罪，儘管北婆羅洲已不再執行死刑。族人死去後，屍體在竹片製成的平台上安放數日，而後埋葬於家屋地下或周邊，人們相信死者的靈魂從此定居當地最高的山頂上。

古老的習俗

　　過去婆羅洲部族有一種奇特的習俗，稱為surmungup：他們將一名囚犯或奴隸裝進竹籠，以刀、矛戳刺直到他斷氣；每刺一下，都伴隨著生者託他在前往冥府時傳達給死去親人的訊息。麥高文夫人也敘述了福爾摩沙卑南人的類似習俗：「在祭典之日，一隻福爾摩沙森林隨處可見的猴子被綁在青年會所前，由年輕人以箭射死。……卑南族的長老說明，當『美好的古代』他們的部族仍然強大之時，在這種祭典充當犧牲者的都是從其他部落抓來的俘虜，但現在……不得不將就於這種低等的替代品。作為人的替身的猴子被認為特別低等的原因之一，是因為猴子死後無法幫殺死它的人傳話給他們的祖先。在美好的古代，射進俘虜體內的每一支箭都承載著射箭者欲傳達給祖靈的訊息。人們顯然認為，抵達靈界後立即將這則訊息——確切地說，是很多訊息——傳遞出去，是受害者無可逃避的義務。」[8]

　　若這類習俗相近的實例可以繼續延伸下去，或許能為人類學家帶來收穫無比豐富的田野調查，因為位在福爾摩沙最南端海角東北方三十七海里處的紅頭嶼小島上，住著更可能保存先祖自原居地帶來的各種特徵的雅美人。如前所述，他們的數字發音與婆羅洲部族幾乎相符，許多習俗也和姆律人相同，雖然達飛聲先生也注意到，玻里尼西亞同樣對他們產生了影響，因為他們所製作的船隻在設計和裝飾上也恰好近似所羅門群島原住民的船隻。[9]但這樣的影響大概是很晚近來自被暴風雨吹離航道、在紅頭嶼海岸失事而登陸的玻里尼西亞人。原住民自己也有這方面的傳說，就這點而言，值得一提的是，研究福爾摩沙部族的首位民族學權威郇和先生，在1863年出版的著作中宣稱：紅頭嶼的居民沒有船隻，也沒有獨木舟。[10]

由此至少可推測出，福爾摩沙與婆羅洲的異教徒源自同一血統，這一點已無需贅言。這些歷經數個世紀變遷、面臨各種不同命運，仍保存著語言與習俗的漂流者，究竟來自何方？或許他們從西北方遷徙至此，從上緬甸的阿波爾族（Abor）和納加族（Naga）地區分批移到馬來半島和交趾支那，並一再如秋風掃落葉般遭到其他更強大的入侵部族驅趕。即使他們以某種方式橫渡波濤洶湧的海洋，抵達當時也許只有叢林中的鳥獸或年代更久遠的矮黑人（Negrito）聚居的遠方土地，仍得不到長久的平靜生活，因為他們又被新來的入侵者從自己所發現的豐饒平原驅趕到不宜人居的山林中──他們在福爾摩沙被中國人驅逐，在婆羅洲則被更純種的馬來人驅逐；他們來到做為最後據點的山中堡壘，將它視為避難所般堅守至今。

原始的烏托邦

　　他們在此定居，成為山地人種，早已忘卻自己曾是遠航四海的水手，他們或許比世界上其他原住民更不為人知，與當代世界隔著數千英里的海洋和兩千年的光陰，但風俗和社會生活的程度卻與人類文明並駕齊驅，即使他們可能還有獵首的風俗，但進化程度卻遠勝於野蠻狀態。他們耕種土地、居住於家屋、使用鐵器和製作武器；他們對裝飾有著藝術直覺，對所謂的音樂也能感知其魅力。他們生活在組織簡單的部落中，幾乎不曾聽聞我們所知的竊盜及其他罪行，每個部落如一家人般共同生活，有如獨具一格的小國，彼此共享一切、同當禍福──這正是現實社會主義（practical socialism）所謂的烏托邦。

　　我花了一些篇幅討論福爾摩沙與婆羅洲異教徒在語言、風俗和

生活方式的相似之處，不只是因為就我所知，過去從未有人指出這些相似之處，因此對人類學家和民族學家來說有些價值，同時也是因為：對婆羅洲部族行之有效的治理方法，應用在福爾摩沙的部族也同樣能發揮效力，這樣的假定看來並非無稽之談。既然是相似的民族生活在相似的土地及生活條件下，那麼期望同一種治理型態可能產生相同結果，應該不算太離譜。

日本人自己也承認，至今為止他們處理福爾摩沙原住民的方法並不成功。如此一事無成對日本來說茲事體大，因為日本沒有這麼多剩餘的土地，能容許十萬名異教徒將她阻擋在七千平方英里的國土之外，這片土地做為原住民保留地綽綽有餘，而且能供養持續增長的農業人口，更不用說那大片珍貴的樟樹林和可能蘊藏的礦藏。

但福爾摩沙的現況卻是如此：日本人遭受當地部族的抵抗，只能冒著生命危險進入架起通電鐵絲網、圍困著這些山林之子的區域內，這種處境實在是丟人現眼。

依照日本人的思路，他們已經盡力了。他們不遺餘力地將層層疊疊的山林納入勢力範圍，也花費大筆金錢，並犧牲了許多人命。他們對頑強抵抗的獵首者先後嘗試「討伐」和「撫育」兩種不同的策略，不像中國人那樣野蠻地對待原住民，雖然偶爾不免嚴酷——例如麥高文夫人所提及，飛機向沒有防衛能力的部落投擲炸彈，[11]不過原住民一旦接受總督府的控制，日本人就會善待他們，即使日本人堅持「同化」原則。問題在於，近三十年過去了，還有這麼多原住民拒絕以任何形式接受日本統治。

缺乏同情心

日本人在福爾摩沙展開的工、商、經濟及科學事業都成就非凡，但為何偏偏在安置原住民族這項最基本的工作上失敗了？

我認為主要的原因是欠缺同情心。初到福爾摩沙的日本人缺乏管理殖民地的經驗，所遭遇的全是先前不曾遇過的問題。他們能學著解決多數問題，純粹是因為他們不至於自負到不去效法他人的解決之道。或許有些人會說，他們派出特使和個人去學習他國政府的專長，但實際上，他們只學最想知道的事物，並把這些學來的知識付諸實行。

但有一件事他們卻沒學會，那就是如何善待原住民，後者已在長年壓迫下趨於倔強而凶悍，例如福爾摩沙山地的原住民。或許因為他們還有太多其他事要學，才輕忽了這點；或許他們根本不認為這件事需要學習。我傾向認為他們低估了這件事的重要性，並且蔑視這個問題。我猜想，起先他們必定認為他們有軍隊，派一營的兵力便足以應付一小撮原住民。他們的錯誤不只是低估了自己這些異教徒的實力，更小看其不屈不撓的性格；事實上，他們一向把這些異教徒當成絆腳石。

我在福爾摩沙和許多日本官員談論過這個問題，他們給我的印象，以及對此問題的觀點全無二致。原住民是妨礙他們發展的障礙；他們將原住民蔑稱為「蕃人」，即使那時他們已逐漸體認到，蕃人可能是一股不可小覷的力量。他們似乎沒有能力和原住民部族交朋友，甚至腦中不曾有過這樣的想法。

工人階級一旦在世上出人頭地，對於曾與自己平起平坐的人施以輕蔑的例子所在多有，至於社會地位高於前兩者的人，則能毫不

考慮地與前兩者友好對話。我這麼說絕無意冒犯，但這就是日本人一直以來的處境。他們躋身統治人種的時間還不夠久，因此無法對他們所掌控的人和顏悅色；當一個從未使喚過他人的歐洲勞工或技師來到東方就任要職，發現自己得負責掌管許多當地人，人們或許也可以看到同樣的情況。即使未必真的施虐，卻蔑稱他們為「黑人」或「黑鬼」，並把他們當成遠比自己低賤的生物，不配要求他的同情或關懷，這等危險始終存在。

我得慎重地說，就算日本人未真正對福爾摩沙原住民施暴，但卻不曾同情他們。就連對那些願意接受日本統治的原住民，他們也要予以「同化」：他們教原住民說日語，灌輸他們日本習俗，卻沒認知到這些由他們負起統治責任的異教徒，本來好端端地有自己的語言和習俗。你若傷害了一個種族的個性，也就傷及它的要害，種族滅亡就是遲早的事。臺灣總督府強迫原住民說日語，而不是派出訓練有素的行政官員學習原住民語言；這是在摧殘，而非撫育這個異教徒種族的心靈。這才是異教徒遲遲不肯屈服於日本勢力，也是日本人為何因此失敗的原因。

試想，若臺灣總督府採取其他措施，或許會得到何等更理想的結果，這實在是有趣的事。我承認，把治理一個國家或一個民族的方法教條化是很容易的，但我對此課題應該有提出建言的資格，因為我曾為一個政府服務過幾年，那時它遭遇的問題和今天日本人在福爾摩沙所遭遇的一模一樣。身為國家機器的一顆螺絲釘，我以個人的微薄之力協助解決了它們，但這不是出於我個人的任何創見巧思，而是我遵循一套行之有效政策的結果。

當四十四年前英國北婆羅洲公司取得這片大小等同於蘇格蘭的土地時，他們在這片領土所遭遇的情勢與日本人在福爾摩沙山地的

遭遇如出一轍。原住民遭受沿海的馬來人壓迫已久，對外來者充滿猜忌，部族間更是爭戰不休，完全不存在一個有組織的政府。人命在婆羅洲毫不值錢。整片土地是赤道下的一片荒原。那裡完全沒有道路，除了原住民開拓的林間隙地，到處都是叢林。可是一小群歐洲官員及一支由印度人和原住民組成的小型憲兵部隊，在沒有富裕國庫的支持下，不僅在十年內將大半片北婆羅洲納入保護國政府的控制之下，在治理原住民部族方面更是成功，使得當地的叢林小徑竟有如倫敦的帕爾摩街（Pall Mall）一樣安全。如今獵首者不再發動攻擊，過著安寧的日子。原住民也發展興盛、繁衍人口，不僅得到同情與理解的對待，他們的權利、習俗也受到尊重。他們把理民官看成嚮導、哲人和朋友，將自己的官司交付他裁決，向他尋求醫藥，甚至因為太太出軌而尋求他的建議。上述事項都需要耐心、機智與勇氣才能達成，但他們卻做到了。相信只要有適當的人選來執行這項工作，今天的福爾摩沙也能有類似的成果。

日本人在占領福爾摩沙之後不久，確實朝此方面做了一些實驗，但不幸地，做得不夠深入。沿著蕃界設置官員（撫墾署），的確使他們和原住民建立緊密的個人聯繫，也能學習原住民的語言與習俗、爭取他們的信賴。但總督府未對這些職缺提供誘人的條件和高薪，也沒將它們託付給行政能力獲得證明的人才，反而明顯地認定此事無足輕重，因此任命下級官員來填滿職缺，而他們的地位和薪水不比吏員高多少。不僅如此，這些官員還頻頻更動，也無權管轄自成一系的警察；最終在1898年因成效不彰而廢除，此後由警察部門掌管原住民事務。

這顯然不足以解決問題。根據各方說法，日本警察對待原住民相當友善。他們住在原住民之間，因說原住民的語言而受到喜愛與

尊敬。但基層員警的職權無法與高階官員相提並論,而在對待原住民族這方面,個人的重要性遠大於體制。原住民與兒童沒有兩樣,事實上,對待他們其實就如同對待一個處於嬰幼兒期的種族。因此不該把原住民當成「蕃人」,而應該把他們當成孩子對待;他們和孩子一樣有著不假思索的偏見,以及出於本能的好惡、恐懼、迷信和驚惶;他們容易變得怨恨、憤怒或突然失去信任,也同樣容易展現歡笑和愛慕;他們的心靈就像蠟,能迅速吸收印象,會以狡詐回應狡詐、以敬重回應勇氣,在同情中敞開自己,一如花朵綻放於陽光下。正如我們所知,他們不熟悉紀律,非得循序漸進地施加不可;他們厭惡強迫,威嚇只會激怒他們,詭計則會引起其憎恨。他們又豈能不把地雷或通電鐵絲網看做區區詭計?

我不認為有必要寵溺原住民。我甚至不願稱他們為我的「棕色小兄弟」,只因為我一點都不認為這麼做會讓他們更喜歡或尊敬我。原住民欣賞正義與堅決,這兩者才是長久的建設基礎,但也必須符合人性。這點之於福爾摩沙原住民更至關重要,因為數百年來,他們遭逢中國人野蠻虐待,而如今就像是鬥犬,甚至隨時準備攻擊那些來和他交朋友的人。

吳鳳的故事

即使如此,也還是有證據指出,若以正確方式接近、對待福爾摩沙異教徒,他們就不至於成為有時日本人口中那般冥頑不靈的民族。荷蘭人及其他歐洲人提供的證據都說明了,過去他們和白人相處時仍很溫順,麥高文夫人也提到,至今他們仍相信荷蘭統治時期有如黃金年代。[12] 以下的故事也告訴我們,就連一個中國人都能偶爾

贏得他們的敬愛。一百年前,有個名叫吳鳳的中國人在定居於阿里山山麓的獵首部族中生活,熟習他們的語言和習俗。因為他對原住民的影響力如此強大,因此被中國官府任命為通事,以官員身分掌管這個地區的原住民。

自不復記憶的遠古時代以來,原住民部族就一直存有在一年一度的祭典上殺人獻祭的習俗,到那時為止,先前的中國官員發現要取悅原住民很省事,只要交給他們一個罪犯獻祭就行。但吳鳳不像他的前任那樣冷酷無情,堅決反對這項習俗,因此下定決心要讓原住民戒除這種野蠻行為。往後四十年,每年他都以贈送豬、牛等禮物(而非罪犯)的方式勸阻他們殺人獻祭,盼能逐漸治癒他們對獵首的激情。但最後,父祖的本能又從他們內心湧現。豬很好,牛也很好,但非要一個凡人獻祭不可,於是他們去找吳鳳,並且誓言:就算他們深深敬愛他,但要是不給他們一個人獻祭,就要去抓個中國人來獻給他們的神明。吳鳳痛苦地領悟到,如今再也不可能拒絕他們,終於,他答應他們自行其是。

「去吧,」他說,「明天到森林裡,你們會看見一個穿紅袍、戴紅帽、臉上罩紅巾的人。見到他就下手殺了他,他就是你們的祭品。」隔天,原住民依約來到森林中,見到一個身穿紅衣、臉上罩紅巾的人。這些嗜血的狂徒攻擊了他。當人頭滾落、覆面紅巾落下時,他們才發現被他們殺了的人正是吳鳳。

據說,原住民部族非常後悔殺害這位和他們一直是朋友的中國人,於是下定決心不再殺人獻祭及獵首,至今仍信守這個誓言。人們在吳鳳墳上建一座廟,他的忌日至今仍受到紀念。幾年前重修這座廟時,臺灣總督府捐款協助施工,並由前任臺灣總督府民政長官後藤新平男爵(Baron Goto)[13]撰寫紀念碑文,結語如下:「山青青

兮水泠泠，碑屹立兮曷有極！」廟門上則懸掛著前任臺灣總督佐久間左馬太[14]題贈的匾額：「殺身成仁」。

　　吳鳳是在對待原始人種上，個人比體制更加有效的極端例證。後來也顯示，一旦贏得福爾摩沙部族的信任，他們就會和今天婆羅洲的姆律人一樣友善。必麒麟先生說過，當他漫遊於福爾摩沙時，曾造訪過約二十個原住民部族並與其交流，每次都發現，原住民十分好客且友善。他甚至還贏得他們的敬重。「我定居新加坡約十二年後，」他說：「某天，一位紳士來到我的辦公室，告訴我他曾派駐福爾摩沙的南岬（South Cape，即鵝鑾鼻），在那兒興建一座燈塔。居留期間，他結識了當地的蕃人和頭目。一聽說他要返回英格蘭，就有一百多位原住民組成代表團來拜訪他，懇求他找到『必麒麟』，並請他回福爾摩沙來，履行回來探望他們的承諾。」[15]

　　不久前，麥高文夫人則不顧日本當局的警告，在原住民部落間旅行。她不但未受到傷害，有一次在越過暴漲的溪床、走進某個泰雅部落時（至今他們仍向遠古時代的偉大白人祖先——荷蘭人的神靈祈求），被讚譽為「一位備受愛戴的古代白人君王的神靈從天而降」。[16]

　　情況看來很清楚了，只要受到正當的對待——即使統治者是亞洲人——福爾摩沙原住民也願意順服，但明顯的是，相對於白種人，他們深受歧視。若臺灣總督府明天就要求派二十位有治理原住民族經驗的英國年輕人到福爾摩沙山地，他們大概有幾千人可供挑選，而我確信如此一來，五年內就能完全平定整片「蕃地」。

　　但這個解決之道在此不會被採納。日本太過自負，不容其他種族為它完成自己做不來的工作。這也合情合理，因為每個國家都必須解決自身的問題。

第十一章

補救之道

竹越與三郎有一套不同的解決方案。他如此談到島上的原住民問題:「事已至此,吾人再也不能沉住氣地等待他們自然地移風易俗、悅服於我,也無法顧慮到這將會帶給他們多少不便;逼迫他們及開拓生蕃地,相信是有必要的。但要如何才能達成?像現在這樣逐步推進隘勇線是一個辦法。或者效法英國目前在北婆羅洲、羅德西亞的作為,給予部分私人組織的私立開拓會社特許權,由它暫代政府,在取得執法、行政權力後,開拓與政治雙管齊下,相信也是一個辦法。……因此我誠摯希望,能夠折衷此一(英國式)制度,在臺灣總督監督下成立生蕃地特許會社,以二十或三十年為期在蕃地執掌政權,負起開發礦山和山林、拓墾田園、修築道路、教化土蕃的責任,同時若遭土蕃抵抗,亦有權征伐並加以制伏。倘若將全部的臺灣生蕃地租借給單一會社有所不宜,則可將生蕃地分為兩塊或三塊,分別由不同會社管理。」[17]

我大段摘錄上述建議,是因為這些文字出自日本人,特別耐人尋味。但竹越先生怎會認為日本特許公司能做到日本政府做不到的事?當一扇門就衝著除了開發領土以供和平貿易之外,別無營利動機的國家政府緊緊關上時,這扇門又怎會為了以賺取紅利為正常目標的會社而開啟?特許公司或許能成功,但總不免引人疑慮。它或許能像英國北婆羅洲公司那樣成功,但形勢總是不利於它。英皇直屬殖民地政府或帝國政府挾其信用與權威的全副力量,開拓一片未知地區遠比一家公司更加簡單。

一旦發出這種特許,又將何等自曝其短!何等自承失敗!何等逃避責任!不對,竹越先生,這不是解決之道。

由日本展開的這項任務也須由其自行完結。若想一舉成功，非得將最優秀的人才送去北婆羅洲、馬來聯邦或菲律賓群島等情境類似的殖民地，學習經檢驗後證實有效的治理之道，並在學成後派任為地方行政官，治理福爾摩沙的原住民地區。

　　他們必須是志願者，因為這樣的工作不能被迫出任。他們必須犧牲享受，也許還有健康，甚至是性命。但他們的工作是值得的，而且必能得到回報。他們會學到如何在這些原住民間生活，說他們的語言、熟悉他們的習俗、贏得他們的信任，同時教導他們在公正、仁慈的治理下生活的好處。他們會如同婆羅洲的理民官走遍山林中的每個部落，只由一兩位警察陪同就能睡在原住民的家屋裡，為原住民審理案件、調解糾紛，並和他們交朋友。他們會找到方法，藉由償付血債（blood money）化解部族間的獵首宿怨，也誘導長年世仇以自己的方式隆重地締約講和，那是一旦立下就無法輕易破壞的誓約，因為就連異教徒都知道該如何信守承諾。他們必須尊重原住民的偏見與傳統，注意不讓自己的人民受到剝削，並捍衛、承認其權利，確保在開發轄區時，原住民能獲得保留地、土地及其他財產，而不致被貪得無厭的商人和投機客奪走。無論走到哪兒，他們都必須播種信任，好感也將由此逐漸滋長，他們也會發現，這些往日逞凶好鬥的部族終將投向他們，不只為了糾正錯誤，也為了在一切生活瑣事上徵詢他們的意見而來。

　　我不敢妄稱事情必能一帆風順。這過程中必定充滿失敗、挫折、險阻，也可能爆發獵首行動及招致不易彈壓的原住民反抗。但我確信，正確的人選必將帶來成功，正如我確信，單憑這個方法，不必消滅原住民就能為這片土地帶來和平。

　　一旦奠定這樣的治理基礎，政府就放棄「同化」政策吧。長遠

一群泰雅「蕃人」

來看，同化除了導致原住民族消亡外別無其他意義，而政策目標應當是要繁衍種族。

　　無論如何，一開始的教育必須出於自願；讓原住民保存自己的語言、生活方式與理想，並在地方行政官監督下設立原住民法庭，審理違犯原住民法律與習俗的案件；只要合乎人道，就讓人民按自己、而非異族的行為標準做出裁斷。讓原住民部落自組一支警察部隊，使每位身穿制服、手持步槍的警察成為他們效力的政府與他們出身的部族之間的連結。讓行政官從部族中選出原住民頭目，並安排在有實權的職位上，但行政官必須慎防將權力誤託匪人，因為在如此原始而易受影響的部族中，只要有個叛徒掌權，就足以毀棄多年來的成果。最重要的是，讓他牢牢記住，這些定居於山地的棕色民族有著自己的部族精神和傳統，讓他樂見他們保留這些傳統，因為他們一旦平靜下來，獲准以自己的方式度日，他們會是最快樂、也最容易治理的一群人。

　　希望地方行政官逐漸認識、理解、或許逐漸喜歡上他被派去治理的民族；也但願他能隨時掌握地區的脈動，直到氣脈相通，像技師熟悉引擎那樣，一有差錯就能憑直覺感知。

　　這一切絕非空想，更非烏托邦。它曾經實現過，如今也持續落實。我絕不相信日本找不到同樣能夠實現的人才。當帝國政府終於明白，一位能以正確方式支配並影響原住民的稱職地方官，比起一隊野戰砲和數百英里的通電鐵絲網更有價值時，這對福爾摩沙山地這些單純的人民及日本人自己，都是好事一樁。

臺北城的舊隘門，呈現過去環繞臺北城的一部分城牆。

註釋

1. 譯註：參見〈二三五　東京大角力が來た　晴天に響く櫓太鼓〉，《臺灣日日新報》，1921 年 4 月 10 日。

2. 譯註：見達飛聲著，陳政三譯，《福爾摩沙島的過去與現在》，下冊，頁 770-772。

3. 譯註：日本殖民初期，伊能嘉矩、鳥居龍藏等調查研究者將高雄、屏東山地的一支原住民族記錄為澤利先族，1930 年代移川子之藏、宮本延人等學者則改稱魯凱族並沿用至今。

4. 譯註：必麒麟（1840-1907），英國商人、探險家、殖民地官員。1863 年由海關總稅務司派遣到臺灣，擔任打狗子口水上稽查員，隨後改調安平海關；1865 年離開海關，成為天利行、怡記洋行代理人，因收購樟腦而多次與臺灣地方官員發生衝突，最後引發英國出兵攻占安平、逼迫清廷放棄樟腦專賣的「樟腦戰爭」。曾在 1866 年深入蕃界，由六龜深入中央山脈探險。1870 年因病離臺，其後前往海峽殖民地工作，成為首任華人護民官。1898 年出版回憶錄《歷險福爾摩沙》（Pioneering in Formosa）。

5. *Pioneering in Formosa*, p.74. 譯註：見必麒麟著，陳逸君譯，《歷險福爾摩沙：回憶在滿大人、海賊與「獵頭蕃」間的激盪歲月》（臺北：前衛，2010），頁 103。

6. 譯註：麥高文夫人（1874-1938），英國牛津大學畢業後從事教職，曾任教於京都女子中學校，1916-1918 年間受聘到臺灣，擔任總督府中學校英文教師，將自己在臺灣各地的踏查紀錄寫成《福爾摩沙的獵首原住民》一書，對臺灣的蝴蝶亦有研究。晚年在新墨西哥大學出任人類學教授，持續為報章及學術刊物撰述。其子威廉‧蒙哥馬利‧麥高文（William Montgomery McGovern, 1897-1964）是著名的政治學者、考古學者、戰地記者和探險家，一般認為是喬治‧盧卡斯（George Lucas）的冒險電影「印第安納瓊斯」（Indiana Jones）系列主角的原型之一。

7. 參見 *Among the Headhunters of Formosa*, p.109 及其後。

8. *Among the Headhunters of Formosa*, pp.118 and 119.

9. *The Island of Formosa*, p.586. 譯註：見達飛聲著，陳政三譯，《福爾摩沙島的過去與現在》，下冊頁 685-688。

10. *Notes on the Ethnology of Formosa.*

11. *Among the Headhunters of Formosa*, p.90.

12. *Among the Headhunters of Formosa*, p.53.

13. 譯註：後藤新平（1857-1929），日本醫師、政治人物。第四任臺灣總督兒玉源太郎任內的民政長官（任期 1898-1906），由於兒玉總督軍務繁忙，實際上由後藤民政長官負責統治臺灣。推行「生物學的殖民政策」，由衛生醫療改善入手，實施舊慣調查

及土地、戶口調查，為日本統治臺灣奠定堅實基礎；同時獎勵糖業發展、推動交通建設，並推動鴉片漸禁政策，使鴉片專賣收入成為重要財源，臺灣財政得以自主，無需日本內地補貼。日後出任南滿鐵道會社首任會長、遞信大臣、內務大臣、東京市長等要職，對於日本在滿洲的殖民，以及關東大地震後東京的重建皆有功績。

14. 譯註：佐久間左馬太（1844-1915），日本陸軍大將，第五任臺灣總督（任期1906-1915）。1874年牡丹社事件期間即曾參與遠征臺灣，1906年出任臺灣總督之後，不僅持續鎮壓漢人反抗，更頒定「五年理蕃計畫」，推進隘勇線壓縮原住民領域，並親自領軍攻伐泰雅族及太魯閣族，以控制山地獲取資源。同時也將臺灣地方行政由二十廳合併為十二廳，持續產業開發及交通建設，並實施官營移民，招募日本農民來臺開墾。

15. *Pioneering in Formosa*, p.165. 譯註：見必麒麟著，陳逸君譯，《歷險福爾摩沙》，頁222。

16. *Among the Headhunters of Formosa*, p.83.

17. *Japanese Rule in Formosa*, pp.230 *et seq.*。譯者按：參閱竹越與三郎，《臺灣統治志》，頁375-379。感謝顏昀真、李翊媗協助解讀此段譯文的日文原文。

第十二章
旅程的終點

返回平地→越村生病了→吉岡先生來訪→日本女先驅→越村喝下一瓶清酒就康復了→訪問臺灣軍→道別時刻→我們在「歡送」下離開臺北→從基隆出海→亞美利加丸號→青島的英雄→抵達神戶→越村的影響力→最後的追想

　　從角板山回到海岸多半是下坡，走完全程比上山的時間短了許多。我們以飛快的速度衝下山坡，煞車運作良好，這是必要的，因為一路上多半只有單軌，我們不斷地在過急彎時遇上另一輛臺車。越村或許是為了對昨天晚餐發生的插曲聊表回敬之意，於是說了不久前有位總督府高官在臺車事故中被拋出車外而喪生這樣的事來激勵我們。越村似乎覺得很好玩，那時他在第二輛車上。

　　我們在大嵙崁換車，各帶一名苦力繼續前行，並留下巡查部長。我們在路邊以前一天剩下以備不時之需的的三明治當午餐。越村則說自己得了重感冒，因此婉拒加入我們，他像阿基里斯（Achilles）那樣獨自悶悶不樂。

友好拜訪

當我們抵達桃園時，火車還要一個小時才會到，於是我們將越村和他的感冒留在火車站的候車室，在一位不會說英語的警察官陪同下遊覽這個小鎮，身邊還跟著一群不勝欽羨的小朋友，他們顯然不曾見過像我們這樣的人。

城鎮平淡無奇，我們看著公園裡的日本人打網球（按照慣例，用的是軟式網球）聊以自娛。返回火車站途中，與一些棒球選手擦身而過，他們正要去跟鄰鎮的球隊比賽。我不知道他們的球技如何，但他們穿著得體，看上去確實強悍。我想，我看到其中有個人嚼著口香糖。

越村的氣色愈來愈差了。雖說這天變得十分酷熱，但他卻緊裹大衣。我們都為他難過，但他對自己更加失望。他再次陷入沉默，看上去就像一隻生病的鳥兒。拖他去看相撲大賽恐怕太殘忍了，況且我以前也看過很多次日本相撲，於是我們決定抵達臺北後，留在飯店裡安靜過夜。

吃過晚餐，我換好浴袍，在房間裡寫信，這時被告知吉岡先生來訪，於是急忙重新著裝並下樓迎接。他說順路來找我閒話家常。我很開心見到他，而且對他不辭辛勞前來感到有些受寵若驚，我們一邊喝著威士忌蘇打，一邊長談。他似乎對英國的一切都興趣濃厚。他訂閱《每日郵報》（*Daily Mail*）、《泰晤士報周末版》（*Times Weekly Edition*）及各種增刊，也閱讀多種紮實的評論刊物。他是個眼界開闊的人。[1]

我們對於那些嬌小女士的主題有一番耐人尋味的討論，她們是吉卜林先生所謂世界上最古老行業的從業者，許多年來一直是日本

對外輸出的最主要商品。他承認，這件事已做得太過火了，並且開始讓日本蒙受惡名，即使其實還不到真正的惡名遠播。幾個月前發生了這麼一件事，有位英國水手在中國的一個港口將日本領事夫人誤認為紅燈區女郎，並且（自然而然地）以親暱的語氣對她說話。其實很難去怪罪那位水手，但當這種誤認成為自然時，實在是帝國之恥。因此我現在得知，這些小人物要被「召回」了。

吉岡先生說：「她們已盡了該盡的責任。她們是日本的開路先鋒。她們先去的那些地方我們隨後就到。她們為我們帶路。如今是她們該回來的時候了。」

這聽來是很冷靜沉著的看法。但我不由得想起眾多離鄉背井的人們在東方的小屋，當拖鞋踩過木地板的喀啦聲隨著她被「召回」而不再響起時，少了這些小小「女管家」會讓主人傷心的（母國的姑奶奶當然毫無所知）。

當我們和越村道別時，一度擔心這是否會是我們最後一次見到他，因他至少得臥床休息一星期。但出乎意料地，隔天早上他面帶笑容地前來，精神飽滿地向我們連聲致歉。他說，他又恢復健康了。前一晚回家後，他喝下一瓶清酒，不管生什麼病，這似乎都是萬靈丹。

感冒治療法

他以迷人的坦率對我說：「喝了一瓶後，我的臉就紅了，也沒辦法走直線。」

但他進一步斷言，每次一瓶清酒都能治好他的感冒。這才是最要緊的事，儘管這讓人想起一位長居神戶的「老手」開的藥方，他

也曾斷言：要是你帶著一瓶威士忌上床，你就喝到看見床尾出現四根床柱為止，然後去睡覺，隔天一早醒來，你的感冒就好了。

在我們前往角板山之前，我問過我們的朋友少佐參謀，能不能去參觀臺北兵營[2]、校閱駐防的日軍聯隊。他回答：未經軍司令官的特別授權不行，但他會請聯隊長致電東京，請求許可。當時我猜想，這不過是一種客氣且相當周到的拒絕方式，也就沒再多想。但現在越村通知我，已經收到必要的許可，過了幾分鐘，少佐就開車來接我。

我被載到臺灣軍司令部，並引見給臺北駐軍聯隊（臺灣步兵第一聯隊）指揮官鈴木大佐。他麾下的軍官也幾乎都到了。不巧，由於這天是相撲大賽舉行的假日（全城都為之瘋狂），因此沒有列隊遊行，但我們還是徒步檢閱了聯隊。一切整齊劃一、充滿軍人派頭，當大佐出現時，所有人都迅速立正。兵營是現代風格的磚造建築，我注意到，每個人都有自己的床，官兵的軍靴（任何一個當過步兵的人，第一眼都會先看軍靴）看來也非常好。背包尺寸比我軍的還小，以狗皮製成：看來這個海島帝國的某處肯定發生過狗群大屠殺。

軍官交誼廳就顯得陰沉，不像我軍還配備又深又舒適的扶手椅。我們觀看了一組哈奇開斯機槍（Hotchkiss gun）[3]的操演，但當我詢問槍的重量時，似乎令少佐有些困惑。手持木製假槍的刺刀格鬥隊表現出色，每個人都使盡全力互相攻擊，以最大的音量嘶吼喊殺；我聽說，每天深夜他們都在崎嶇的地面上大量練習。我也被帶領徒步檢閱山砲隊，帶隊軍官還毫無必要地為自己的馬匹表示歉意。

每個人都來為我送行，假如我是司令官本人，受到的尊崇大概也無以復加了。過去我參與過許多高級長官視察（並且真心誠意地咒罵他們），非常開心至少能有一次站在檢閱者這邊。不只這樣，

重新回到士兵身邊的感覺真好，我想，大佐很滿意我對他說的這句話。

金錢問題

離開軍司令部後，我又面臨了領取現金支付旅館帳單，及購買日本船票的問題。臺灣銀行仍不肯通融，就連和藹可親的飯店經理對於以一張英國支票兌換現金的建議也有疑慮；這不太能責怪他，因為他還得再等三個月才能把支票清算兌現。最後，我自己去了一趟匯豐銀行在福爾摩沙的代理商——三美路商會（Messrs. Samuel & Co.）的辦公室。我想，經理必定對我這張毫不保留、誠實無欺的臉孔有好感；不論如何，憑著那份信用狀，他同意給我一疊日圓鈔票，讓我大大鬆了口氣，即使那張支票未將公司名稱列於「代理商」一欄。

我提到這些十分私人的細節，只為了說明一個旅人是何其容易地受困於福爾摩沙。若想避免麻煩，最好在出航前先兌換大筆日幣。

這天早上剩下的時間都花在護照上加蓋日本和美國簽證，以及道別。越村拿走我僅剩的六張名片，將它們發給不同的達官貴人，然後前來一起吃中飯。隨後，我們步行到火車站，搭火車前往基隆，準備在那兒登上開往神戶的大阪商船會社的亞美利加丸號輪船。我們完全不必為行李操心，因為幹練的飯店經理已先一步帶著行李出發，並親自看著行李送到我們的船艙。若利物浦或南安普頓的旅館經理也能效法這種照顧客人無微不至的榜樣，必定也會大受歡迎，雖然他們可能會因此忙得不可開交。

越村說過，有些人會到火車站為我們送行，但我們到達時卻發

現，在臺北遇見的每個人全都聚集在那兒，包括末松先生。他們極其體貼，但這場面反倒像是一場歌舞劇的最終謝幕，全體演員都列隊登臺。即使在最好的時候，無論是在火車站或碼頭，被人送行都是一種煎熬，而當被一大群日本官員送行，其中大多數人英語程度平平甚至完全不懂，那就更糟了。但我們還是親切地和他們逐一握手，並祈禱火車準時進站，免得掃興收場。當然實情全非如此，於是我們不得不再次開口說話，從頭再道別一次；這時，我被引介給堀內文次郎中將（Lt. Gen. Horiuchi）[4]，他是 1914 年攻下青島的日軍指揮官，也得知他將在前往日本的旅途中與我們同行。接著，火車終於啟動，我們離開在月臺上揮手和鞠躬的朋友。

前往基隆的途中，將軍坐在我們旁邊。他只是來福爾摩沙進行半官方訪問，他全副戎裝，十分匹配他青島之戰英雄的身分。他不會說英語，但一口法語說得既流利又很破爛——我猜想，還帶著強烈的日本口音。既然我的法語也說得很差，我們也就能設法理解彼此，但這對能講一口標準法語的太太來說卻是一種煎熬。

以一位十八世紀中國皇帝命名的基隆[5]，位於首府東方十八英里處，火車車程一小時。基隆不是理想的天然港口，也不可能變得理想，因為其面積太小且位置太無遮蔽，但日本人盡力整頓，全心要讓它成為福爾摩沙最重要的海港。他們為港口疏濬，剷除封阻內港航道的小島，在海港入口耗資將近百萬英鎊修築長長的防波堤，防止隨東北季風而來的風暴侵入港內。如今，基隆港不只是商船，也是海軍艦隊及運輸船的理想錨地，還能讓大型輪船停泊碼頭。基隆港周圍的山區有隱蔽的火砲陣地且「不許攝影」。日本人對於出現在他們要塞附近的相機總是很囉唆，我們還沒啟程，越村就特地要求我太太收好相機。

向越村道別

　　火車站就在碼頭旁邊，我們走上亞美利加丸號。越村和我們一起上船，確認一切都安排妥當。雖然越村明知不妥，但我還是說服他喝了杯清淡的威士忌蘇打，接著他以許多友好親善的話與我們道別。我們最後看見的是，他身著飾有穗帶的上衣、長褲的膝蓋部位顯得寬鬆的瘦削身影，佇立在碼頭上揮動手帕，目送亞美利加丸號緩緩駛出港口。我們覺得彷彿正和一位朋友離別。若是我偶爾提及他的種種怪癖（或是在我們看來的怪癖），也只是想以一種友善的方式呈現出他的樣貌，絕非醜化。他為我們提供最周到的服務及許多無價的幫助。他是一位孜孜不倦的隨員，他的一切安排與行程規劃都如期完成，整趟旅程因此而天衣無縫。越村就是一位人們（通常是在功成名就後）會說「他將大有作為」的年輕人。我們受惠於他不少，因為除了他所提供的官方服務，我們還向他學了不少日本和福爾摩沙的事，我也樂見──就他而言──他在我們身邊也鍛鍊了英語能力。

　　我們發現亞美利加丸號在各方面都勝過泗水丸號，而且十分舒適。船艙很棒，食物也美味無比。我們是僅有的外國旅客，但西餐和日式餐點都有供應，為此我們感恩讚嘆。我們和另外八位日本人同桌，通常沒人開口說話，儘管上下桌時都會行禮如儀地彼此鞠躬。在死寂的靜默中用餐已經夠糟了，而在有如濃霧圍繞電弧燈包圍你我的沉默中嘗試交談更是可怕。我試著與鄰座搭話，但他不會說英語，看到他忍受了兩天西式餐點與烹調的教訓後，終於厭惡地放棄而回頭吃日式餐點，我被逗樂了。

　　我和將軍有過多次長談。當船離開基隆港進入公海時，突然聽

見身後傳來笑聲，我轉頭一看，驚愕地發現他就靠在我身旁的欄杆上，身穿和服，頭戴一頂看似惡棍的帽子。從掛滿勳章的軍服變成這副裝扮，反差實在太大，讓我一度認不出他來。但他也一樣更偏愛日本風格。他是一位謙遜的老紳士，習慣每講一句話就向船舷外用力吐痰當作斷句。他說自己很虛弱（*très faible*），於是我們給了他一些馬勒西爾暈船藥，他非常開心，還回送我太太一盒風景明信片作為答謝。他告訴我，他在日本的生活非常簡單，而他是如此率真質樸，毫無軍人的浮誇派頭，讓我想起古羅馬的將軍，他們打了勝仗之後就回到農莊裡，重新過著簡樸的生活。我幾乎可以想像他在自己的田地裡耕種的畫面。他非常仰慕法國人，多年以前，他向他們學習軍事技能，那時日軍高層還沒開始學習德國式操法。他看來總是精神飽滿，不知怎地，所有日本人都是這樣。這是很棒的民族天賦，他們似乎總是向全世界展現出泰然自若、笑臉迎人的一面，這或許正是他們成功的祕訣之一。也正是這樣一位男子漢，才有辦法在怒海洶湧、身體虛弱的情況下還能開玩笑（而且令人為之發笑）。

善意之島

於是，在愉快而平靜的三天航行之後，我們抵達了神戶。我們在這兒發現，越村的影響力仍形影不離，因為大阪商船會社的代表已事先接到臺北發來的電報，通知我們即將抵達，於是他乘坐一艘特派的汽艇來接我們下船，並確保我們的行李平安上岸。

我們所能期盼的最美好的一次旅行就此告終。從這個應當稱做「善意之島」的地方，我們帶走了對於它風光明媚的平原、陽光普

照的山嶺、欣欣向榮的事業，以及彬彬有禮、不斷鞠躬的官員的種種最愉快的記憶。後來，當我安坐在神戶東方酒店（Oriental Palace Hotel）大廳一張深深的扶手椅上，我算了一下這次旅行收到的名片，總共129張。

註釋

1. 吉岡先生現任臺南州知事。譯註：吉岡荒造於大正十年至十二年間（1921-1923）出任臺南州知事。

2. 譯註：清末臺北建城之後即駐軍於東門外。日本殖民臺灣之後，則在臺北市旭町建造永久兵營，首先在1903年（明治三十六年）由臺灣步兵第一聯隊進駐，其後在1907年由山砲第一中隊進駐。二戰結束後曾是中華民國陸軍總司令部所在地，1975年為紀念蔣中正總統，而在此地興建「中正紀念堂」。

3. 譯註：應是法國製造的哈奇開斯M1914重機槍（Hotchkiss Mle 1914），第一次世界大戰時曾廣泛使用。日本軍則以哈奇開斯重機槍為藍本，研發出三年式重機槍，自1914年（大正三年）開始裝備。

4. 譯註：原文拼寫為Horinchi，誤。堀內文次郎（1863-1942），日本陸軍軍人，曾在第四任臺灣總督兒玉源太郎時期出任總督府副官，第一次世界大戰爆發時任第23旅團少將旅團長，參與青島攻略戰。時為陸軍預備役中將。

5. 譯註：作者在此是否認為基隆的名稱來自「乾隆」皇帝？目前較被廣泛接受的「基隆」名稱來源，應是清朝光緒元年（1875）臺灣行政組織大幅變革，臺灣海防欽差大臣沈葆楨取「基地昌隆」之意，將雞籠改名為「基隆」。

福爾摩沙相關重要英文著作

"Aborigine of Formosa, The", *Geog. Journal*, vol. xiv, 1899.

Aborigines, Report on the Control of the, in Formosa. Bureau of Aboriginal Affairs, Government of Formosa, 1911.（臺灣總督府民政部蕃務本署編，《理蕃概要》。大正二年（1913）十二月印行）

Allen, H.J., "Notes of a Journey through Formosa from Tamsui to Taiwanfu," *Proc. R.G.S.*, vol. xxi, 1866, and *Geog. Mag.*, 1877.

Anderson, Captain L., *A Cruise in an Opium Clipper*. Chapman & Hall, 1891.

Anson, *A Voyage Round the World*. 1748.

Arnold, J.H., "The Ascent of Mount Morrison (Niitaka Yama)," *J.N.C. Br. R.A.S.*, vol. xl, 1909.

Astley, J., *New General Collection of Voyages and Travels*, vols. iii & iv, 1745-47.

Augustus, M., *Memoirs and Travels*, trans. by W. Nicholson, vol. viii, 1893.

Baber, E.C.（見 Lacouperie。）

Barclay, Rev. T., "Formosa Mission of the English Presbyterian Church," *China Handbook*. 1896.

Box, Captain B.W., *The Eastern Sea: being a Narrative of the Voyage of H.M.S.*

"Dwarf" in China, Japan, and Formosa. 1875.

Beazeley, M., "Notes of an Overland Journey through the Southern Part of Formosa in 1875 from Takou to the South Cape," *Proc. R.G.S.*, vol. vii, 1885.

Beazeley, M., "A Sketch of Formosa," *China Review*, vol. xiii, 1885.

Benyowsky, M.A. Count, *Memoirs and Travels in Siberia, Kamtschatka, Japan, the Liukiu Island, and Formosa*, trans. by Wm. Nicholson, vol. viii, 1893.（參看莊宏哲著譯，《1771福爾摩沙，貝紐夫斯基航海日誌紀實：十八世紀一位匈牙利人筆下的臺灣》。臺北：前衛出版社，2014）

Boulger, D.C., *History of China*, vol. iii. Allen, 1882-86.

Bridge, C., "An Excursion in Formosa," *Fortnightly Review*, vol. xx, 1876.

Brinckley, F., "Formosa," *Encyclopedia Britannica*, Suppl. xxviii, 1902.

Brinckley, F., *Japan (12 vols.)* Jack, 1903-04.

Bullock, T.L., "Formosa Dialects and their Connection with Malay," *China Review*, vol. iii, 1874.

Bullock, T.L., *Chronological History of Voyages and Discoveries in the South or Pacific Ocean*, vol. vi, 1803-17.

Campbell, Rev. W., *The Gospel of St. Matthew in Sinhang-Formosa*. Kegan Paul, Trench, Trübner & Co., 1888.

Campbell, Rev. W., "Formosa Under the Japanese: being Notes of a Visit to the Taichu Prefecture," *Scottish Geog. Mag.*, 1902.

Campbell, Rev. W., *An Account of Missionary Success in Formosa*, 2 vols. Kegan Paul, 1886.

Campbell, Rev. W., *The Articles of Christian Instruction in Favorlang – Formosan, Dutch, and English*. Kegan Paul.

Campbell, Rev. W, "Past and Future of Formosa," *Scottish Geog. Mag.*, 1896.

Campbell, Rev. W., *Formosa under the Dutch. Described from Contemporary Records*, Kegan Paul, 1903.（甘為霖著，李雄揮漢譯，《荷據下的福爾摩沙》。臺北：前衛出版社，2004）

Campbell, Rev. W., *Sketches from Formosa*. Marshall, 1915.（甘為霖牧師著，林弘

宣、許雅琦、陳佩馨譯，《素描福爾摩沙：甘為霖臺灣筆記》。臺北：前衛出版社，2009）

Candidius, Rev. G., "Short Account of the Island of Formosa," Churchill's *Collection*, vol. i, 1744.

Carroll, C., "Rambles among the Formosan Savages," *The Phoenix*, vol. i, 1871.

Chamberlain, B. H. and W. B. Mason, *A Handbook for Travelers in Japan, including the whole Empire from Yezo to Formosa.* Murray, 1903 (7th Edn.).

Clark, J. D., *Formosa.* Shanghai, 1896.

Collingwood, Dr. C., "The Sulphur Springs of North Formosa," *Journ. Geol. Soc.,* vol. xxiii, 1867.

Collingwood, Dr. C., "A Boat Journey Across the Northern End of Formosa," *Proc. R.G.S.,* vol. ii, 1867.

Collingwood, Dr. C., "On the Geological Features of the Northern Part of Formosa and the adjacent Islands," *Journ. Geol. Soc.,* vol. xxiv, 1868.

Collingwood, Dr. C., "Visit to the Kibalan Village of Sau-o Bay, North-east Coast of Formosa," *Trans. Ethnol. Soc.,* vol. vi, 1868.

Collingwood, Dr. C., *Rambles of a Naturalist on the Shores and Waters of the China Sea.* Murray, 1868.

Colquhoun, A. R., "The Physical Geography and Trade of Formosa," *Scottish Geog. Mag.,* vol. iii, 1887.

Colquhoun, A. R. and J. H. Stewart-Lockhart, "A Sketch of Formosa," *China Review,* vol. xiii, 1885.

Colquhoun, A. R. and J. H. Stewart-Lockhart, *The Mastery of the Pacific.* Heinemann, 1897.

Colquhoun, A. R. and J. H. Stewart-Lockhart, *Two on their Travels.* Heinemann, 1902.

Corner, A., "A Journey to the Interior of Formosa," *Proc. R.G.S.,* vol. xix, 1875.

Corner, A., "A Tour through Formosa from South to North," *Proc. R.G.S.,* vol. xxii, 1878.

Dampier, Captain W., *A New Voyage Round the World*, 4 vols. 1729.

Davidson, J.W., *The Island of Formosa, Past and Present*. Macmillan, 1903.（達飛聲原著，陳政三譯，《福爾摩沙島的過去與現在》。臺北：國立臺灣歷史博物館，2014）

Davidson, J. W., "A Review of the History of Formosa and a Sketch of the Life of Koxinga," *Trans. A. S. of J.*, xxiv, 1896.

Denham, Captain.（見Gully）

Dodd, S., "A Few Ideas on the Probable Origin of the Hill Tribes of Formosa," *Journ. Sts. Br. R.A.S.*, vols. ix and x, 1882.

Dodd, S., "A Glimpse at the Manners and Customs of the Hill Tribes of Formosa," *Journ. Sts. Br. R.A.S.*, vol. xv, 1885.

Dodd, S., "Formosa," *Scottish Geog. Mag.*, vol. xi, 1895.

Forbes, F. B., and Hemsley, W. B., "An Enumeration of all the Plants known from China Proper, Formosa, Hainan, Corea, the Luchu Archipelago, and the Island of Hong Kong," *Journ. Linn. Soc. Botany*, vol. xxiii, 1866.

Gordon, Lieutenant, "Observations on Coal in the Northeast Part of the Island of Formosa," *Journ. R.G.S.*, vol. xix, 1849.

Gould, John, "Description of Sixteen New Species of Birds from the Island of Formosa," *Proc. Zool. Soc.*, vol. iii, 1862.

Gray, J. E., "Notes on Theonella, a New Genus of Coralloid Sponges from Formosa," *Proc. Zool. Soc.*, 1868.

Guillemard, F. H. H., *The Cruise of the "Marchesa"*, 2 vols. Murray, 1886.

Gully, H., and Captain Denham, *Journals kept by, during a Captivity in China in the year 1842*. Chapman & Hall, 1844.

Guppy, H. B., "Some Notes of the Geology of Takow, Formosa," *Journ. North China Br. R.A.S.*, vol. xvi, 1881.

Habersham, A. W., *My Last Cruise, being an Account of Visit to the Malay and Loochoo Islands, the Coast of China, and Formosa*. Philadelphia, Lippincott, 1857.

Henry, A., "A List of Plants from Formosa, with some Preliminary Remarks on the

Geography, Nature of the Flora, and Economic Botany of the Island," *Trans. Asiat. Soc. Japan*, vol. xxiv, 1896.

Hobson, H. E., "Fort Zeelandia and the Dutch Occupation of Formosa,"*Journ. North China Br. R.A.S.*, 1876.

Holt, H. F., "Report of Recent Earthquakes in Northern Formosa,"*Journ. Geol. Soc.*, vol. xxiv, 1868.

House, E. H., *The Japanese Expedition to Formosa in 1874.* Tokyo, 1875.

Honda, De S.（本多靜六）, "Ascent of Mount Morrison,"*Geog. Journ.*, 1896, p.68.

Hughes, T. F., "A Visit to Tok-i-tok, Chief of the Eighteen Tribes of Southern Formosa,"*Proc. R.G.S.*, 1872.

Hughes, Mrs., *Notes of a Six Year's Residence in Formosa.* London, 1881.

Jeffreys, W. H., and Maxwell, J. L., *The Diseases of China, including Formosa and Korea.* Bale & Danielsson, 1910.

Johnston, J., *China and Formosa: the Story of the Mission of the Presbyterian Church of England.* Hazell, Watson & Viney, Ld., 1897.

Keane, Captain Sir J., Bt., "The Japanese in Formosa,"*Blackwood's Mag.*, 1904, pp.159-74.

Kleinwachter, G., "Researches into the Geology of Formosa,"*Journ. North China Br. R.A.S.*, vol. xviii, 1883.

Kleinwachter, G., "History of Formosa under the Chinese Government,"*China Review*, vol. xii, 1884.

Kirjassoff, "Formosa the Beautiful,"*Nat. Geog. Mag.*, 1920, pp. 247-92.

Kopsch, H., "Notes on the Rivers of North Formosa,"*Proc. R.G.S.*, vol. xiv, 1870.

Krausse, A., *The Far East, its History, its Question.* London, 1902.

Lacouperie, T. de., "Formosa: Notes on MSS., Languages, and Races, including a Note on Nine Formosan MSS. by E. Colborne Baber,"*Journ. R.A.S.*, vol. xix, 1887.

Lacouperie, T. de., "A Native Writing in Formosa,"*Academy*, Apr. 9, 1887.

Le Gendre, C. W., *Is Aboriginal Formosa Part of Chinese Empire?* Shanghai, Lane,

Crawford, 1874.

Mackay, Rev. Dr. G. L., *From Far Formosa: the Island, its People and Mission*. Oliphant Anderson, 1896.（馬偕著，林晚生譯，《福爾摩沙紀事：馬偕臺灣回憶錄》。臺北：前衛出版社，2007）

Man, Alex., "Formosa: an Island with a Romantic History," *Asiatic Quarterly Review*, July 1892.

Mans, L. M., *An Army Officer on Leave in Japan, including a Description of Formosa*. Chicago, 1911.

Manson, Dr. P., "A Gossip about Formosa," *China Review*, vol. ii, 1873.

Matheson, H. C., "Railway in China: the Formosan Government Railway," *Proc. Inst. Civ. Engineers*, vol. cix, 1892.

McGovern, J. B. M., *Among the Headhunters of Formosa*. Fisher Unwin, 1922.

Moody, C. N., *The Heathen Heart*. Edinburgh, 1897.

Morrison, G. J., "A Description of the Island of Formosa," *Geog. Mag.*, 1877.

"Old Cathay," "Formosa," *Journ. N. C. Br. R.A.S.*, 1919, pp.158-61.

Opium, Control of, in Formosa. Sanitary Bureau, Government of Formosa, 1909.

Parker, E. H., "Cannibalism in Formosa," *China Review*, vol. xvi, 1888.

Perkins, N., *Report on Formosa*. London, 1896.

Pfeiffer, Dr. L., "Description of Thirteen New Species of Landshells from Formosa," *Proc. Zool. Soc.*, 1865.

Phillips, G., "The Life of Koxinga," *China Review*, vol. xiii, 1885.

Phillips, G., "Notes on the Dutch Occupation of Formosa," *China Review*, vol. x, 1882.

Pickering, W. A., *Pioneering in Formosa, being Recollections of Adventures among Mandarins, Wreckers, and Headhunting Savages*. Hurst & Blackett, 1898.（必麒麟著，陳逸君譯，《歷險福爾摩沙：回憶在滿大人、海賊與「獵頭番」間的激盪歲月》。臺北：前衛出版社，2010）

Playfair, G. M. H., "Notes on the Language of Formosan Savage," *China Review*, vol. vii, 1869.

Playfair, G. M. H., "Proposed Administrative Changes in Formosa," *Journ. N. Ch. Br. R.A.S.*, vol. xxi, 1886.

Psalmanasaar, G., *An Historical and Geographical Description of Formosa, an Island subject to the Emperor of Japan*. London, 1704.（撒瑪納札著，薛絢譯，《福爾摩沙變形記》。臺北：大塊文化，2004）

Psalmanasaar, G., *Memoirs of Psalmanasaar*. Dublin, 1765.

Ravenstein, E. G., "Formosa," *Geog. Mag.*, 1774.

Schetlig, A., "On the Natives of Formosa," *Trans. Ethnol. Soc.*, vol. vii, 1868.

Schumacher, R., "Mountain Dwellers of Formosa," *Geog. Journ.*, vol. xii, 1899.

Shore, H. N., *The First Flight of the "Lapwing": a Naval Officer's Jottings in China, Formosa, and Japan*, 1881.

Sibelliues, M. C., *Of the Conversion of Five Thousand and Nine Hundred East Indians in the Isle of Formosa, near China, to the Profession of the True God in Jesus Christ by means of M. Ro Junius, a Minister lately in Delph in Holland*. London, 1650.

Steere, J. B., "The Aborigines of Formosa," *China Review*, vol. iii, 1875 and *Journ. Amr. Geog. Soc.*, vol. vi, 1876.

Swinhoe, R., "Notes on Some New Species of Birds found in the Island of Formosa," *Journ. N. Ch. Br. R.A.S.*, vol. i, 1859.

Swinhoe, R., "Narrative of a Visit to the Island of Formosa," *J.N.C. Br. R.A.S.*, vol. i, 1859.

Swinhoe, R., *Notes on the Ethnology of Formosa*. F. Bell, 1863.

Swinhoe, R., "Notes on the Aborigines of Formosa," *Brit Assoc. Report*, 1855.

Swinhoe, R., "Notes on the Island of Formosa," *Proc. R.G.S.*, vol. viii, 1864.

Swinhoe, R., "On the Mammals of the Island of Formosa," *Proc. Zool. Soc.*, vol. xii, 1863.

Swinhoe, R., "List of Formosan Reptiles," *Ann. of Nat. Hist.*, vol. xii, 1863.

Swinhoe, R., "The Ornithology of Formosa or Taiwan," *J.N.C. Br. R.A.S.*, vol. v, 1863.

Taintor, E., "The Aborigines of Northern Formosa," *J.N.C. Br. R.A.S.*, vol. ix, 1875.

Takekoshi, Y., *Japanese Rule in Formosa*, trans. by G. Braithwaite. Longmans, Green, 1907.（竹越與三郎，《臺灣統治志》。臺北：南天書局，1997複刻〔1905東京博文館發行〕）

Taylor, G., "Comparative Table of Formosan Languages," *China Review*, vol. vii, 1879.

Taylor, G., "Savage Priestesses in Formosa," *China Review*, vol. xiv, 1886.

Taylor, G., "The Aborigines of Formosa," *China Review*, vol. xiv, 1886.

Taylor, G., "Folklore of Aboriginal Formosa," *Folklore Journ.*, vol. v, 1887.

Taylor, G., "Formosa: Characteristic Traits of the Island and its Aboriginal Inhabitants," *Proc. R.G.S.*, 1889.

Terry, T. P., *The Japanese Empire, including Korea and Formosa*. Constable, 1914.

Thomson, J., "Notes of a Journey in Southern Formosa," *Journ. R.G.S.*, vol. xliii, 1873.

Thomson, J., *The Strait of Malacca, Indo-China, and China*. London, 1875.（作者：內有福爾摩沙、菲律賓群島和紐西蘭語言的對照表。）

Tregear, E., *Dictionary of Maori and Polynesian Languages*. Wellington, Lyon, 1891.（作者：包含福爾摩沙方言的註腳）

Turner, Sir William, "A Contribution to the Craniology of the Natives of Borneo, the Malays, the Natives of Formosa, and the Tibetans," *Edinburgh Trans. R. Soc.*, 1907.

Tyzack, D., "Notes on the Coal-fields and Coal-mining Operations in North Formosa," *Trans. North England Inst. Eng.*, vol. xxxiv, 1885.

Wallace, A. R., *Island Life, or the Phenomena and Causes of Insular Faunas and Flora, including a Revision and Attempted Solution of the Problem of Geological Climates*, pp.371-9. Macmillan, 1880.

White, F. W., "A Brief Account of the Wild Aborigines of Formosa," *Trans. Ethnol. Soc.*, vol. vii.

馬來語、姆律語、福爾摩沙語詞彙對照表

　　本列表透過以下字詞，呈現馬來語、姆律語（北婆羅洲）與福爾摩沙原住民語言的相似性。福爾摩沙語的字詞摘自《福爾摩沙島的過去與現在》書中的附錄一。第四欄列出布農語的同義字。整體而言，它是最接近姆律語的語言；第五欄則可看到九大原住民族語中最近似於姆律語的同義字。在這並非特意選出的三十八字列表中，布農語有十九個字（占 50%），整張列表有三十個字（占 80%）可在婆羅洲語言找到；另一方面，布農語中則只有五個字（占13%），整張列表中也只有十四個字（占 36%）是純粹的馬來語。

英語	馬來語	姆律語	布農語	七種福爾摩沙語言中最接近的字
一 One	Satu	Iso	Tasi-a	Asa（紅頭嶼雅美語）
二 Two	Dua	Duoh	Rusya	Roa（紅頭嶼雅美語）
三 Three	Tiga	Talu	Tao	Atoro（紅頭嶼雅美語）
四 Four	Ampat	Apat	Pa-at	Ap-pat（紅頭嶼雅美語）
五 Five	Lima	Limoh	Hima	Rima（紅頭嶼雅美語）
六 Six	Anam	Onom	Noun	Anum（紅頭嶼雅美語）
七 Seven	Tujoh	Turu（巴瑤語：Pitoh）[1]	Pitu	Pito（紅頭嶼雅美語）
八 Eight	Lapan	Walu	Vao	Wao（紅頭嶼雅美語） Waru（澤利先語）
九 Nine	Sembilan	Siam	Siva	Shiem
十 Ten	Sa'puloh	Opod	Massan	Po（澤利先語） Mappo（泰雅語）[2]
男人 Man 女人 Woman	Orang Perempuan	Ulun Duandu	Vananak Vennoa	Utu（卑南語） Vavayan（排灣語）
孩子 Child 父親 Father	Anak Bapa	Anak Ama	Uwa'a Tama	Rarak（卑南語） Ama（排灣語）
母親 Mother 兒子 Son	Mama Anak laki laki	Ina Anak kusai	Tena Uwa'a	Ina（卑南語） Rakei（泰雅語）
頭 Head	Kapala	Ulu, uhu	Vongo	Tonnohu（泰雅語） uru（澤利先語）
髮 Hair	Rambut	Abuk	Koruvo	Vukos（阿美語）
眼 Eye	Mata	Matoh	Mata	Mata（阿美語、卑南語、雅美語）

英語	馬來語	姆律語	布農語	七種福爾摩沙語言中最接近的字
鼻 Nose	Hidong	Tadong	Ngutos	Ngaho（泰雅語）
嘴 Mouth	Mulut	Kabang	Ngurus	Angat（澤利先語）
牙 Tooth	Gigi	Nipuh	Niepon	Niepon（布農語）
耳 Ear	Telinga	Telingoh, tahingoh	Tainga	Taringa（阿美語）
乳房 Breasts	Susu	Susu	Tsitsi	Susu（卑南語、雅美語）
手 Hand	Tangan	Palad（尹拉農語：lima）[3]	Ima	Rima（排灣語、澤利先語）
腳 Foot	Kaki	Kukur（杜順語：lapap）[4]	Vantas	Kakai（泰雅語） dapal（卑南語）
血 Blood	Darah	Raha	Kaidan	Damo（澤利先語）
火 Fire	Api	Apui	Sapos	Sapui（澤利先語）
水 Water	Ayer	Weig, Siang	Ranum	Nnai（卑南語）
河 River	Sungei	Sungoi	Haul	Pana（排灣語）
山 Mountain	Gunong	Tidong	Rivos	Gadu（排灣語）
太陽 Sun	Mata hari	Adua, Mata adau[5]	Ware	Adao（澤利先語、排灣語）
月亮 Moon	Bulan	Bulan	Voan	Vuran（卑南語）
星星 Star	Bintang	Rembituan	Mintokan	Vituan（澤利先語）
雲 Cloud	Awan	Gaun	Ruhon	Tounm（阿美語）

英語	馬來語	姆律語	布農語	七種福爾摩沙語言中最接近的字
風 Wind	Angin	Angin	Heuhan	Ware（排灣語）
雨 Rain	Ujan	Dasam （尹拉農 語：Uran）	Koranan	Uran（噶瑪蘭語）[6]
米 Rice	Bras	Wagas	Terras	Vokas
狗 Dog	Anjin	Tasu	Atsu	Wasu

註釋

1. 巴瑤族（Bajau）是生活在北婆羅洲海岸的海上遊牧民族。他們改宗了伊斯蘭教，來到婆羅洲的時間晚於姆律人。Pitoh 在馬辰語（Banjerese）和爪哇語中也有使用。

2. 我的嚮導發音成 opod。

3. 尹拉農人（Illanuns）是另一群信仰伊斯蘭教的移民，最初發源於蘇祿群島的民答那峨島。

4. 一個與姆律人關係密切的異教部族。

5. Adau 是「日」的意思，mata adau 就是「日之眼」。

6. 噶瑪蘭人（Kuvarawan）是泰雅族的亞族之一。譯者按：傳說，噶瑪蘭人的祖先由臺灣東南方小島來到臺灣，在宜蘭平原和泰雅族的祖先爭奪耕地，最後獲勝占領平原，於是自稱「平原的人」（Kuvarawan），而稱泰雅人為「山上的人」（Pusoram）。但噶瑪蘭族是泰雅族亞族的說法卻未見過。

1897-1922日本經營臺灣收支表

	收益	支出	（單位：英鎊）
1897-1898	1,128,000	1,049,000	
1900-1901	2,227,000	2,147,000	
1905-1906	2,541,000	2,044,000	
1910-1911	5,539,000	4,120,000	
1915-1916	4,564,000	3,825,000	
1916-1917	5,576,000	4,268,000	
1917-1918	6,542,000	4,616,000	
1918-1919	8,050,000	5,533,000	
1919-1920	10,017,000	7,232,000	
1920-1921	12,027,000	9,533,000	

	收益	支出	（單位：英鎊）
1921-1922	11,203,000	9,451,000	
1922-1923	10,600,000（預算）	10,600,000（預算）	

本表及其他附錄的數據，皆以一英鎊兌換十日圓的匯率計算。

1923-1924日本經營臺灣歲入歲出預算對照表

歲入

經常性

內地稅	1,479,419
公共事業及國有財產收入	6,891,350
印花稅收入	229,336
各種執照	444
雜項收入	60,972
總計	8,661,522

非經常性

國有財產出售所得收益	93,001
貸款	900,000
雜項收入	10
上年度盈餘移轉	333,830
總計	1,326,841
歲入總額	9,988,364

歲出

單位：英鎊

經常性

臺灣神社	2,500
行政部門	249,948
地方政府	1,377,660
海關	50,826
港務局	8,904
法院	98,130
監獄	101,858
警察	23,538
醫院	107,925
中央研究所	94,648
教育	240,955
感化院	2,603
通信	354,281
總督府鐵道支出	1,053,880
專賣局	3,010,308
營林事業等	304,977
轉入特殊帳戶貸款周轉金	411,510
其他支出	231,271
預備金	200,000
總計	7,925,722

非經常性

公共工程支出	1,304,459
社會事業支出	8,336
工業獎勵支出	129,924
補助	544,262

酒類專賣事業開辦支出	75,650
總計	2,062,632
歲出總額	9,988,354

1897-1922福爾摩沙進出口列表

（單位：英鎊）

1897	出口	進口	總值
外國	1,275,929	1,265,929	2,541,859
日本本土	210,464	372,372	582,837
總值			3,124,696

1900	出口	進口	總值
外國	1,057,128	1,357,066	2,414,194
日本本土	440,211	843,903	1,284,114
總值			3,698,308

1905	出口	進口	總值
外國	1,062,960	1,096,387	2,159,348
日本本土	1,366,150	1,348,383	2,714,533
總值			4,873,881

1910	出口	進口	總值
外國	1,198,609	1,985,256	3,183,865
日本本土	4,793,725	2,907,009	7,700,735
總值			10,884,600

1915	出口	進口	總值
外國	1,543,027	1,278,177	2,821,205
日本本土	6,019,289	4,058,749	10,078,138
總值			12,899,243

1916	出口	進口	總值
外國	3,165,247	1,543,003	4,708,251
日本本土	8,061,981	4,952,462	13,014,443
總值			17,722,694

1917	出口	進口	總值
外國	4,021,579	2,109,937	6,131,516
日本本土	10,549,689	6,774,450	17,324,139
總值			23,455,655

1918	出口	進口	總值
外國	3,339,400	3,355,451	6,694,852
日本本土	10,560,050	7,059,135	17,619,186
總值			24,314,038

1919	出口	進口	總值
外國	3,562,228	6,413,276	9,975,504
日本本土	14,188,554	9,052,676	23,241,230
總值			33,216,734

1920	出口	進口	總值
外國	3,517,294	6,036,673	9,553,967
日本本土	18,081,611	11,204,084	29,285,695
總值			38,839,562

1921	出口	進口	總值
外國	2,354,162	4,043,329	6,397,491
日本本土	12,889,687	9,352,116	22,241,804
總值			28,639,295

1922	出口	進口	總值
外國	3,056,348	3,692,187	6,748,436
日本本土	12,730,148	8,217,343	20,947,493
總值			27,695,929

國家圖書館出版品預行編目資料

1921穿越福爾摩沙：一位英國作家的臺灣旅行 / 歐文.魯特(Edward Owen Rutter)作；蔡耀緯譯. --
初版. -- 新北市：遠足文化, 2017.09
　　面；　公分. -- (見聞.影像；1)
譯自：Through Formosa : an account of Japan's island colony
ISBN 978-986-95322-3-5(平裝)
1.臺灣遊記 2.人文地理
733.6　　　　　　　　　　　　　　　　　　　　　　　　　　　106014636

遠足文化　　　　讀者回函

見聞・影像 visits & images 01

1921穿越福爾摩沙：一位英國作家的臺灣旅行
Through Formosa : An Account of Japan's Island Colony
（T. Fisher Unwin Ltd., London, 1923）

作者・歐文・魯特（Edward Owen Rutter）｜譯者・蔡耀緯｜責任編輯・龍傑娣｜封面設計・朱
疋｜校對・施靜沂、楊俶儻｜排版・菩薩蠻電腦科技有限公司｜出版・遠足文化事業股份有限
公司 第二編輯部｜社長・郭重興｜總編輯・龍傑娣｜發行人・曾大福｜發行・遠足文化事業股
份有限公司｜電話・02-22181417｜傳真・02-86672116｜客服專線・0800-221-029｜
E-Mail・service@sinobooks.com.tw｜官方網站・http://www.bookrep.com.tw｜法律顧問・華洋國
際專利商標事務所 蘇文生律師｜印刷・崎威彩藝有限公司｜初版・2017年9月｜初版六刷・
2023年1月｜定價・320元｜ISBN・978-986-95322-3-5